藏诸名山

卌年岳麓的书人书事

岳麓書社·长沙

图书在版编目（CIP）数据

藏诸名山：卌年岳麓的书人书事 / 岳麓书社编.—长沙：岳麓书社，2022.12
ISBN 978-7-5538-1746-0

Ⅰ.①藏…　Ⅱ.①岳…　Ⅲ.①出版社—长沙—纪念文集

Ⅳ.①G239.22-53

中国版本图书馆CIP数据核字（2022）第243196号

藏诸名山：卌年岳麓的书人书事

CANG ZHU MINGSHAN：XINIAN YUELU DE SHUREN-SHUSHI

书名题签：彭　玻
编　　者：岳麓书社
出 版 人：崔　灿
责任编辑：黄金武
责任校对：欧阳慧　谭敏求
整体设计：风格八号

岳麓书社出版发行
地　　址：湖南省长沙市爱民路47号
直销电话：0731-88804152　0731-88885616
直　　邮：410006

版　　次：2022年12月第1版
印　　次：2022年12月第1次印刷
开　　本：710mm×1000mm　1/16
印　　张：16.25
字　　数：209千字
ISBN 978-7-5538-1746-0
定　　价：48.00元

承　　印：长沙超峰印刷有限公司
如有印装质量问题，请与本社印务部联系
电　　话：0731-88884129

目录

书呆子一路

张中行

钟叔河先生住湖之南，我住河之北，相距弱水三千，只今年夏他北来，住东华门外翠明庄十许日，我们在我的城内住处景山之左见一面，招待他一顿晚饭。他著作等身，如果连编印的也算在内，就要“超”身，可是我手头只有两种，其一是周作人、丰子恺《儿童杂事诗图笺释》，是自己掏腰包买的，其二是《书前书后》，是他北来过访时当面送的。见一面，相聚不过三四个钟头，即使是长舌妇，又能谈多少？总之是很想多了解而了解并不多。可是我仍然想写他，是因为，即使只根据皮毛，也觉得很多方面，都不是一般人所能及；或者退到家门之内，专打自己的小算盘，与我臭味相投。所以，也曾沉吟一下，最后还是决定写。

他的行业是全套书呆子一路，由读书、写作直到编辑、出版。读书和写作，闭门家中坐的事，不可见，也就难说。说容易见的编辑和出版。总的说是成就非常大。分项说呢？想偷懒，抄黄裳先生的：

> 叔河先生数十年来一直从事编辑工作，从他经手编定的书和写下的序跋中，很可以看出一种特色。这里面有反映近代中国人西方观的《走向世界丛书》，有重印久已绝版的文史丛著的《凤凰丛书》，而数量最大、用力最多的则是重刊周作人的遗著，除了散文集的单

行本外，还辑有《知堂书话》等六七种。（《书前书后》序）

这段话着重说“编”。但是透过“编”，我们可以看到一些其他情况。以《走向世界丛书》为例，他在《走向世界以后·小引》里说：

> 我喜读近代人物的外国游记，陆续涉猎了两百多种。一九七九年到湖南人民出版社后，开始从中选编《走向世界丛书》，已经印行三十六种。（《书前书后》）

单是这方面的书就搜集两百多种，其访书之勤和读书之多就可想而知。这还是其小焉者。更值得重视的是有忧国济世之心。这心来于见识和情热。见识是看到我们头脑的落后一面，主张多吸收些西方的。张文襄公也主张吸收西方的，但那是“西学为用”的“用”，火车头、迫击炮之类，至于头脑，就还要“中学为体”。张文襄公远矣，就是“五四”，吆喝一阵“德先生”“赛先生”之后，又大几十年过去，我们不是依然听到万岁声震耳，许多人迷《卜筮正宗》（包括其老祖宗八卦和《易经》）和《奇门遁甲》之类吗？所以确是应该开开眼界，看看人家怎样管理众人之事，怎样根据引力定律算计哈雷彗星轨道。尽弃其所学而学，不易，所以，仍是书呆子的一贯想法，要由灌输新知识下手，钟叔河先生的奔走呼号，编印《走向世界丛书》，就是为这个。奔走呼号，是情热；想当是与“反”字有关吧，被投入牢狱，定期十年，天地易色之后，计已住九年，放出，仍是奔走呼号，是更大的情热。我就不成，外看浮世之态，内省自己之心，只求能够独善其身，不敢妄想兼善天下。这有所得，是借祖传法宝明哲保身之力，躲开牢狱；也有所失，是至多只能写一点点自怡悦的，而不能写以及刊印有关经国之大业的。这样，与他相比，我就不能不感到惭愧了。

说到相比，钟叔河先生的不可及之处还有很多，都与博大而深入有关。想只说我印象最深的两种，重刊周作人遗著和书籍的编印装帧。先说前一种。周作人是我的老师，我在家人也守妄语之戒，对于他的学识文章，我很钦佩，因而认为，他的著作是宝贵的文化遗产，值得读，吟味其内容，学习其表达。可是他的为人有问题，是抗战时期，他不只留在沦陷区的北京，而且出了山。学识文章和为人走了歧路，我们要如何对待呢？很难。一笔抹杀？他像是与卖身投靠的诸宵小不尽同，何况还有著作具在。谅解吗？传统和常识都会不允许。我前几年写《负暄琐话》和《负暄续话》，多谈到北大旧人，就碰到这个困难。依照晋惠帝的分类法，对他的看法有私和官（公）两种。所谓私是顾念私情，我取古语“唯器与名不可以假人”之义，认为他卖得太贱，或者说，用历史地位换不体面的禄位，不值。撇开私就不得不改为说公道话，于是写《苦雨斋一二》，开门见山就说，他是一反宋朝吕端之为人，大事糊涂，小事不糊涂；写《再谈苦雨斋》，说他心中具有神鬼二气，不幸一时神鬼交战，鬼竟占了上风。这是说为人。至于说著作，我就认为，不当以人废言。可是不当废的言要有托身之地，即印本，经过几十年（其中还有“文化大革命”）的不能见天日，哪里去找呢？所以限于“希望”，我也主张，应该印，甚至全集，如其老兄的，上市，卖。说限于希望，是因为：一、公然推崇周作人，纵使限于著作，也怕有人在背后指脊梁骨；二、工程浩大，我既无此魄力，又无此精力。是前几年，因为介绍出版译本《一知半解》，我同岳麓书社拉上点关系，他们有时就寄赠一些估计我会有用的新印本。其中有几本是周作人的著作，我见到，曾经一惊，惊的是，竟有人做这种傻事，而且居然得到上方的点头。后来探询，才知道是钟叔河先生主持印的，并且有大计划，是陆续印，直到出齐。这期间，我又见到《知堂书话》《知堂谈吃》一类书问世，也出自他之手，我才知道，在这方面，我只有一点点朦胧的想法，而钟叔河先生真就大干起来。

是九十年代初吧，湖南传来消息，钟叔河先生所在的出版社改选，他的总编辑职位未能保住，改到新闻出版局去任编审。是不是受了周作人的连累？不知道。但推想人亡政息，继续刊印周作人著作的豪举总不能不放弃。不出所料，以后就不再有周作人著作的新印本寄来。水流花谢，日子一长，我也就把这件事情放在脑后了。直到见到钟叔河先生，才知道情况并不是水流花谢，而是水已汇成巨流，花将开得更大。是晤面的那个夏日的下午，我们谈得很多，专说有关周作人的，他说他正在着手刊印《周作人散文全编》，材料，上方允许，家属条件，出版处所，差不多都已办妥，不久可以陆续发稿，所以他很忙。关于材料，他的搜求的本领真使我五体投地，是许多不经见甚至很少人知道的，他都有，如日记，他已经拿到全部复印件。我问他为什么不印全集，他说这已经很难，是经过多方面努力，用多种办法，才闯过来的，如果称为全集（像是有纪念性质）就更难了。我说这样一来，诗，新的有《过去的生命》，旧的有《知堂杂诗抄》，就不好办了。他说他打算在散文之外，另编一本，新诗横排右行，旧诗直排左行，似两册而合一，并想请我写序文。我说这是师辈的手笔，在书前说三道四，不敢。他没有退让，只好都认定，到时候再说。其实，说私心话，他从事的是我想都不敢想的大事业，虽然以他的才学和经验，必游刃有余，如果我能够尾随搬一些零砖碎瓦，算作未袖手旁观，总是既应该又求之不得的。

再说后一种，书籍的编印装帧，钟叔河先生的造诣也是超常的。编印装帧好，指的是一本书，拿到手，还未读文字，翻翻，觉得美，可爱。这像是末节，其实很不容易。我从束发受书，至今七十多年，手翻过的书很不少，而拿到手，不考虑内容，不考虑古董价值，就觉得美而可爱的，总是稀如星凤。我近年来也写书编书，也愿意编印装帧方面趋上游，可是自己不会，只好由版式到封面，都靠设计人员；对于所设计，有时也感到不满意，可是人家问要怎样改，却说不上来。在这方面，久闻北方有个范用，南方有个钟叔河，是大专家，出手不凡。范用先生是我的熟人，老了，多在家享清福，我只见过他为姜德明先生《北京乎》设计的版式，确是值得赞叹。至于钟叔河先生，是直到托人买来他的《儿童杂事诗图笺释》，用北京俗话说，才开了眼。眼开了，看到什么？“荡荡乎，民无能名焉！”至多只能凑几句废话，说开本、封皮、版式、套色、边框、字体、行距，等等，都美得了不得。尤其笺释，每一首的，与诗和图对称，也是遍全书，恰好两面，真是神乎技矣。说到此，想到全才的所谓全，很多人，包括我自己，排行老九，读之外，兼写，兼编印出版，甚至兼包销若干，就会自信是全才了吧？我看，与钟叔河先生相比，绝大多数只是半瓶醋而已。

前面不止一次说到为人，该住笔了，想就钟叔河先生的为人，再说几句。我同他交往不算多，不敢说了解，只谈谈印象。印象是人有至性，对事严谨认真，对人宽厚恳挚。这样说，有来由，而且不止一个。其一，晤对，他的表现，用古语说是诚和敬，话都是发自心腹，有时甚至近于迂，使我想到已作古的废名先生。其二，他时间很紧，可是还是远到西郊，去看久病的张铁铮先生，说因为是有通信关系的朋友，在病中，就不能不去。其三，晤谈中，他说他截取了梁任公集的一副对联的上半，希望我写，装裱后挂在一幅画的两旁。我问什么语句，他说都出于宋词，上联是辛稼轩的“更能消几番风雨”，下联是姜白石的“最可惜一片江山”。我的体会，他不是为己身打算，有什么牢骚，而是有悲天悯人之怀，总想到大处。说到大，联想到我的小，是两年以前了，我忽然也想集联，从小圈子里，《古诗十九首》。驰骋地很小，居然也有成，是：“立身苦不早，为乐当及时。”古人志在正心、诚意、修身、齐家、治国、平天下，我是至多走到一半就停住了。或者不止于量而兼算质，我之所求只是罗汉果，他则一贯修菩萨行。仍是大小之别，我是小乘，他是大乘，每念及此，不禁有高山仰止之叹。

哭杨坚

钟叔河

杨坚女儿来电话告知老杨逝世，明知人固有一死，小于老杨八岁的我，亦未必能再活八年；但想起他年已八十七，又身患癌症，当编辑一直当到以身殉书，最后离开办公室时还依规矩请假，心里真不好过。又想起他一直要我为他写篇文章，多少年了，一直没写，更加不好过。于是在电话里头说，我这次一定要给你爸爸写点什么，虽然不一定写得好，当晚便写成了这样一副挽联送去：

剖心胸酬古国千年，君应无憾；

涂肝脑成新书百卷，我实多惭。

这里需要作点说明：老杨是一九四九年的南下干部，却背上了拖累他大半辈子的历史包袱，只能用几十年兢兢业业、毫不懈怠的忠诚表现，才得以归还清白。中国读书人本有忠爱的传统，屈原在“荃不察余之中情”的环境中，仍然“虽九死其犹未悔”；司马迁“大质已亏缺矣”，还在想将编著“藏之名山，传之其人”，真是“剖心胸”也要酬偿千年古国的陈年旧债啊！老杨继承了古代读书人的传统，他既懂传统学问，又守传统道德，来出版单位三十多年，终于用行动和事实证明了自己是“芳草”，争得了该得的“嘉名”，如今大去，应无遗憾。但回顾他几十年“苦难的历程”，仍不禁使人感到悲凉，为之一哭。

老杨三十多年来埋头编书，呕心沥血，说他肝脑涂地，实不为过。他编的书，《郭嵩焘日记》原稿二十余卷，《船山全书》曾氏旧刻凡三百二十二卷，称为“百卷”，毫不夸张。这两部书的编辑工作，确实达到了我所见到的最高水平，比如郭氏日记光绪三年八月十一日记云：

> 铿弗林斯法尔齐立法尔姆安得科谛费格林升阿甫英得纳升尔那参赞诘生及立觉尔得寄示在安多威尔伯地方会绅达摩生宣发一段议论……

这开头的“铿弗林斯法尔齐立法尔姆安得科谛费格林升阿甫英得纳升尔那”二十七个字的意思是什么呢？老杨将其还原成英文并予汉译，普通读者才能看懂是：

> Conference for the Reform and Codification of International Law（修改编纂万国公法会议）

似此者书中多达数百条。光绪年间翻译没有规范，郭氏丝毫不通英文，全凭湘阴口音用汉字记录英语，要来还原正译，难度可想而知。尤其是专名如“哥弗来兑”之为“Good Friday（耶稣受难日）”，“瓜得利类非有”之为“Quarterly Review（每季评论）”。如果要我来做这件事，真比鲇鱼上竹竿还难。

当然，智者千虑，亦难免一失。我曾在初版郭氏日记第三卷上用红笔标记若干处疑问，老杨则用蓝笔一一批答，偶尔亦有批“好！”和“所正极是”的。如光绪三年九月二十日记：

> 又有挨尔奢耳六十一万七十［千］八百五十吨，价值三十一万九千八百五十三磅［镑］。

“挨尔奢耳”原注作“Oil Shale（油石）”，我指出这里的中文译错了，“油石”应是“油页岩”。因为日记下文明谓“其形似煤，而无火力，西洋人用以炼煤油”，正是咱们广东茂名地方也在开采炼油的油页岩；“油石”则是用金刚砂制造成的一种研磨工具，呈各种长条形，通常成打成箱，决不会按吨位计价的。后查陆谷孙主编的《英汉大字典》，证明了我的说法，老杨便从善如流，欣然接受了。

这一卷日记还保存在我家，至今只有老杨和我两个人看过。老杨所还原今译的好几百词条，我提出疑问的不到十分之一，质疑能得到老杨首肯者则不到百分之一，九牛一毛，其细已甚，实无伤于编校工作的整体高水平。俄罗斯有一句民间谚语说得非常生动，“鹰有时飞得比鸡还低，鸡却永远不能飞得鹰那么高”，用来形容，正是恰好。

平心而论，《郭嵩焘日记》和《船山全书》，还有老杨所译《希腊罗马神话》，的确可以作为湖南出版图书中的范本。《船山全书》为了求全尽善，更耗尽了老杨半生的心血，真可说是锲而不舍，死而后已了。作为同业同事，实际工作上很少给他帮什么忙，某些场合也没能为他讲公道话，想起来真的感到惭愧，这就是挽联末了说的“我实多惭”了。

《希腊罗马神话》20世纪80年代初版，杨兄即曾相赠，想要我看看，写篇书评。当时随口应承下来，却因为希腊神话早年读过周作人、郑振铎、楚图南诸人译本，不大想再从头来读，又不习惯没细读全书就来凭空饶舌，便一直延宕下来，终于没有交卷。几个月前，大约是去年十二月初间吧，又收到老杨托人送来的再版本，还附来了下面这封信——

叔河兄：

久未联系，只一次在电视上得睹丰采，肌肤似稍宽弛，然舌华快捷，语调神情平生一贯，不啻亲觌，佩而且慰。我的希罗神话最近再版，奉赠一册留念。有名家偶赞其译文者，所欠惟念楼之品题耳，你身体好否？闲中以何消日？我周一至五上午上班，为《船山全书》再版重读改正错误。惟觉老年喘嗽，出气不赢，余无大碍，可请放心。此册托社里找人专呈，当可妥收。

专此并颂

研安

杨坚　上（月日）

信末附注了电话号码，立即拨打过去，告知来信收到，会有回信。接着便给他写去了这样的两页：

“念楼之品题”终于缺席，我应该向你道歉。但即使不缺席，我写的也绝对达不到孙犁、罗念生、张舜徽的水平。从后记中见到了他们三位的文章，知道你的书已名重译林，我的歉疚之心也可以少安了。

现在却有一句比道歉还要紧得多的话要对老兄说，你已年过八旬，又身患重病，“喘嗽，出气不赢”绝不是什么“无大碍”的小事，而是生死攸关的大事。建议你立即停止“周一至五上午上班”，立即住院治疗。当然，我们这些七老八十的人，迟早总要死的，住院治疗也不能不死，但总可以缓解点“出气不赢”的痛苦，使你和关心你的人觉得好过一些。

《船山全书》校改的工作，我看也不必再做了。古人云，“校旧书如扫落叶”，总是不能彻底扫净，一劳永逸的。（此指学术校订，至于抄录排字，则是可以而且应该校对无误的。）去年还是前年，偶与唐浩明接席，问起你病后情形，他说还在上班。当即托其带上便信，抄奉了一句俗话，“满山的麻雀是捉不尽的”，想已见到。如今再讲一遍，请不要再跟麻雀拼老命了吧！这句话如果不讲，那就比“品题”缺席更加对不住老兄了。

收到信后，老杨有电话回复，细声细气地说了几声谢谢，但还是“没法像你那样，拿得起，放得下”，书还得校下去……

于是，这便成了我和老杨最后的交谈，上面那封信也成了老杨给我的最后的遗墨。我想请大家看一看他这封信，看看他的辛勤，他的执着，他的爱工作胜过爱自己的精神，还有，在这一切后面的别的值得更深长思之的东西。

一棵老树

龚曙光

入行做出版，没能赶上二十世纪八九十年代的井喷期。跨过世纪头几年，喷发暂息。我入行，恰好就在那个清冷时点。

世上好些小行当，行外人看着不起眼，行内人看来却英才蔚起、风云际会。出版就这样。初进集团那几年，我的日课之一，就是认数祖宗牌位。除了清末王先谦、叶德辉等湘籍出版家，更多的，是二十世纪八九十年代在业界攻城略地的“右派军团”“四骑士”，等等。其时他们多已作古，健在的也已退休，一时风流云散、星辰寥落。关于他们的传说，却始终都在。但凡谈及湖湘出版的种种荣光，这些人依旧是话题中心。倘与外省同行聊天，你若讲不出三五则有关他们的掌故，必遭质疑和鄙弃。

这种同行间的闲聊，谈及最多的，是钟叔河先生。

头几年，我和钟先生同住一个院子，后来我搬去近郊，先生仍旧住在院子里。先生所居的“念楼”，就在集团办公楼后面宿舍的二十层。照说可以时常不期而遇，其实相见一次很难。先生平素不散步、不串门、不聚餐、不送客，除了偶尔上医院查体或看病，几乎不下楼。如想见他，必得跑去念楼。

先生同城交往的圈子小，除了朱健、朱正几位同辈旧好，便是周实、王平三两个忘年之友。先生不欢喜他人造访，假如事先未约妥，贸然跑去念楼，任你将那扇油漆斑驳的门敲烂，门里的保姆也不会把门打开。“天干无露水，老来无人情”，先生视这种往来应酬为浪费生命。或许正因世事通达，他才不愿纠缠在虚与委蛇的人情世故中。

头回见先生，是我刚接手集团的董事长，去做礼节性拜访。办公室联系了好几次，先生才给了见面时间。乘梯上到二十层，楼道里光线昏暗，很费劲才找到那块竹刻的小门牌，上面是先生手书的“念楼”二字。“念”字除了是“廿”的谐音，应该还寄寓了先生的情感或者事业上某种心心念念的东西。先生深藏于心，外人也不敢妄加猜度。

保姆将我让进念楼，领入客厅，说先生马上就出来。客厅显得有些窘迫，家什虽不多，但每样体量都大，若与房间的面积匹配，已属超大配置。叫虽叫客厅，看得出这里除了会客，还有更混杂的用途。可见，会客在先生的生活中，是件颇不受重视的事。东西两墙摆满书柜。柜里的书，开本、版本驳杂，且多为旧书，有的已破损，间或几本新的，都是先生自己或老友新版的著作。书柜顶上，挂着或摆着装裱过的友人手札、条幅，都是文化界声名显赫人物的手迹。媒体做报道，必谈先生与上辈、同辈文化名人的交往，大抵与记者在此所见的这些手迹有关。客厅的正中，摆着一张英式斯诺克球台，台面深绿的绒布已褪色，看上去像一片久无赛事的足球场。球台的木框有些磨损，可见球台并不是一种摆设。先生有经常比赛的球友吗？好像过去是夫人，夫人走后，先生就很少开杆了，偶尔打打，那也是先生自己与自己比。这是先生主要的体育运动，但我猜想，或许更是一种精神运动。一个人屏蔽身外的世界，只把自己当对手，倒是令人生出些绝世剑客的想象。靠窗，有一套皮质沙发，款型老，坐着也不舒服。先生不换，可能是刻意为之，他不希望客人舒舒服服坐在那里闲聊，浪费自己的光阴。

先生从里屋出来，一件白纱T恤，一条宽宽大大的蓝布短裤。魁伟挺拔的身体，几乎把门洞塞满。

未等我开口，先生便用地道的长沙话抢先开腔：“不要来哕！咯热的天。”虽是客套，却也是心里话，表明他对这种礼节性拜访的不在意。先生在沙发上坐下，问我要不要开空调。季节还在夏天的尾上，有些热，屋里只有一台老式风扇，躲在房角静静地左右摇头。我说不用。我知道上了年岁的人，天再热，也不可骤冷受凉。

那年先生七十六岁，看上去也就六十的样子。说话声音不高，但每个字都带胸腔共鸣，听着中气十足。似乎觉出了气氛的些许拘束，先生旋即转移了话题。我感觉，先生对某件事不屑或不悦，便会制造一点尴尬让你感知，然后话题一转，将谈话变得轻松融洽。去见先生前，有同事告诉我：先生贼精，见人人话，见鬼鬼话，全无老学究式的古板乖张。我倒觉得，先生的精明圆通中，依然心有所秉，“性有所任”，只是让人有感即止，不会把人做绝，把天聊死。

先生照例说到周作人，继之是胡兰成、林语堂、张中行、汪曾祺那一路作家。我知道，他是周作人的忠实拥趸，早年便与之通信。这也是先生挂在嘴上的荣光。先生的文字，倒未必受到了多大的影响，但文化的旨趣甚至处事的态度，却颇受熏陶。后来先生主持编辑了周作人的多种文集，每一种，从编辑体例、入选篇目到前言后记，都见出对周作人的独到见解。我没有附和先生的观点，便说现代散文，周氏兄弟各自开启了一个源头，且各自高耸成峰，至今无人企及。对这两座高峰，各人可有偏好，但若就文学史的意义言，拿两兄弟的文章彼此否定，则显偏狭和短见，古典散文现代化，这两条路或许永远并行不悖。先生听完，并未赞同或反驳，眼睛却为之一亮，余下的谈话，明显少了先前的生分。

话匣一开，先生不是一般地健谈。他能将圣贤经典、稗官野史和民间掌故糅作一团，庙堂江湖、学界文坛的旧事新闻如数家珍。初听觉得信马由缰、随性散漫，回头一品，却句句都扣在话题上。尤其先生的记忆力和思想敏锐度，几胜青年。这一功夫，我只有在长先生几岁，自诩为湘西老刁民的黄永玉先生身上见到过。大概人活到相当年岁，文化做到相当功夫，都会具有某种生命的超越性。俗话说树老成精人老成怪，先生躲藏在念楼里，似乎已将自己修成一个精怪。

先生自称少时顽劣，读书随性杂滥，能在兄弟辈中胜出，全凭几分灵性。高中未毕业，便跑去《新湖南报》当了编辑和记者。“文字靠天，文章靠练”，记者天天要出稿，那期间先生的文章得到了严格训练。

1957 年因言获罪，被划右派。那几年，先生的确对新闻乃至政体谈了些意见。严格地说，那不是什么思考严谨的政治洞见，只是书中读到的一些常识。先生觉得当时的许多做法，违背了新闻和政治的某些常识通则，需要修改矫正。以先生当时的学识和见识，还认识不到所有常识和通则，都只就某种社会制度和文化秩序而言，任何旨在破坏一种旧体制和旧文化的体系性革命，所有常识通则都将被击碎。

如果不上升到反社会反主义的政治高度，仅就一般意义上的思想意识而言，先生的确算得上一个右派，我甚至认为，先生整个的人生态度，都是右倾的。在一个正常秩序的时代，左、中、右三类人维持了社会的基本平衡，左派是社会的激变力量，右派是社会的锚定力量，左派要维新，右派要守常。先生却在一个变动不羁的时代里，始终干着守常的事。当然，历史上常有以左派的动机复古，以右派的动机变革的案例，但究其基本人生态度，左派终究是左派，右派终究是右派。先生是一个本色的右派。因为本色，所以不可以教训，到了“文革”那种万马齐喑的年代，先生仍忍不住发表了“污蔑攻击”的言论，最终被判刑劳改十年。

说到当年的右派，曾有两个生动的比喻：六月蚊虫遭扇打，吃了嘴的亏；飞蛾扑火自烧身，上了火的当。就先生来说，前一句是合适的，先生也曾坦言：自己好以言逞强；后一句则未必恰当，至少先生成为右派，说不上是受骗上当。右倾的人生态度，加上随性顽劣的个性，先生不当右派，谁当？

先生平反出狱，被胡真作为“右派军团”的战将招至旗下，安排在湖南人民出版社当编辑。（胡真其时为出版局局长，对新时期湖南出版而言，这是一位总架构师和操盘手）。看看先生所提的选题对象：曾国藩、周作人、清末旅外作者群……以当时人们的认知，哪个不带右倾色彩？后来许多人说，这些选题显示了先生的政治敏感和职业勇气，其实只要先生当编辑，不论未来的政治与文化走向往右往左，他愿提出的总会是这些。在当时，这类选题都有些犯忌。先生的过人处，不在于有胆识提出这些选题，而在于有办法将这些选题做成。他不仅没有因此获咎，反而挣得了很多荣誉。有个恰好相反的例子：先生手上有一本《查泰莱夫人的情人》的旧书，他拿出来让好友朱正出版，朱因此受了严厉处分，多少有点责怪先生。先生听了一点不负疚，说朱受处分是因为操作不当，如果是他运作，不仅不会受处罚，而且会赚很多钱。他说自己会把这部书做内部参考资料出，先收钱再发购书票，最后凭书票领书。定价 50 元一本，根本不需要卖得吆喝喧天，社会影响不大，经济效益不小。先生的操作方法的确鸡贼，说得朱正只得自认操作不当。先生与政治，就像一对猫鼠冤家，斗得越久，老鼠变得越古灵精怪，到后来，先生的确有了一种游戏心态。和朱正这种“砍倒树了捉八哥”的刻板学者相比，先生算得上是个云淡风轻、拿得起放得下的老江湖。

1988 年先生提前退休，原因是在社内一次公开竞聘中落选。当时先生已调至岳麓社任总编辑。因为社长和总编辑都是正职，工作上两个职务总有些磕磕碰碰。先生的落选，固然与选题取舍、社务管理有关，但根本的原因，应该还是先生职业眼界高，加上性情耿介，多少有些曲高和寡。可见先生的所谓精明，并未真正用到日常为人处世的细节上。以先生当时的地位和影响，他当然可以执拗地为落选讨说法，不退不让斗争到底，也可以让上面重新安排领导岗位，但先生选择了提前退休。这其中自然有不与为伍的傲世心态，更重要的，还是先生人生抉择的大精明，即屏蔽社里的是是非非和社会上的纷纷扰扰，躲进念楼，一心一意搞自己的编辑和写作，以退为进，以舍为取。当先生完全退守念楼，反而成了一个高居云端、可望而不可即的出版传奇。

右派后来变成了许多人的一件人生华服。似乎当年能被划为右派的，都是政治上有大见解、文化上有大建树、人格上有大节操的人。右派中这样的人当然有，但绝非人皆如此。当然作为一种人生补偿，人家经受了那么残酷的打击甚至迫害，回头作为一种人生资本未尝不可，在某种意义上，也可以视为一种时代公正。只是钟先生没有裹着这件华服安享晚年，他以每日不辍的编辑和写作，开启了人生最笃实而华彩的时段。先生少时的顽劣秉性，悉数被熔铸到事业中。先生的“顽”，表现为对事业目标的执着坚守，三十余年如一日，领着社里的年轻人，编辑《走向世界丛书》，编辑周作人先生的文集；先生的“劣”，表现为不从流俗，不循定评，将自己对中国文化史、中国近代史，以及对中国近现代对外交流史的思想率直表达，使他的那些叙论和散文，成为考据有独径、立论有独见，文字老树精灵、思想超拔飞扬的文化精品。先生的文章乃至人生，由顽劣而至于精怪。

这三十余年，先生虽“闭关”在念楼中，声名却日渐隆盛，影响却日渐深远。在当代中国出版界，先生应该是极少数走出了行业圈子的人。出版是名山事业，一辈子青灯黄卷地冷坐，也许能换来后世的些许声名，但也大多囿于读书界，如先生这般能走出文化人圈子，被当世奉为公共人物的，实在凤毛麟角。有一回汪涵见到我，请我帮忙找套书，竟是先生主编的《走向世界丛书》初编。社里没找到，最后逼着一位藏书家割了爱。汪涵得书，感激不已，说钟先生是他最崇拜的文化元老。丛书100本出齐，汪涵策划将先生的故事做主题，在其节目中为丛书做了一次声势浩大的推广。汪涵主持的是娱乐节目，我担心钟先生在非知识界受众中缺少影响，汪涵却信心满满：先生已是跨界偶像，小朋友们十分崇拜这种文化活化石！节目的收视率果然高，证明了汪涵的眼光和判断。除了各类媒体的报道，出版界也接二连三推出了《众说钟叔河》《钟叔河书信集》等图书，助推先生成为一个具有时代标记的公共文化话题。

作为一代文化偶像，先生的影响，一方面来自其编辑和写作，另一方面来自他与前辈和同辈文化名人的交往。先生编辑的多种图书中，影响最大的是《走向世界丛书》。在改革开放大门欲启未启的那一刻，先生将鸦片战争之后半个世纪中国人走向世界的文字记录编辑整理，将那段悲催时光中国人忍辱负重走向世界的坚韧毅力、坎坷心路展示出来，为当时的改革开放提供了一种丰沛原真的精神参照，同时也为中国近代史、外交史、教育史的研究，提供了新的思路与素材。这个工程浩繁的史料集成项目，耗费了先生半辈子的心血。尤其是亲自撰写的二十余篇叙论，凝聚了先生的思想、学问和才情，是中国当代既研究有据、又立论高蹈，既忧国忧民、又趁才纵情，既专注精深、又天马行空的史论。先生素倡短文，所著的散文，亦多短小精悍，而这些叙论却洋洋洒洒，都是非尽意而不收笔的大块文章。与清际作者的文字一并，今古互鉴，堪称双绝。

在与前辈名流的交往中，先生是位有心之人。所谓有心，一是真诚讨教之心，二是终生铭记之心，三是名师高徒之心。先生与周作人、钱锺书夫妇等的交往过从，对先生的编辑与写作形成重大影响，同时也对其声名形成了重大影响。先生不断讲述这些故事，展示这些信札，让人明确感受到先生交集之高伦、取法之高蹈，所谓学问有源、师从有脉。公允地说，先生对世道人心见识通达，在如何运用人生资源上绝不迂腐。先生虽看不上编撰故事去做名人秀，但也不愿把真实的过从交往故作矜持遮遮掩掩。一个文化人，要想走出圈子，除了卓越的学术或艺术建树，重大事件在不在场，著名人物入没入眼是很重要的因素，也就是要有故事可讲，并能把故事讲得精彩动听。读读黄永玉先生写沈（从文）老，余秋雨先生写巴（金）老、黄（佐临）老的文章，我们便能理解钟先生的这种“有心”之举。当然，由此也可以见识钟先生古灵精怪的另一面。

《走向世界丛书》初编出版后，重大的社会影响与清冷的市场反应形成了反差，拟定出版的另外六十多本是否续出，出版社基于经济利益的考量有些犹豫。钟先生告诉我，另一家出版社愿出，问集团是否允许转让选题。事后有同事说，这是先生欲擒故纵，意在以此催逼丛书的出版。不管先生是否用心使计，我觉得这套书必须按策划如数完成。当即找来岳麓社社长，令其加快推进丛书编辑出版，并承诺拨付专项经费。集团每年挣十多亿利润，如果因为经费使丛书残缺不全，甚至被人抢走，我觉得不仅是自己的失职，也是湖南出版的耻辱。有了“不差钱”的底气，先生领着曾德明、杨云辉等年轻编辑，于 2017 年将丛书 100 本全部付梓，先生平生最大的一桩心事，终于如愿以偿。

我知道《走向世界丛书》早，大约是在丛书刚刚立项的时候。钟先生有一个交谊甚笃的朋友，名叫朱健，当年是“七月诗派”成员，后来被打了“胡风分子”，复出后在潇湘电影制片厂工作。我认识朱健先生在先，钟先生的好些故事，是从朱先生嘴里听来的。比如有一回在旧书店，钟先生看中了一本民国版《查泰莱夫人的情人》。但书已被人抢先得手，那人正在掏钱付款。先生灵机一动，说书是家中孩子偷出来的，专程跑来赎回。书店老板和付款人一听，觉得既是书主不舍，只好让先生把书“赎”了回去。丛书编辑的信息，也是从朱先生处得知的。但真正找来丛书阅读，却晚了好些年。

一年在青岛，偕友拜谒康有为先生故居，得知变法败后亡命，他曾经游历海外三十余国，我便心生好奇与向往，于是找了他的《欧洲十一国游记》来。康有为原本文章笔走龙蛇、势若江河，辨史鞭辟入里，状物栩栩如生，加上感时忧国的那一腔义愤，读来自然上瘾。之后我又将丛书初编中的大部分读了。由此我理解了钟先生编辑丛书的深意：中国如何走向未来，取决于中国如何走向世界！我领悟到，一个现代人，如不了解世界的来路与现状，便永远活在古时的夜郎国里。从此我将海外游历当作重要的人生课程，不仅带着身体，而且带着灵魂上路，先后游历了数十个国家和地区，并仿康有为，将所历所思记录下来，后来编辑成了一本散文集《满世界》。

因为我的游历和记游与丛书相关，人民文学出版社出版时，提议请先生作篇序言。我拿了书稿去念楼，心中颇忐忑，不知先生是否看得上。先生若不入眼，虽不会直挺挺说文章不行，但一定会找一个得体的理由婉拒。先生爱惜羽毛，在圈里早有口碑。我战战兢兢说明来意，先生果然怅然一叹：“唉！你早几个月来，这事都好办！给你写篇序也是应该的，但现在不行了，因为我已宣告年事已高，不再为人作序！”随后起身找来一本杂志，果然在他的一篇文章中，有“自此不再为人作序”的宣示。于情于理，我不能强求一位年近九十的老人食言，于是收回了请求。

大约过了半月，办公室主任小贺乐颠颠跑来，双手递过一张纸，其上有蝇头小楷所书的一段文字，竟是先生为《满世界》所写的“感题”。先生没破“不再为人作序”的规矩，却还是为我的新书站了台。这便是先生的精怪处。先生做事，大到政治操守、文化理想，小到待人接物，规矩是不肯破的，但是他总能想出一个办法，既不自毁规矩，又能把事做周圆了，让方方面面于情于理都过得去。

感题用毛笔正楷写就，且评价远超期待。先生说：“比康圣人游十一国时的眼界要高，是现代人在观察现代世界，思考现代中国了”；说“文字洗练干净，的确很好”！我满怀感激跑去念楼致谢，先生说：“看过书稿，感受就是四个字，的确很好！如果不写几句话对不住，不是对不住人，而是对不住文章。文章千古事，得失寸心知，你这般年纪，能写出这样一手文章，真没想到！”

又过了三四天，记得那天下大雪，先生再差人送来一张纸，是改过的“感题”。所改之处不多，且都是增删两三字，文气却更为顺畅了。其后先生又改了两次，也都是一两个字。一篇三百字的短文，先生竟前后改了四稿，这事令我感慨万端！先生对文字的讲究，确已入魔成癖！应该有一个月的时间，先生都在为这短短的三百字推敲琢磨。我知道先生睡眠不好，常常子夜醒来便不再入睡。想象先生有二三十个夜晚，躺在床上为这三百字思来想去，心中十分歉疚。

先生素倡短文，所辑国学选本，都是寥寥数语、字不过百十字的短章。自己所撰散文，亦多一事一记，即起即收，文字如斧斫刀刻，绝无丁点拖泥带水。我读文章，凡遇好文字，必先吟诵数遍，然后动笔逐字修改。既是好文章，当然可以删削更改的地方不多，但偶有一处，于作文便是大收获。读文章不如改文章，改文章如同你自己写了一遍，且是用远高于自己水平的标准来写，其心得当然也高于平常的随性写作。我读钟先生的文章，亦时常试图动手删改，却每每不能遂愿。好些次，搜肠刮肚更动一个词，比较来比较去，到头还是改回先生的原样。以前只道是先生的文章浑然天成，“感题”之后才明白，除却过人天赋，先生的文字是焐在心里慢慢磨出来的。这似乎与先生的趁才随性相左，然而世上的大师或大家，哪位又不是多晶面的矛盾体，哪位不折射出赤橙黄绿的多彩光辉？我揣摩，所谓的大家，大就大在能将彼此矛盾的人性因素和人格侧面，浑然天成地聚为一体，他们无须执白弃黑、得一舍二，也不会捉襟见肘，真正是他们个性的尺度、人格的空间远大于寻常人。

年初，先生为湖南少年儿童出版社编了一本国学读本，题名《学其短》。所选篇目均为百十字短文。每篇所配点评，文字虽精短，却足见先生性情的特立与文字的老辣。插画由著名画家蔡皋先生精心创制，画文相配，可谓绝世双璧。但此书以儿童作为目标读者，定位却不精准，若要品出该书的精妙，须有相当年龄，因而我觉得是一本难得的青年国学读本。因为疫情，不敢造访念楼，便给先生写了一封书信，建议再版时，在定位上做些调整。我同时要求集团把这本书发给编辑，人手一册，作为文章和文字的研习范本。先生回信致谢，不是因为颁令发书，而是因为我对定位的建议和对该书价值的认同。

因为一再请求，两三个月前，省委同意我卸任在集团的所有职务。移交前的最后一项工作，便是去念楼看望先生，并落实先生文集的出版。先生听说我可以从经营管理事务中解脱了，由衷高兴。先生说：“像你这样的董事长，尽管日后很难找，但再搞下去，对你个人损失太大，其实这也是文学界的损失。”先生以己作喻，说自己真正有价值的人生，是退休后的这三十多年。

从第一次登念楼，至今差不多十五年了。我和先生，由同事变成了朋友、文友。作为一个晚辈，先生认可我，或许不是因为我和同事把集团做成了中国出版业的龙头，做进了世界出版的第一方阵，至少主要不是。先生更在意的，应该还是文章，尤其是文字。作为一位出生在湖湘的读书人，先生当然不会忽视我的商业成就，因为求其事功，是湖湘读书人共同的追求。然而先生毕竟是读书人，以文章扬名立万，自然在兹念兹。据此推论，先生取名念楼时，无论还有什么具体寄寓，但其心心念念的，必定还是学问和文章。

先生依旧健谈，思维活跃一如往常；先生依旧健朗，身板挺拔一如往常。先生虽已年届九旬，然而气色与精神，的确不让花甲。我问先生是否常打斯诺克，先生说偶尔打打。他信奉人的健康主要靠精神运动。俗话说人活一口气，那是指精神要完足饱满。

临别，先生送我一本《编辑钟叔河》。书是香港出的，由著名电视人彭小莲策划和主撰。这位素具文化反叛精神的湘女，将自己生命的最后时光，交给了这本书，交给了钟先生。如果不是身患不治之症，她应该会用镜头来记录这位她所敬仰的文化前辈，后来只能用文字，应是有些遗憾的。通过这部"纸上纪录片"，她塑造了一位跨时代、跨世纪的文化斗士，她强调了个人与时代冲突中命运的自主性，个性与潮流冲突中选择的自主性，她将自己的文化情愫与姿态，较多地敷色给了先生，读来有点高大全的陌生感。彭小莲一直在用镜头和笔追记她童年经历的那个时代，而先生却已经从那个时代走出来了。她或许很难理解，一个左右逢源而又操守自持，一个万欲皆具而又无所不轻，一个意在有趣而又终有所用的文化精怪，比一位执剑荷戟的文化斗士，于当世于未来，应该更有意义和价值。

回首近世湖湘的文化大家，王船山、魏源、陶澍、曾国藩、王闿运等，虽都是义理与事功兼求、学问与世事皆通的人物，然钟先生与之相比，依然显得超迈与灵异。先生的学问与文章，说到底不是做出来的，而是活出来的。先生的人生轨迹，几乎与他人截然颠倒：人家发蒙苦读，他却纵情玩耍；人家积极上进，他却消极右倾；人家委曲求全，他却自投囚牢；人家谋取权位，他却退守书斋；人家安享晚年，他却奋发编著……先生以其前半生，尝遍、悟透了人生的苦乐悲欣，仅用半辈子，走完了远比他人一生更加坎坷漫长的人生旅程。余下的半生，他便躲在念楼里编辑和著述，确乎避世很远，却又入世很深……

先生是不可模仿的。因其逆行的人生，他已成为一个时代的文化意外和例外。

先生起身送我，立在门边显得苍劲而伟岸，仿佛一棵老树。在天山、长白山、阿尔卑斯山和热带雨林中，我见过那种历经风摧雷劈、树干满是疤痕，却依旧挺拔遒劲、生意倔强的老树。当地人会在树上挂满红色的布条，隔三岔五供奉跪拜。在他们的心中，老树已修成精怪，变作一种不可思议、不可亵渎的灵异之物。眼前的先生，不就是这样一棵老树，一棵历难不死、成精成怪的文化老树吗？

浩明先生

龚曙光

谨以此文，祝贺浩明先生所著历史小说《曾国藩》出版30周年。

——题记

浩明先生是我同事、朋友，更是师长。先生为人谦逊，每回谈及后一层关系，必摇头否认，生怕背了好为人师的坏声名。

其实，我尊先生为师，非因先生长我一些年岁，按习俗当执后学之礼。与先生交往近三十年，依文学关系，先生是作家，我是评论家，后来先生是老作家，我是新作家；依工作关系，先生是一线编辑，我是总部管理者，后来先生是董事，我是董事长。在这复杂纠缠的关系里，我和先生私情与公谊交织。先生既在文学上给予过我切要的点拨，也在工作上给予过适时的襄助，尤其，先生的道德文章，对我是一种贴身的人生示范。

那年儿子结婚，我同妻子商量请谁证婚，竟不约而同想到了浩明先生。我的友朋中，达官显贵、巨贾富商、文艺大咖不乏其人，但作为证婚人，似乎没谁比浩明先生更合适。婚礼既成，好些亲友都说：婚礼的亮点是证婚人！这当然不只是说浩明先生的证婚词中正大雅、殷切坦诚，更重要的，还是指先生这个人的恰当和得体，指他儒雅的气质与雍容的气度。这事大体能说明浩明先生在我、家人及朋友心中的地位，也能表明先生在公众眼中的形象：修身谨行，勤勉博学，谦逊宽厚，世事洞明。

首次知晓先生的名字，是因为他刚刚出版的历史小说《曾国藩》。那时我研究生毕业不久，由鲁返湘在大学教书。研究生期间，我师从田仲济、宋遂良先生，治二十世纪中国文学，已经发过少功、残雪、立伟、鑫森等湘籍作家的评论，自然对湖南文坛格外关注。突然冒出一个写历史小说的新人，且一蹿而红，作品与声名不胫而走，必定会引起我特别的兴趣。

当时湖南写历史小说的，只有任光椿先生，他的《戊戌喋血记》也曾轰动一时。与谭嗣同的锐意变法、舍身警世相比，曾国藩是一位道术兼求、家国并治的千古名臣。后世的湖湘学子，既敬仰谭嗣同舍生取义的侠肝义胆，也崇拜曾国藩老成谋国的人生智慧，对于后者剿灭“红毛”的政治污点，反倒不十分在意。人们钦佩的，是他道义与事功兼求，最终“三立”并举的人生模式。圣人提出的这一人生理想，两三千年能践行者未见几人，到了封建末世，却被一个乡下读书人做到了，自然令人心生敬意。更何况湖南本土，此前并不怎么出人，而此公一出，近代湖湘若滔滔江水人才辈出，缔造了“几代湖湘读书人，半部中国近代史”的独特历史奇观。对于这位近世湖南人才的带头大哥，后辈学子既怀乡土自豪感，也秉人生仿效之心。因而小说一出炉，自然各界争抢，洛阳纸贵。

作为一位专业读者，我所关注的，自然不是小说单一的历史价值，更不会将人物修身读书、从政带兵、教子治家的人生行状，仅仅当作一部人生指南来读。然而我发现，与姚雪垠先生写李自成，二月河先生写雍正相比，浩明先生在塑造曾国藩形象时，既更逼真还原了人物的生平事迹，维护其历史原真性，又倾注了个人的人生理想，甚至将小说的创作过程，变成了自己人生修炼的过程。作家在写作过程中，与人物发生“共情”现象的不少，但十分自觉将艺术创作当作一种人生修行，让自己和人物一同成长的却极少见。似乎只有阅读老托尔斯泰的作品时，我有过这种感受。西方好些学者，颇多指责托翁小说太重教化，其实托翁首先教化的是他自己，小说中人物的种种忏悔和赎罪，都是作家自己的精神冶炼和人格再造。浩明先生的这种写作追求，实际上在情节叙述中，完成了一种人格示范，强化了小说作为一部人生启示录的教化意义。

那时我年方而立，浩明先生所塑造的曾国藩形象，以及浩明先生作为一个修炼者的叙事人形象，对我日后的修德治学、为文经商，产生了深刻持久的影响。浩明先生这种将艺术创作与人生修炼合二为一的写作特点，似乎一直为评论界所忽视，在有关先生汗牛充栋的研究中，几乎无人谈及。而恰恰这一点，是浩明先生对我文学写作最切要的艺术辅导。

曾国藩作为一个对后世，特别是后世湖湘学子影响巨大的人生典范和文化符号，其人生意义上的功德圆满与人性意义上的罪孽深重；帝国命运上的力挽狂澜与历史趋势上的倒行逆施，为浩明先生的创作，布下了政治立场和价值观念的种种陷阱。在小说中，我既看到浩明先生坦然直面的果敢勇毅，又看到了他曲折迂回的精明老到。倘若换了另一位作家，这部以曾国藩为主人公的小说，未必能突破历史争议的困局而付梓，即使侥幸刊行，亦未必能获得这个价值观多元化社会读者的普遍认同。浩明先生通过将政治冲突升华为伦理冲突，将历史悲剧内化为心理悲剧，使小说不仅成功超越了这些阴森恐怖的陷阱，而且获得了一种古雅雍容的审美质感。这是浩明先生最令我钦佩的一种文化底气和艺术功力。

我进入浩明先生的视野，已经到了 1995 年。那年先生的《旷代逸才》在《芙蓉》连载，杂志社约我写年度综述。我用较多篇幅探讨了这部小说。相对

《曾国藩》的大红大紫，《旷代逸才》的反响显得平静而悠长。如果说，选择书写曾国藩，显示了浩明先生的史家胆识，选择书写杨度，则更显示了他的艺术家眼光。杨度确乎是一个比曾国藩更文学化的人物。我说在杨度身上，“聚集了中国近代文化人全部的喜剧和悲剧因素，聚集了从旧文化走出来的新一代知识分子人格追求上的全部可爱和时代局限上的全部可悲”。在浩明先生笔下，这位患有文化过敏症和政治多动症的人物，意识到自己过客的宿命，却又决绝地反抗其过客的命运，于是将历史的合理敷衍为人生的荒悖，将精神的可敬践行成行为的可笑，先生将可喜与可悲水乳交融为一体，深刻而独到地揭橥了那个时代欣悲交集的文化本质。我认定《旷代逸才》是浩明先生作为一个文学家成熟的标志。这个判断，批评界未必认同，尤其是那些在非文学意义上喜爱《曾国藩》的读者，大抵会嗤之以鼻，但浩明先生似乎接受了这一观点。

大约一年后，我和浩明先生在宣传部门召开的一次会议上终于见面。我自报家门，先生似乎有几分惊诧：“这么年轻呵！看文章以为你年纪和我差不多。”然后说到那篇综述，说我是第一个激赏《旷代逸才》文学性的人。说完这几句话，先生便挑了一个角落，石雕般地坐在那里，仿佛又回到了他数十年沉溺的清末时光。

先生从事文学创作三四十年，始终保持着当文史编辑的工作状态，极少与作家、评论家过从，黄卷青灯，似乎是他最惬意的生活方式。即使后来被选为省作协主席，除了必须到会的场合，先生依旧很少去作协，与文学界保持着十分谨慎的距离。他的工作关系，一直留在岳麓书社，从不在作协领取薪资和补贴。兴许是文人相轻的缘故，省作协过去有一段时间是个不算太平的地方，往往一届主席当下来，可能被纠缠折腾得五劳七伤。说到底也没有什么摆得上台面的大是非，无非是涉及名利的一堆鸡毛蒜皮。先生不与人争名头，又在经济利益上撇得清白，因而他这个主席既当得清清爽爽，又当得轻轻松松。先生这种“瓜田不纳履，李下不整冠”的自律人格和为官智慧，让我对职业生涯有了更高的人格追求。

此后一段时间，我与先生依旧碰面很少。其时我已弃文从商，先做酒店管理，后举旗帜创办《潇湘晨报》，每天专注于拼命挣钱养活上千员工。我关注到先生后来又写了《张之洞》、编辑湖湘名人的文集、评点曾国藩家书和奏折，继续他文史编辑、作家与历史文化学者三位一体的人生构建。先生常常被人请去演讲，内容不是关于曾国藩，便是湘学与湘军。作为一位知名的文化思想家，先生已经肩负起湖湘文化传播的当代使命。但凡聆听过先生讲座的人，不但为其深厚笃实的学养，世事洞明的见识，雄辩滔滔的口才所折服，更为其儒雅淳厚的气质，雍容通达的襟怀，谦逊坦诚的态度所感染。我感觉先生已树立一个目标，即努力将自己活成一个湖湘文化的当代人生标本。

2007 年，我接任湖南出版集团的董事长，并启动集团改制上市。先生被延聘为中南传媒的董事。先生不是作为一个文化偶像，而是作为一位对战略富有洞见、对管理充满智慧的高管，参与到公司的改制和经营。每当企业面对改革发展进退维谷、左右为难的处境时，先生总是对我的决策坚定支持，并给出一些具有操作性的建议。2009 年底，中南传媒因经营未满三年，上市遭遇了政策障碍。解决的办法只有一条，就是向国务院申请“三年豁免”，而这在当时地方企业鲜有先例。投行和工作团队建议，延迟两年申请上市，我却坚持克服一切困难当年申报，争取国务院豁免。在这双方意见僵持的时刻，浩明先生讲述了曾国藩攻打南京的故事。先生认为战略决战，重要的是把握战机，决胜的是一身胆气。如果放弃当下拼命一搏的机会，再等两年，那时的资本市场是什么格局，又有什么新的政策，谁都说不清。后来公司果然破例争取到了国务院的豁免，如期在上海敲锣上市。每值这种艰难决策时刻，我感觉先生五车之富的学问，早已融会贯通，具备了世事洞明的人生实践价值。

因为浩明先生的影响，我开始研读湘学诸位大家的著作，不仅是曾国藩，还有周敦颐、王船山、胡林翼、彭玉麟、左宗棠、陶澍等，慢慢我对湖湘文化道术一体、内圣外王的思想体系、忧乐兼求的人生态度，有了自己的认识，并在治学经商、为人做事中努力践行。尽管我的这些认知，未必与浩明先生的思想完全吻合，但先生始终鼓励我深学笃行。作为20世纪研究曾国藩，乃至整个湖湘文化起步较早、影响最大的学者，先生的思想必定成为学术论争的首选目标。三十多年来，先生学术上受到的质疑，甚至批评不绝于耳，他总能一一包容。先生论理而不置气，因而也从未在学术上结仇树敌。外省一位朋友，从家族史角度研究湖湘文化，完成了五六十万字的皇皇大著，以此求教先生。先生显然对其中一些观点并不苟同，但先生着眼于朋友的治学热情，而不苛求其具体学术观点，真诚鼓励朋友坚持下去，并为其新书具名推荐。

三联书店出版我的文学评论与对话集，我请浩明先生作序。这当然存了假先生之名、扯虎皮做大旗的私心，但更重要的，还是出于对先生的敬仰。先生二话未说慨然应允，并很快作好了序文。以先生的眼光，当然能轻而易举判断出这本集子的水平，并对其作出恰当的评价。先生的奖掖之心，不在对文集的一味褒扬，而在于序文中的每一句话，都充溢着暖心的关切与诚意。

先生卸任省作协主席时，已年届古稀。集团破例留任先生，并为其在岳麓社配备了工作团队。与钟叔河先生一样，浩明先生已经成为集团的职业偶像和文化财富。其实一直以来，总有别的出版机构许愿挖角，先生从未为其所动。先生在岳麓社入行、成名并一直在此工作，他觉得继续留在社里，是天经地义的事情。先生将自己此时的何去何从，视为一种关乎名节的大是非。

2018 年，我的散文集《日子疯长》完成，分别由人民文学出版社和台湾印刻出版公司出版。按照时下的操作惯例，发行人希望请几位著名作家推荐背书。我离开文坛二十年，在文学界已是实实在在的陌生面孔，发行人希望找人站站台，也在情理之中。于是我找了秋雨、少功、残雪、洪晃、汪涵等六位朋友，其中当然有浩明先生。我将书稿送给先生，一周后先生不仅写好了推荐语，而且另外发来一条长达数百字的短信，对我的创作予以热忱肯定。先生从故事选择、人物刻画、叙事节奏、文字表达等方面进行了具体细致的文本分析，尤其是对文字用了“洗练老辣且极富个人特色，而这一特色向为文坛所稀缺”的评价。先生说这部散文，实际上已构成一部长篇小说的架构，鼓励我由此进入小说创作，预言我独特的人生经历，已经具备的写作才能和审美品格，一定能写出不同凡俗的作品。虽然此后类似鼓励，我还从其他作家那里听到，包括在作为时代文学偶像的王蒙、白先勇先生的文章里。但浩明先生是第一位给予这种评价和激励的著名作家，这对坚定我文学写作的信心，具有一锤定音的意义。先生似乎担心我将他的评价视为一般的客套，特别声明他说的每个字都是心里话。其实，从先生的文字中，我已读出了他不加掩饰的惊诧和坦诚真切的欣喜。

一年后，我的散文新作《满世界》再由人民文学出版社付梓。我送新书给先生，先生发现新书从题材到文风与前一本迥然不同，这显然超出了他的预料。先生既对我把握不同题材的能力给予赞许，也委婉提醒我，要尽快建立自己艺术风格的辨识度。

一晃，《曾国藩》出版三十年了。这其实也是我和先生从神交到知交的三十年，是先生作为师长对我人生深刻影响的三十年。湖南文艺出版社以纪念版之名，拟重新出版先生的晚清三部曲。社里与先生商量，希望由我来作序。

我深知自己的才学与名望，均不足当此重任。婉拒无效，便拖了大半年，企图以此改变先生的决定。无奈社里一再催逼，眼见再拖便会误了三十年纪念的出版时机，只好赶鸭子上架。也只有到了这个时候，我才静下心来，全面审视这个我奉为师长的人。除了重读三部曲、随笔，又把先生的评点及有关湖湘文化的文章与演讲找来一一研读。

阅读过程中，我意外发现，先生很少提及自己的家世。由此回想这些年与先生的交往，也是从未听他谈论自己那个华丽的家族及其后来发生的变故。当代作家中不少人，不是炫耀自己出身门第的高贵，便是炫耀自己人生经历的苦难，浩明先生两者兼具，却很少见他提及。这当然不是先生意识不到人生经历对自己创作的影响，而是先生更愿意读者关注作品本身，不给作品添加一些额外的装饰。

先生的生父唐振楚，曾任蒋介石的机要秘书，先生就出生在这样一个前国民党政府要员的家庭。1949 年，唐振楚随蒋介石仓促渡海迁台，将三个孩子寄养在衡阳老家。一个普通农家，自然无力抚养三个寄养的孩子，无奈之下，浩明先生被过继给了当地一位邓姓的剃头匠。无论继父继母多么良善，但这种骨肉分离、寄人篱下的心灵苦难，以及政治歧视所带来的人格屈辱，依然必须由这个年少的生命独自承担。鲁迅先生在谈到家世变故对自己文学的影响时，特别强调了“由小康堕入困顿”，而浩明先生，则是由上流社会跌进了社会的最底层。这种天壤之别的家庭变故，当然对浩明先生的人生观形成了深刻的影响，自然也直接左右了他的文学创作。但先生将这种苦难，完全融进了对人物命运的理解，转化为自己独到的艺术表达，而不作为某种人生的炫耀。一个作家，不炫耀自己华丽的生世或许不难，不炫耀自己的生命苦难，却很少有人能做到。世上能藏得住幸福的胸怀不少，能藏得下苦难的却不多。大抵只有那些有足够心理能量直面苦难，并将其视为当然人生历练的人，才能有如此的心灵包容和生命担当。曾国藩就是这种直面苦难并包容苦难的人物。在这一点上，浩明先生既有与生俱来的沉稳素质，无疑也进行了曾国藩式的人生修炼。与先生交往这些年，从未听到先生对人对事有什么抱怨。在这个意义上，我们读到的曾国藩，既是作为历史人物的逼真摹写，也是作家自我人格的艺术投射。

先生显然不属于习见的才子型作家，他的艺术天赋，几乎全部为其勤奋所遮掩。作为一位历史小说家，先生在史料的查证研读上，所做的是笨功苦功。这种板凳一坐数十年冷的书斋人生，不是一般作家，甚至不是多数历史小说家所能忍受和想象的。先生的办公室，柜里、案头、地上全是书，先生伏案其间，像一条昼夜啃噬的书虫。先生每写一个字，背后需要多大的阅读量做支撑，大抵只有他自己说得清。先生在治学、创作上所做的这种笨功苦功，我们也能从曾国藩的人生理念与行为中找到对应。

《曾国藩》出版三十年，也热卖了三十年。先生对市场上形形色色的版本，似乎并不满意。对于文艺社拟出的这个版本，先生提出了一个明确的要求，希望出得安静些、干净些，去掉那些基于商业目的元素，把作品质朴地奉献给读者。先生似乎执意与这个眼球经济、流量文化的时代背道而驰，让自己的作品闹中取静，悄然走向读者。

我将写完的序言，忐忑不安地发给浩明先生，希望他提出修改意见，或直接修改，先生却一字未动转给了出版社，并发来短信致谢。我自忖这篇序言未必能达到先生的期望，但先生似乎将对我的包容和鼓励，看得比这篇序言的好坏更重。虽然与先生交往了近三十年，或许在先生眼中，我依然是一个需要鼓励和呵护的入学蒙童。

因了三十年这个双重意义上的时间节点，我动念写写浩明先生。这当然只是我了解和理解的浩明先生。在我的眼中心中，先生修品性而不废事功，守立场而不任意气，怀古风而不拒时变，洞世事而不从流俗，避祸患而不损气节，秉天赋而不弃勤奋。先生是当代学界与文坛极少数将治学、写作与修身一体贯通的人，湘学道术兼求只为天地立人的传统，在先生身上得到了赓续和发展。先生所治的学问，不仅为了厘清一套思想遗产，更是为了践行一种人生哲学；先生所写的人物，不仅为了还原一群历史存在，更是为了探索一种人生模式。先生的学术与文学，是真正修身立命的学术和文学。如果说，曾国藩作为一位身处乱世的读书人，实现了自己道术兼修、功名完满的人生，浩明先生则作为一位身处社会由乱达治，文化由废达兴，而一切远未完成时代的知识分子，实现了自己守常与求变兼顾、德性与事业兼胜的人生。我想通过这篇文章，既郑重表达对先生道德文章的敬仰，也想为当今这一文化冲突、价值观撕裂的时代，推荐一个文化人格健全、修身与功业兼举的人生典范，为惶恐、迷茫于艰难世事中的一代又一代年轻人，提供一份从容做人的文化底气。

当然，于我而言，浩明先生的人生高度，终其一生或难达至，然而朝着这一方向的努力，却始终不会放弃。

2020 年 7 月 11 日

于抱朴庐息壤斋

岳麓二老

丁双平

岳麓书社成立四十周年，因我忝任过一届社长，力邀我写篇纪念文章。却之不恭，只能勉力为之。但写什么好呢？却颇费周折。在岳麓社20年的工作与生活，要写的东西实在太多，而我才资愚鲁，写不出来。反复思量，就写“岳麓二老”吧，文字差没关系，但写的是真情实感。

杨坚先生

现在回想起来，最遗憾的事是没有赴明阳山送杨老最后一程。在岳麓工作整整20年，带我的老师是喻岳衡先生，跟杨老没过多交往，只是见面打个招呼，有事直奔主题，聊完互道再见而已。杨先生为人谦和，精力充沛，精细过人。每天骑自行车上下班，哪怕是后来搬到河西，要穿越拥挤不堪的湘江一桥。我进社时，他已年过五旬，很瘦削，也很精神。一进办公室，几乎就是全神贯注地投入工作，中午也不休息。有时，我也很纳闷，总是惊异于杨先生一副羸瘦的身躯，哪里能蕴藏那样丰沛的能量。30年里，我看着他一点点变老，从行动敏捷到步履蹒跚。过60岁后，各种病魔伤痛也开始频频光顾他：先是骑自行车摔伤，继而是肺部疾病，乃至癌魔缠身。但除了瘦弱，你不可能感觉到他是个病人。无论什么时候看到他，他总是双目炯炯有神，满脸都是谦和而自信的微笑，讲话铿锵有力，时而还伴有刚劲有力的手部动作。

让我最难以忘怀的是，有什么问题向他老人家请教，他从没有鄙夷过我的浅薄无知，总是耐心地一一解答，直至我弄懂为止。当年的岳麓社，有一批学识丰厚的老先生，每一次选题会，都是我们这些小年轻一次很好的学习机会。但作为小字辈，能够提出选题，并能获准通过，殊非易事。记得 1989 年，我和几位小年轻不揣谫陋，提出要出版白文本《资治通鉴》，一时引起较大的争论，支持者和反对者各半，一时争执不下。没想到杨先生站出来，给予充分肯定，使得选题顺利通过。我和几位同伴合力编辑的这套书成为岳麓书社很长一段时间赢利的拳头产品，累积至今不仅仅是有上千万元的赢利，还获得学术界的一致好评。随后的《四书五经》、《百子全书》、通俗小说文库等，都获得杨老的支持。可以这样说，没有杨老的支持，恐怕很多大部头的选题是通不过的。对于我这样的小编辑来说，这是一份莫大的恩情啊。所以尽管后来我也多次去探望过杨老，也遵杨老及殷老师之托解决过杨老及其家属的一些实际问题，但因会议，没能去参加杨老的追悼会，应该说是我心中永久的痛。

喻公

从 1985 年进入出版界，就师从喻岳衡老师。那时的出版社大多刚刚恢复或创立，全社会又面临极度的书荒。从业人员中，除原有工作人员外，既有一批刚刚平反归队的老知识分子，又有刚跨出大学校门的毛头小子。但一个共同点是大家工作热情高，干劲大，似乎人人都有一股使不完的劲。尽管当时并没有明确的师徒制的规定，但工作中我和喻老属于典型的师徒关系，

我记得进岳麓社不久，就协助喻公编辑《传统蒙学丛书》。《传统蒙学丛书》中的绝大多数品种属于“文革”中要扫除的“封、资、修”毒草，因此各种

版本招致清洗。其实，在规划出版这套书的时候，大家还心有余悸，受极左思潮影响反对出版者众多。为使选题通过审批，总编辑钟叔河先生想了很多办法：先是征得当时的全国人大常委会副委员长、著名历史学家周谷城先生的同意，为周谷老代拟丛书总序；后是给全国70位知名学者写信征求意见。我的印象中，除哲学家庞朴先生有异议外，其他学者，如邓广铭、周谷城、张志公、赵光贤、陆宗达等都来信表示支持。这样一来，选题得以通过。随之而来的是两个难题，一是版本收集难，二是铅字排版难。我当时的工作是协助喻公收集版本和寻找排印厂家。为了更好地编辑出版好《传统蒙学丛书》，我陪喻公到武汉、杭州、北京、上海等地访问对蒙学有研究的学者，如张志公、徐梓、陈旭麓等，征询他们对出版品种和版本的意见。另外，通过各种关系，从上海图书馆、北京图书馆（今中国国家图书馆）、杭州图书馆、北师大图书馆、衡阳图书馆、湖南图书馆、湖南师大图书馆收集资料，将拟出书目的各种版本搞回来。我当时连助理编辑资质都没有，按理只能打打杂，喻公为提携我，除让我完成上述工作外，还鼓励我担纲《三字经》《千字文》《幼学琼林》等几种图书的编辑工作，并且手把手地带我。因为我学养不足，能力有限，在编辑工作中经常出差错，每当如此，喻公总是将责任揽过去，替我挨批评。他的这种“护短”，既让我感激，又让我愧疚，同时也激励我更加努力地工作。

《传统蒙学丛书》告一段落后，喻公根据市场情况，不断地指导我观察市场需求，结合社里发展需要策划和编辑各种图书。与此同时，他还将他过去策划、组稿并编辑的经过市场考验很成功的一些品种交给我，或者是在责任编辑名单上加上我的名字。我深知，他让给我的不仅仅是职责，更多的是荣誉和利益，他是在暗暗地帮衬我。尽管我一直都力辞，但似乎总是犟不过喻公的执拗。

喻公为人淡泊敦厚，尽管资历老，学识高，但从不摆架子，更不屑与人争功名。他编辑的书既重社会影响，又重市场销售，是为岳麓社创利的大功臣。他编的《文言文基础知识问答》《古文观止》《古典通俗小说文库》《传统蒙学丛书》等印量很大，少则七八十万册，多则四五百万册，为岳麓书社的发展奠定了坚实的经济基础。难能可贵的是，在选题策划上他极富开拓意识，从不因循守旧，而且能吸纳各方面的意见和建议。从 1982 年岳麓书社创立至今，他笔耕不辍，始终战斗在编辑工作第一线，没有因离休而离开工作岗位，也没有因为改制上市划归到存续公司而放弃对岳麓社的关心和支持。

因工作关系，我离开了岳麓社，但有空还是会去看看喻公，和他聊天的主题还是图书选题及岳麓社的发展。他总是如数家珍般地列举他最近为岳麓社做的一些事，如《古文观止》又作了修订，“新蒙学丛书”印了几次，《民国旧闻》进行到了哪个环节，《传统蒙学丛书》到了该改版的时候，《说唐》《小五义》该换封面，等等。一如既往地不谈自己，没有任何个人诉求。谈得更多的是要我注意身体。和他在一起，有如沐春风之感，我感受最深的是我们之间如父子般的深厚情谊。

岳麓社是个温馨而且充满活力的大家庭，尽管离开岳麓社已逾十七载，但我深深地留恋那一段美好时光，怀念那些与我同甘苦数载的同事。所幸的是，我亲身经历了岳麓社从弱小到壮大的全过程，有幸在胡遐之、钟叔河、潘运告、夏剑钦几位前辈的指导下工作。只是我笔钝，没有将之描述得栩栩如生的能力，只能留待今后了。

我的四位室主任

曾德明

一九八五年六月，我大学毕业，被分配到岳麓书社从事编辑工作。同时来报到的还有四位，很长一段时间里，我们都被老同事们亲切地称作“新来的大学生”。当时湖南出版享誉全国，岳麓书社也是声名鹊起，朝气蓬勃，能够来社里当编辑，感觉前景光明，充满自信。在见习了一个多月后，我们便被安排到各个编辑室，在老编辑们指导下开始干活了。

当时社里设有四个编辑室，以一、二、三、四为名号，虽说文史哲不分家，但还是有一个大致的分工，一编室相当于文学室，二编室偏重历史，三编室偏重哲学，四编室则为综合编辑室，主要抓创收，为钟叔河先生的“以书养书”办社方针提供经济保障。我被分到了三编室，在室主任陈戍国老师手下走上了漫长的编辑之路。

陈老师一九四六年生人，一九六四年从邵阳隆回县考入湖南师范学院中文系，大学期间因言致祸，被劳教后发回原籍，靠做代课老师为生，历尽艰辛磨难。一九七九年考上西北师范学院中文系研究生，师从郭晋稀先生学《诗经》，一九八二年毕业后来岳麓书社工作。当时三编室只有三个人，另一位长我四岁的冯天亮，自学有成，文史功底扎实，是从望城县电影院借调过来，帮忙编辑《走向世界丛书》的。冯老兄天性孤傲，若古狂狷之士，常放言无忌，但独服陈老师学问高深，所以愿投麾下。我们三人同坐一间窄狭的办公室，三套桌椅外，容不下任何物件了，书稿与工具书之类，都只能堆在桌上。陈老师时值盛年，醉心学问，白天编辑书稿，晚上钻研学问，据他说从未在十二点之前入睡过。所以他上班每每迟到，但也总是七点以后才下班回家，不耽误工作。他不修边幅，印象中长年穿着一套墨绿色的衣装，低头走路不抬头看人，几次被门卫当成邮递员拒之门外，闹出笑话。陈老师旧学功底深厚，“四书五经”背诵如流，每当我遇到书稿中有疑难不定之处向他求教，总能得到圆满解决，敬仰崇拜之心油然而生，也从此与他结下了几十年的深厚友谊。可惜与陈老师共事仅数月时间，他就考到杭州大学读博士，师从礼学泰斗沈文倬先生专攻《仪礼》去了。冯天亮见陈老师离开岳麓，也无心恋栈，回望城承包录像厅，发家致富去了，而我被抽调到省委讲师团去耒阳“支教”一年，所以三编室由名义上的哲学编辑室改换成了专门编辑几大全集的部门了。

陈老师在杭州求学两年，家里四个孩子有三个上小学，夫人没有工作，因为生第四个孩子还被罚了款，生活拮据可想而知，也不知道一家人是如何艰难熬过来的。据说钟叔河先生爱惜人才，安排他校点几种古籍，拿了点千字三元的稿费，方得全家温饱。博士毕业后陈老师本来还有重回岳麓的打算，但因家属的工作问题没能解决而去了省博物馆，后又辗转湖南师大，最终落户岳麓书院。他在岳麓做编辑只有三年多的时间，除协助杨坚先生编辑《船山全书》部分书稿外，责编的书还有《浮邱子》《礼记质疑》《风土丛书》《子不语》《夜谈随录》等十余种，自言编辑业绩平平。他的事业成就体现在经学尤其是礼学研究上，著有《中国礼制史》六卷、《中国礼文学史》三卷，堪称当今治礼学之第一人。陈老师坚信做学问没有捷径，唯有下苦功夫。读研时他向武汉大学黄焯先生请教学问，多有书信往还，黄焯先生曾赞其“当今治学问若陈君者，实乃凤毛麟角”。他下苦功夫的精神，从学外语即可窥见一斑。中学大学学了俄语和英语，读硕士时学了日文，读博士时又学了德文，而且程度颇高。据说考研时英语是全省第一名，而我当年翻译旧日文版《汉诗大观》中的文言前言时，有几处疑难，请教湖南人民出版社的翻译家林怀秋先生亦未得确解，最终还是陈老师帮助解决的，因为他懂得古日文的语法。不过他的外语只能读写而不会说听，第一次考博时考的是北京大学周祖谟先生的博士，专业成绩第一，但北大博士要面试口语，陈老师只进去了不到一分钟，就摇着头出来了，未能如愿。几次跟我说到此次经历时，都颇显尴尬和无奈。我只能笑着宽慰他，说您老人家的普通话也是一般人都听不太明白的啊。

一九八六年底我从耒阳回社里后，到了文正义老师担任主任的二编室继续编书。文老师一九三八年生人，“文革”前武汉大学中文系毕业，在湖北当了多年的中学教师，后来调到《汉语大字典》编写组编字典，文字音韵训诂功夫好，一九八二年来岳麓，开始编《左宗棠全集》。我在文老师耳提面命之下，不到两年时间，单独责编了《史记》《中兴将帅别传》《胡林翼未刊往来函稿》三种书，初步寻到了编辑古籍图书的门径。文老师性格耿介，外冷内热，傲上护下，编辑心得和经验对我们倾囊相授，生活上也对我们关怀备至。我们几个年轻编辑多次到他家里蹭饭改善伙食，他亲手烹饪的衡山名菜“太极图”与“金钱蛋”更是绝味，至今回味仍觉齿有余香。我们从文老师身上，真正学到了不少为人处世的道理。他编《汉语大字典》出身，眼里容不得沙子，对书稿质量要求极严，经他手编辑的图书，如《湘绮楼日记》《日知录集释》《湘军史料丛刊》等，出版后颇得学界赞誉。文老师退休后，另辟蹊径，沉浸于佛学之中，长年在苏州西园寺、福建龙岩寺等处挂单，无偿帮助寺院整理佛教典籍，还撰写了不少佛学研究的论文，开启了人生新的篇章。

一九八八年初，社里为鼓励编辑的积极性，让我们四个二十来岁的年轻编辑自由组合成立一个新的编辑室，按序列称为五编室，由已届离休年龄的喻岳衡老师担任主任，负责书稿质量把关。喻老师一九二七年生人，先后就读于省立第一师范和湖南大学，是老地下党员。他原是湖南人民出版社历史编辑室古籍组负责人，一九八二年岳麓建社时顺理成章转到社里来的，是岳麓的创社元老。他编辑的《古文观止》《文言文基础知识问答》《传统蒙学丛书》，都是百万级别的畅销书，对社里贡献巨大。喻老师工作兢兢业业，精益求精，《古文观止》重印了几十次，几乎每次重印都有修改完善，可见其用心和认真。他为人十分低调，淡泊名利，又性情温润，对我们呵护有加。在他的精心指导下，五编室冲劲十足，很快成为社里的创利大户，我们几个年轻人也得以快速成长。其实刚到社里的头两个月，我和喻老师就坐在同一间办公室，最早体会到他给予的春天般的温暖。当时社里有四位二十世纪二十年代出生的前辈，德高望重，被大家尊称为“公”，分别是“遐公”社长胡遐之、“廖公”廖新雨、“杨公”杨坚、“喻公”喻岳衡。前面三位已经作古，唯喻公虽已年届九五，仍耳聪目明，能读书写作，寿超期颐当不在话下。心胸宽广，与人为善，与世无争，大概就是喻公的长寿之道吧。

一九九〇年前后吧，社里部门设置和人员安排作了大的调整，我又到了鄢琨担任主任的四编室。鄢老师一九四六年生人，因家庭出身等历史原因，高中毕业后没有上大学的机会。但他天资聪颖，好学而博览，又与钟叔河先生有旧交，钟先生到岳麓做总编辑后，把他从湘运公司借调过来协助编《走向世界丛书》，正式调入社里则是一九八五年夏季，记得社里当年开新编辑的欢迎会，他和我们算是一批的。鄢老师得钟先生真传，编辑功夫十分了得，工作效率极高，令我等仰佩。钟老师近几年还多次跟我说，鄢琨是能做很多事的，他能做的事鄢琨都能做，实非过誉。鄢老师年长我们近二十岁，但当时意气风发，精力过人，与年轻人无异，和我们相处若兄弟一般。他好饮而不善饮，酒酣耳热之后，总能从平日沉默寡言的他的口中听到许多岳麓前辈的逸闻掌故和八卦趣事，尤其是钟叔河老师的传奇人生，让我开了许多眼界，长了不少见识。还多次在他家里吃到他用木工刨具刨出来的涮羊肉片，极薄而味美，至今记忆犹新。和鄢老师在一个编辑室近十年，我们相处融洽，齐心合力，编辑出版了大量叫好又叫座的图书，共同参与和见证了岳麓书社的黄金时代。鄢老师作为我们的部门主任，承担的工作量和责任最大，但他认为工作是大家一起做的，不必分彼此，绩效奖金和我们拿的一样多，回想起来我们实在是占了他不少的便宜呢。如今每年请他喝一两顿酒，权当还了一点利息吧。鄢老师二〇〇一年离开岳麓，到海南出版社主持编辑出版二十卷本的《世界百科全书》，为他二十余年的编辑生涯画上了圆满的句号。

我在岳麓工作的前十年，有幸在四位优秀的编辑室主任指导下工作，得以走上编辑正途，并因此受益终身。编辑室的主任们，是一个出版社的灵魂和栋梁。前辈们的优秀与敬业，很大程度上成就了岳麓的今天。而岳麓一直有好的传承，如今拥有一支优秀的编辑队伍，相信未来会更美好。

芸编问世仙人杳

——怀念因《中华大典·艺术典》结缘的几位老先生（节选）

王文西

2019 年 1 月 3 日，在女儿王依扉 6 岁生日那天，我剪去了及腰长发，算是与编辑《中华大典·艺术典》的 6 年时光说声再见。社里的前辈杨云辉老师早就问我“大典”做完何时请客喝酒，是否有诗纪念，我说诗和酒早就偷偷准备好了，还不到时候。那天剃发之前端着酒杯，当着一众师友亲人，念了一首七律《艺术典修成剃发咏怀》：

彼岸花开慰寂寥，诛心何必奈何桥。
芸编问世仙人杳，衣带蒙尘谢女娇。
磨剑归来须醉酒，浮槎隐去任吹箫。
剪断青丝君莫笑，余生未老不及腰。

生活需要仪式感，在这个场合，我庆幸自己能够如期做完大典得以留在岳麓书社，因此特意感谢了一些人，也怀念了一些人。书香触手可及，三老忽然骑鹤远去，一句“芸编问世仙人杳”，表达了我对金维诺、李之檀、廖承良这三位因《中华大典·艺术典》结缘的老先生最深切的怀念、最深沉的歉意。

一

三老之中，我最先认识的是《艺术典》的总主编金维诺先生。

金老当时是中央美术学院的资深教授，中央美术学院美术史学科主要创建人，中国著名美术史家、美术教育家，国际知名敦煌学者，中国国家文物鉴定委员会委员。2006 年 5 月 30 日，湖南出版集团总经理张天明代表岳麓书社与中华大典办公室签订了《〈中华大典〉项目出版协议书》，直到 8 月 8 日，才确定由金老担任《艺术典》的总主编。金老出山主持大局的时候，已经是 82 岁的高龄，而我那时还只是一个在读研究生，第二年才毕业考入岳麓书社做编辑。小人物和学术泰斗的距离，不止长沙到北京那么远，从没想到有一天会认识金老并保持 6 年的联系。

2012 年 1 月 3 日，易言者社长正式通知我，单位任命我为《中华大典》项目部副主任，接手负责《艺术典》的编辑出版任务。由于一周之后要申报国家出版基金资助项目，我只能急匆匆地翻看同事移交过来的文件，又到网上查找相关资料，对整个项目和作者们才有了一个大致的了解。突然觉得有些后怕，自己参加工作才 4 年半，当学徒还没出师，中途接手 2500 万字这么重大的古籍整理出版项目，作者又都是这么有名望的专家学者，我会不会把事情搞砸了？且不说金老的学术地位，单是以他的年纪，相当于我的祖父辈了，项目能否顺利推动，内心实在诚惶诚恐。但是箭在弦上，也只能硬着头皮先准备申报材料了。

大概在 1 月 11 日，易社长带队，省出版局图书处和集团出版部的领导陪同，我们一行 9 人奔赴北京，参加次日在国家出版基金规划管理办公室举行的现场评审答辩。分管项目的王德亚副社长找了一家湘菜馆，请大家吃他老家的衡山土菜放松心情。席间临时有人提出要做个 PPT 现场演示，而大家都没带笔记本电脑，于是筷子一丢，赶紧分头行动。王社长最后找到他的一位同学、首都师大的一位副校长，借给我们一台笔记本，大家才松了一口气。第二天有惊无险地通过了评审答辩，当评审委员会负责人大百科全书出版社龚莉社长宣布资助金额为 1002 万元之后，答辩过程中一直保持镇定的我突然冷汗直流，心里就一个想法——这下玩大了，我得赶紧拜见总主编金先生，和他好好商量一下接下来怎么办。

不久之后，我在同事孙世杰的带领下，第一次去登门拜访金老。正值春节来临之际，又是初次见面，想着为老人家准备一点小礼物略表心意。后来了解到，2006 年项目启动时，前任社长曾主陶带队去拜访金老，好像只扛了一麻袋的新鲜冬笋，个中缘由不得而知。我连夜打电话回老家请人挖冬笋，所获无几。最后扛了一卷安化黑茶就登上火车了。金先生住在北京城外东北角的顺义区马坡镇，我们上午 11 点多出发，先换地铁，再转公交车，然后步行约三里路，下午 4 点多到达马坡镇。世杰领着我在马坡花园小区里又绕了几圈，终于找到金先生楼下，两人都已经冻得缩起脖子不停地搓手。金先生的助手李红老师开门迎接我们进屋，金老坐在客厅等候。

那一天金老和我谈了些什么，我已经记不太清了。一个入行没几年的小编辑，第一次拜访一位全国著名学者，本来就有些拘谨，加上在外面冻得有些头晕，所以那天我一开始肯定是有些怯场了。好在金老话虽不多，但是兴致很高，看得出眼神中有一种光彩在洋溢，特别像极了以前在校时我的导师冷鹏飞先生和我聊天时的情形，我很快就放松下来了。在金老家中坐了个把小时，窗外天色渐晚，我们便起身告辞，金老一直送到门口，还不忘记对我们连说谢谢。

走出单元门口，我扫视一周，见到旁边一堵高墙边立着一棵叶子早已凋零的树，树杈上垒着一个硕大的鸟巢，暗暗地记下来。与世杰对视一眼，一路小跑着往车站赶。回到宾馆的时候，已经是晚上 9 点多了，人很累，但是心里的石头落了地。

对于《中华大典·艺术典》这个项目而言，从我 2012 年接手开始，金老的作用，更多地是体现为一种精神象征和凝聚力。《艺术典》与其他的典不同，其他典一般是以哲学、历史、文学等某一个独立学科来设置的，《艺术典》是一个综合性的学科典，所涉及的书法、绘画、戏曲、音乐、服饰、陶瓷等，都是可以各自独立的学科。金老作为《艺术典》的总主编，只要他还能够站出来说几句话，我们的这个项目就不会半途而废。各个分典的主编、副主编，对金老都非常尊重，有些作者本身就是金老的弟子或者再传弟子。副总主编李松先生（又名李松涛），在 20 世纪 50 年代进入中央美术学院之后，作为金维诺先生的得力助手，在中央美术学院艺术史论学科创办初期做了大量工作，后来长期担任《美术》杂志副主编、主编。李松先生兼任《工艺美术分典》的主编，而《书法艺术分典》最初的主编薛永年先生、《陶瓷艺术分典》的主编陈雨前教授、《工艺美术分典》的副主编李翎博士、《绘画艺术分典》的副主编戴晓云博士，都是金老的高足。大家听说岳麓书社又和金老取得了联系，项目肯定要继续推进，现在国家出版基金规划管理办公室又给予我们大力支持，稿费标准得以大幅提高，于是精神都为之一振。许多停滞不前甚至已经中止的工作，又迅速地开展起来。第一次去金老家里，我喝下的是一杯热茶，无异于吃下了一颗定心丸。

此后我们每年都会不定期地去马坡花园几次，起初还是以汇报大典工作进度为主，后面几年，更多地是去看望一下老人家。记不清是哪一次见面，李红老师叹着气递给我一个稿纸小夹板，微笑着说："你还是写给他看吧，金先生现在听不见了，他看完有什么意见会和你说的。"金先生若有所思地坐在沙发上，偶尔看着我写字，微微点点头笑一笑。我尽量用很工整的字迹，一条一条地把要向他汇报或同他商量的事情写清楚。金老逐页翻阅，然后给我答复，思路很清晰，可能是怕我们听不见，他说话的声音比较大，有时候一件事还重复一两遍。这期间的笔谈，解决了最关键的一个问题即出版合同遗留问题。原先社里是参照大典办的惯例，和金老签订了一个总的出版协议，六七年过去了，很多事情发生了变化，原先的出版协议需要修订完善。比如稿费的发放，金老已经不过问财务上的事情了，再将稿费统一付到他那里，后续可能就难以厘清了。征得金老的同意之后，我们和每个分典的编委会单独补签了正式的出版合同，各分典编委会直接向出版社按大典办要求交付书稿，出版社直接向各分典编委会支付稿费。金老把钱看得很淡，从来没问过稿费和审稿费标准如何，但是他在自己还清醒的时候，就已经把他经手过的稿费开支，按年月日详细地写成材料，交给了出版社。补签合同的事情，他非常赞同，反过来还感谢出版社帮他卸下了一部分担子，体现了老一辈学者的胸襟。

2015 年 2 月 10 日，腊月二十二，我和世杰再次拜访金老，向他汇报《陶瓷艺术分典》通过了大典办终审的喜讯。那天下午似乎下着小雪，难得碰上金老当天气色很好，谈兴甚浓，毕竟是盼望了 9 年，终于快要见到成果了，91 岁的金老兴奋得像个小孩子。一直聊到快 6 点了，我们担心金老不能过度兴奋，虽然不舍还是坚决告辞了。李红老师为我们拍了一张合影，金老居中站得笔直面带笑容，反倒是我和世杰显得有些拘谨。

遗憾的是，当 2015 年下半年我们把《陶瓷艺术分典》的新书送到金老手上的时候，金老的身体状况不佳，我们短暂地聊了一会儿就告辞了。后来每去一次，就觉着老人家又消瘦了一分，有时候甚至坐不到 10 分钟，金老便起身让李红老师帮他找衣服，又指指窗外示意我们下楼。我们起初以为哪里惹金老生气下逐客令了，李老师习惯性地微笑着摇头解释："你们别见怪，年纪大了，现在有时候清醒，有时候又犯糊涂。他这是要出去玩了，现在老喜欢找小区里的小孩子玩啦。”走出单元门口的时候，我望着暮色中围墙边上那棵银杏树枝繁叶茂，突然就想找个地方大哭一场，十几年了，大典何时是个尽头？楼上 90 多岁的老人家，还能等上几年？

金老原先每天上午和下午都能工作一个多小时，读书看杂志，间或写点文章，偶尔进城参加学术活动，趁机吃两三片烤鸭。老人家喜欢吃烤鸭，但是李红老师谨遵医嘱不许他多吃，金先生是个很自律的人，也不生气。实在是力不从心了，他才减少了阅读和写作的时间，深居简出。我真正感觉到金老真的有些迷糊了，是一次短暂笔谈之后，一个关键的问题需要请他签名并写上当天的日期，前一刻还思维缜密的金老，费力地签上一行字“金维诺，1924.12.24”。我尴尬地朝李红老师笑了笑，李红老师摇着头指着那行字给金老看，金老慢悠悠地“哦”了一声，很平静地说了一句：“我是湖北荆州人，1924 年生的，出来几十年了。”然后就盯着窗外目光悠远，不知道是不是陷入乡愁中去了。荆州邻近湖南，原先曾社长给金老送的冬笋，可能也寄托了一丝故乡的风味吧。

后来有一次我独自一个人去北京，特意抽空去了一趟顺义。那天也是下雪，我到得有点早，在银杏树下徘徊了两个多钟头，终于等到金老午休睡醒了才上楼去。金老在和我短暂笔谈之后，很突然地叮嘱我一件事：“我现在老了，《绘画分典》做不下去了，没办法交稿，李松涛的身体也不好，他的《工艺美术分典》好像也停了，家里人不让他做了。希望你们再努力，早点把剩下的几个分典做出来。这两个分典，以后有机会的话，还是要拜托你们了，我要谢谢你们。”我一时无语，只能茫然地使劲点点头。金老说完之后又陷入了沉思状态，偶尔咳嗽一声，气氛有些凝重。我和李红老师又聊了几句，便起身告辞。可能觉得以后能在金老清醒的时候见面的机会不多了，李红老师特意给我们拍了张合影。金老从半睡半醒中回过神来，只能坐在沙发上合影了，微微坐直了一点，右肩略倾斜倚住我的左臂，挤出一丝笑容。没想到这是我们最后一次见面，这张合影弥足珍贵。

最担心的事情，还是发生了。2018 年 2 月 12 日，腊月二十七，我发了春节前最后一条微信圈：岳麓书社承担的国家出版基金资助项目《中华大典·艺术典》2017 年 12 月完成出版任务，从 2006 年立项到最后出书历时 12 年之久，分为八册，将近 1400 万字。今天等到印刷厂送过来的新书，关起门坐在办公室咬紧牙关抱着新书心绪难平。向卧病在床的 94 岁高龄的总主编金维诺先生致敬，向李修生、李真瑜、张大新、谢大勇、陈雨前、刘天琪等多位为书稿编纂工作付出多年心血的专家学者致敬，向等不到出书就已相继鹤归道山的特邀编辑廖承良先生、服饰分典主编李之檀先生再说一声抱歉。感谢所有长期关注和支持这一项目的领导、师友、同事、实习生小伙伴们。从 2012 年初临危受命中途接手，蓄发明志埋首耕耘，和孙世杰兄忍辱负重苦熬 6 年，如鱼饮水冷暖自知。读书人青春可耗，名利可失，寂寞可忍，志不可夺。莫问前程，埋首耕耘，但求无愧我心。今夜必须喝酒。

此前跟李红老师通电话，请她转告金老书已全部付印，得知金老又住院了，情况不容乐观，我内心甚至有一丝恐惧。大年初四早上接到了李红老师打过来的电话，我的手有些发抖，强作镇定接电话。才说了几句，人就崩溃了，泣不成声，吓坏了一旁的女儿。94 岁的老人家已于大年初二去世，虽然在病中知悉《艺术典》在启动之后 12 年终于付梓了，但是毕竟没亲眼见到新书，始终有一丝遗憾。我在当天的日志中写道：惊悉金维诺先生遽归道山，愧疚至极，大哭一场。春节前见到金老主编的《中华大典·艺术典》样书的时候情绪失控躲在办公室哭，想着苦熬多年，终于可以在正月带着新书去医院给老人家拜年，请他亲眼看一看，抚摸一下，不留遗憾。现在，一切都来不及了。能够接下《中华大典·艺术典》项目，是我编辑职业生涯最大的荣幸，这套书，也是我职业生涯最大的遗憾。永远怀念，歉疚一生。

《艺术典》是金老主编的最后一部大型图书，凝聚了他晚年的心血。几十位金门弟子、再传弟子，多位高校艺术史相关领域的学者、研究生，还有我们项目部的数十位同仁，团结在金老的身边，老中青三代知识分子和读书人，历时12年之久，在困境中曲折前行，终于完成了这部将近1400万字的类书。没有金老这面旗帜巍然屹立在遥远的北方，可以说，我恐怕会陷在泥沼之中，望不到书成剃发的那一天。

剪发之前的几天，我夜不能寐，独坐沉思回想，能撑到最后，真是万幸。首先必须要承认，中途接手的时候懵懂无知，无知者无畏，一点头就埋进同事戏言的深坑里去了。对一个刚入行4年多的年轻人来说，激情虽然不如入职培训时那样张扬，好在情怀和梦想犹在，以我们年轻人的自尊心而言，似乎没有理由不把职业生涯的第一件“大事”做完，1000米的赛程，一下子改到5000米，又改到10000米，结局不一定圆满，但这段路你得跑到终点，就算是爬也要爬到终点。其次，其实明眼人都知道，接了这个活，我和世杰兄都没有退路可言，岳麓书社不可能再给我们六年时间然后还是做不出来再换第三批人来。我们俩如果做不出来，大不了离开岳麓书社，离开编辑行业，一生的羞耻感是摆脱不了的；但是岳麓书社丢不起这个人，不能开这个项目没完成中途撤销的先例。再次，更现实一点的问题，我们都需要这份工作，需要养家糊口，我不能让王依扉从小感受到父亲下岗生活困顿的辛酸。你可以选择一份职业，但是入了编辑这一行，你只能耐下性子，尽量做好自己手头的稿子，守住自己的饭碗。大典的书稿捧在手里，不能把饭碗摔碎了。最后，如果说年复一年的编校工作逐渐让我和世杰变成了两根木头，在单位沉默寡言，脸上波澜不惊，内心深处偶尔需要一些外部的电击来触动的话，我想，苍穹之上高悬的那一道雷电，就是金老的年龄与健康。金老以

82 岁高龄接下《艺术典》，这种大无畏的精神，彻底征服了我。我不知道当初金老是否有那么一瞬间犹豫过，项目会不会有始无终，一世英名会不会毁在这部书上面。我看到的是，金老直到 2014 年春节前，在曾德明总编辑带着我登门拜访他时，还在清醒与迷糊之间，一再表示要亲自做完《绘画艺术分典》，甚至罕见地果断拒绝了我们为其重新聘请分典作者班子的提议。在我眼中，金老始终是一名勇敢的战士，老骥伏枥，志在千里。老实说，中间我们也曾有过迟疑、短暂的消沉，但是只要想起北方还有一位白发苍苍的九旬老人，与病痛抗争，与时间赛跑，年复一年地等候着一部书的出版，我的心底就有一种无可言说的羞耻感涌上来，刺痛自己的神经，然后老老实实地回到办公室，埋进书稿当中。

争取在我和世杰退休之前，能将《艺术典》再修订一次，特别是争取将金老一直惦记并且一再嘱托的《绘画艺术分典》和《工艺美术分典》增补进来；整理金老的遗作，促成《金维诺全集》的出版，是我做完大典之后最大的两个心愿。

剪发那天，我对着同事及师友们略带伤感地聊道：我 25 岁进岳麓书社，到 55 岁退出编辑岗位的话，那么也就只有 30 年的职业生涯。已经有 6 年耗在这个项目上面了，我也不知道我的整个职业生涯这 30 年，能够有几个这样的项目，能够把它熬出来。像手头正在做的《湖南石刻文献集成》《走马楼西汉简牍》，又要熬几年才能出头。所以对我来讲，这 6 年也算是一个小小的轮回一样。我想，等到我退休的那一天，我一定还会记得《中华大典·艺术典》这部书，还会记起金老和一些人。我只希望，余生漫长，自己能够始终怀着读书人的羞耻心，老老实实做几本自己满意的书，尽量不留遗憾。

（本文因篇幅较长，仅节选第一部分）

我和岳麓书社的因缘

杨天石

我和湖南的出版社打交道，最早自然是湖南人民出版社。那时，该社正在有意推出我的《海外访史录》。不知道什么原因，丢了“人民”二字，成了湖南出版社。原来和我联系密切的一位姓邓的女编辑出了国。这时，岳麓书社出现在我的视野中。“岳麓”，多么美丽的地方；“书社”，多么动听和有诗意的词语！时值辛亥革命一百周年将届，我多年研究辛亥革命，积累了若干人所未见新资料，也积累了若干人所未言的新想法，想借机写一本专著《帝制的终结》，将这些资料和想法介绍给读者，为这次革命做个总结。这时，不记得是谁牵线，和岳麓书社搭上关系。书很快写成，也很快出版。在那一年的图书评选中，居然获评《新京报》2011年“年度好书”，而且是历史类唯一的一本。其评语云：

> 今年，关于辛亥革命的写作纷纭杂陈，即便如此，杨天石先生撰写的《帝制的终结》依旧凭靠扎实的写作，填补空白的史料搜集，还有诸多耳目一新的新观点，从中脱颖而出。
>
> 《帝制的终结》对辛亥革命的背景和历史进行了全景式的展开，写作简明而不失其要，采择众说而又发出自己的独立声音，显示出深厚的学术积累和叙述功力，是大家写“小书”的成功尝试。
>
> 我们致敬杨天石，因为他在学术研究中显出的史学家的风范和

对中国梦的真诚追问。在几十年的学术研究中，很多未被学界利用的新资料，经他之手，重跃纸上。关于辛亥革命的领导力量，“有形”与“无形”的专制主义，杨先生有自己的独特论点和论据支撑，这也能启发读者对中国道路的盘诘和对于百年中国梦的重新审视，并不断警醒我们：百年已逝，我们是否忘记了当时为何上路？

说老实话，关于图书的奖词、评语，我见过很多，其中不乏平庸的捧场和泛泛的应酬，能够说得比较精准的少见。关于拙书的这段评语，其作者，显然研究有素，并且深刻思考过。有些话，确实说到了“点子”上，于我心有戚戚焉。

辛亥革命距今不远，研究者众多，硕果累累。章开沅、林增平、金冲及、胡绳武诸位先贤的有关著作都出在拙作之前，早已脍炙人口，享誉学界，但我觉得，拙书仍然有其出版价值，并非重复和浪费。

其后，拙书又有所修订，加印多次。香港三联书店于 2011 年 7 月以《终结帝制》为名出版。2021 年是辛亥革命 110 周年，岳麓书社和香港三联书店又再次出版了《帝制的终结》的修订版。

我和岳麓书社的第二次因缘是我的诗集的出版。2014 年 7 月，中央文史研究馆所属中华诗词研究院在中国青年出版社出版系列读物《当代中华诗词名家精品集》。我爱好文学，年轻时就爱写诗，在北大中文系读书时学的是汉语言文学专业文学专门化，中华诗词研究院成立时，我忝列顾问，因此也在该系列中出了一本《杨天石卷》，收 1955 年以来我所作旧体诗。至 2019 年，我精选多年来所作旧诗和新诗，请袁行霈馆长题签，与岳麓书社的蒋浩女士商量，经蒋女士精心设计、安排，于同年 9 月，以线装形式出版了我的《半新半旧斋诗选》。该书朴素、典雅，古色古香，颇受读者欢迎。

希望和岳麓书社有更多合作机会。祝书社精进再精进。

岳麓书社：我兵学研究的第一推手

黄朴民

1988 年 7 月，我从山东大学完成学业，获得历史学博士学位后，进入中国人民解放军军事科学院战争理论研究部第三研究室，开始从事中国历代战略、中国古代兵学与军事历史的研究。于我而言，这是一个全新的开始。

我的大学本科毕业论文、硕士学位论文所讨论的主题，皆为孟子及其思想的研究，博士学位论文的题目是：董仲舒与两汉儒学思潮。可见，在先后十年的大学学习期间，我的主业一直是儒学和经学，时间段则是集中在先秦和两汉。但是，如今阴差阳错，戎服上身，踏入全军最高科研机构的大门，倘若继续抱着“天人合一”“五德终始”这一套不放，那么，我大概不出两年，就会“被转业”，卷起铺盖从军事科学院走人了。一个人的人生道路，往往具有极大的偶然性，用谐趣的话说，就是“踩着西瓜皮，滑到哪里算哪里”。于读书人而言，什么人生理想，什么学术规划，都是扯淡！到哪座山，就该唱哪座山的歌，这才是生存哲学中的最大道理！由此可见，从跨入军科院大门的那一刻起，我自己的学习和研究重心做相应的调整与改变，由儒学研究向兵学探索的学术转型，乃是理有固宜，势所必然！

然而，当时的我，对于浩瀚如烟海、博大又精深的中国古代兵学之了解，可谓是一张白纸，一无所知。“十年艰难探索期间”，孙子被戴上“法家”的一顶桂冠，缘是之故，其《孙子兵法》一书，也因此被列入“法家著作”，得以付梓出版，自幼就喜欢“乱翻书”的我曾经接触过，至于真正读进去多少，真正明白了多少，那也只有天才知道！除此之外，其他的兵书，我是茫然无知。记得入职前，曾与时任战争理论研究部副部长的谢国良将军，研究室主任梁巨祥先生、副主任吴如嵩先生有过一次面谈（准确地说，就是“面试”），其间谢部长随口问了一句：你知道中国古代代表性的兵书有哪些？我应声回答道：那应该是《武经七书》。谢部长微笑着继续说：那好！你就把这七部经典的名字说一下。我搜索枯肠，绞尽脑汁，列举了六部，还有一部《唐太宗李卫公问对》怎么也想不起来。这个例子，足以说明，我当时的兵学基础几乎就是“零”！

但是，既然侥幸地进入了军科院大门，那就得按照所在单位的专业方向和相关规则来办事。“穷则变，变则通”，这个“变”，就是自己尽快地实现学术上的转型，而要达成这个目标，没有捷径可走，只有孜孜不倦、锲而不舍地全身心投入，用今天时髦的话说，这就是“恶补”。刚到军事科学院工作的前三年，我做得确实很辛苦。时过境迁，今天已无必要再细说那段历史了。现在，我只感恩我的机遇，感恩在我学术转型过程中给予莫大帮助的朋友和各个平台！在这些朋友和平台中，我最应该铭记不忘的，就包括了岳麓书社和时任该社编辑的曾德明先生。

军事科学院是 1958 年成立的，首任院长叶剑英元帅高度重视历代战略问题的研究，故军科院诞生伊始，我所在的研究室也就正式定编起步了。到了我入职的 1988 年，已有 30 年的积淀，中华书局的精品出版书籍中的《中国古代战争战例选编》（第一、二、三册）、《孙子兵法新注》皆为该室成员的心血积累。我入职那年，室里的老同志都是师级研究员，大多毕业于“文革”前的北京大学、中山大学、吉林大学、南京大学、山东大学、武汉大学等高校的文史哲院系，这在当时的军队社科人文系统单位中，是只此一家，别无分店的。这些老同志道德文章，均臻一流，兵学研究造诣精深，积淀深厚，对我们这些晚辈后生，热忱奖掖，大力提携。我自然不会放过这个机会，虚心向他们请益求教，以匡不逮，他们都不辞剧烦，耐心予以指点，于是，我的"恶补"，便得以少走了许多弯路，能够事半功倍了！

军事科学院毕竟是全军的科研中心，也是整个国家的军事学术最大的研究重镇。因此，机会还是相对较多的。我一到岗，就很快被带入工作的节奏，先后参与《中国军事史略》《中国军事通史》《孙子校释》《兵圣孙武》等项目的撰写与编纂，边干边学，于是，也慢慢地积累了一点研究心得。1989 年 5 月，以我所在研究室为依托基地的全国性一级学会"中国孙子兵法研究会"成立，并在山东省惠民县举办了第一届孙子兵法国际学术研讨会，我在参与会议筹办工作的同时，还不揣谫陋，完成一篇题为"五行问题与《孙子兵法》"的习作提交给了会议，这是我平生所写的第一篇有关兵学的论文。这表明我的学术转型进行顺利，我的兵学开始渐入正轨了。

但是，"才露尖尖角"的"小荷"，能不能最终形成"接天莲叶无穷碧，映日荷花别样红"的胜景美观，还是存在着很大的不确定性的。这时候，对我来说，需要的是一股强大的推力，一个能让自己策马驰骋的平台，所谓"好风凭借力，送我上青云"！我的确是非常幸运的，就是在这个关键时刻，岳麓书社进入了我的生活，最终成为毕生好友的曾德明兄出现在我的面前。

记得是在 1989 年夏秋之交，到岳麓书社工作不到五年的年轻编辑曾德明，在其武汉大学历史系同学、时在军事科学院外国军事学术部任职的肖石忠和我的同事毛元佑的陪同下，来到了我栖身的陋室。德明兄沉稳低调，简单寒暄之后，就简明扼要说明了此行的目的：岳麓书社是从事古籍整理与研究的专业出版社。其中有两个系列，比较集中地致力于古代经典的普及推广，一为“古典名著普及文库”，一为“古典名著今译读本”，想约请我承担“古典名著今译读本”中的《白话孙子兵法》一书的撰写。

我听了后，当然很振奋、很高兴，但也有些忐忑不安。作为历史学博士，我自然知道岳麓书社这两套书的学术地位与学术影响力，但我知道，撰稿者大多为名家，如《白话四书五经》的作者为杨伯峻，《白话尚书》的作者为周秉钧，《白话易经》的作者为南怀瑾。我一个初出茅庐的年轻人，一个正式从事兵学学习和研究才一年的“青椒”能胜任这个任务吗？虽然我当时也参与了由吴九龙先生任主编的《孙子校释》一书的编写，但在该项目中，我只是“跑龙套”的，有事都可以背靠大树乘凉，有吴九龙、杨丙安、吴如嵩诸先生替我罩着。如今，让我独当一面，真的缺乏底气！这个《孙子兵法》的今注今译，该由郭化若老将军出马，至少也该由吴如嵩先生亮相，才可以镇得住场子。另外，岳麓书社为这两套书定位的基调，对我来说，也是“亚历山大”（压力山大）：“以最少的钱，买最好的书！”杨伯峻等先生的书稿也许当得起“最好”二字，而我离这个目标那肯定是不止十万八千里的！

面对我的顾虑，德明兄轻声细语、十分耐心地予以解释、勉加鼓励，他的同学肖石忠更是直截了当，英气逼人催促我就范。不过我还在犹豫。转眼就到了夕阳西下的时分，饭总是还要吃的，我已记不清那天傍晚是不是肖石忠做东，招待他的老同学，如有这一节目，我肯定是忝陪末座，参与饮酒的，也许是我当时喝高了，酒胆包天，拍拍胸脯，应承了下来。总而言之，由我来写《白话孙子兵法》，这个事情，在德明兄离开北京、返回长沙之前尘埃落定，木已成舟了！

于是，我和曾德明兄两地飞鸿，在书信里商量内容，讨论结构，确定体例，磨合观点，他以最认真的态度审阅把关，提出具体的修改意见，我同样以最认真的态度精心撰稿，力争质量达到上乘，作者与责任编辑之间，精诚合作，任劳任怨，和衷共济，相辅相成，就我而言，做到了不辱使命，没有辜负岳麓书社和曾德明兄的信任。就书社而言，打造了古代兵学研究领域的一名战士，也多了一位可以信任和倚重的作者朋友。这叫做“双赢”！

今天回头再来看，此书的撰写，在我自己的学术生涯的确具有特别重要的意义，可以说，这是我全面完成自儒学研究到兵学研究这一学术事业转型的标志性象征，我开始系统了解和梳理“孙子十一家注”、《武经七书讲义》、《武经七书直解》、《武经七书汇解》、《孙子书校解引类》等兵学基本文献，开始广泛关注和借鉴郭化若、杨丙安、支伟成、刘方骥、李浴日、纽钟先、吴如嵩、吴九龙、陶汉章、蓝永蔚、郑良树、张震泽、李零等孙子研究专家的研究成果，开始留意和重视对临沂银雀山汉墓竹简、长沙马王堆帛书、定州竹简等新出土文献中有关兵学文献资料的参证和利用。在兵学这个特殊领域，虽还不曾入室，但是，若说已经慢慢登堂，似乎也不算是傲娇之言。而这一切的发生，归根结底，饮水思源，当归功于岳麓书社，是它给我提供了这个契机，是它给我创造了这个平台！

这本《白话孙子兵法》是我个人独著的第一本书，于1991年6月出版面世，这一年，正好爆发了第一次海湾战争，这捎带着使这本小书得以热销，第一次印数达10300册。以后每年都几乎重印一次，到1998年4月，已是第4次印刷，印数高达364000册。可见它还是比较受广大读者朋友欢迎的。业师拱辰（杨向奎）先生，在我的几本习作中，独独欣赏这一本，尤其是推许我十三篇的战例选得切题，评析到位，揄扬有加，并向他的一些友人做了推荐。这并非我这本小书真的有多么好，而应该是先生平素对兵学关注似乎不是太多，读来感到有点新鲜而已。因为我的《董仲舒与两汉儒学思潮》《何休评传》等，在身为儒学、经学研究大师的先生眼里，自然属于小学生的涂鸦之作，实不足置评！不过，先生的推许也并非完全出于护犊之情，我在这本20余万字的小书上面多少还是花费了一些心血的，曾因写作过于劳累而住院治疗近两个月。且社会上也给予其一定的肯定，在20世纪90年代初的全国优秀古籍图书奖评选中获得了三等奖。

《白话孙子兵法》一书的编写和出版，是我和岳麓书社愉快合作的起点，同时也奠定了随后长达30余年互相扶持、荣辱与共、携手前行的坚实基础。从此，双方的合作进入了快车道，用流行语说，就是“开挂”了！在“古典名著今译读本”系列，我先后又编写了《白话吴子·司马法》《白话唐太宗李卫公问对》《白话武经七书》；在“古典名著普及文库”系列，我在岳麓书社出版了《孙子兵法集注》。另外，岳麓书社还不收一分钱的补贴，出版了我的博士学位论文《天人合一：董仲舒与两汉儒学思潮》。这些书的责任编辑，都是曾德明兄，此时的我们，已不是一般的作者与编辑之间的关系，而成为心意相通、三观一致的真正朋友。进入本世纪之后，我和书社的友谊与合作，更是按下了快捷键，“其疾如风，其徐如林，侵掠如火，不动如山！”岳麓书社不仅出版我的兵学类著述，也出版我的客串“玩票”性质著述，如《道德经讲解》《黄朴民解读论语》《黄朴民解读道德经》；不仅出版我的古籍文献整理成果，也出版我的纯学术研究著作，甚至还出版了我的《最是高处不胜寒》《人世几回伤往事》《今宵酒醒何处》多部历史随笔集。而“中华谋略经典”丛书（共五册）以及由我担任主编的国家“十三五”出版重点项目，一并列入国家出版基金资助项目的多卷本《中国兵学通史》出版，更是让这种美好而温馨的友谊与合作达到了高潮！

光阴荏苒，转眼30多年过去了，当年风华正茂的曾德明兄，都已从总编辑岗位下来，退居二线了，而我自己，更是馒头吃到豆沙边，行将退休，该去享受林泉之乐了。但是，不管岁月怎么流逝，岳麓书社在我生命中的意义是定格了的。正是它的推动，使我在自己的专业领域实现了“有意栽花花不发，无心插柳柳成荫”的蜕变，原先的“主业”先秦儒学与两汉经学，渐渐从我的学术生命光谱中淡出，而原先完全陌生的兵学，却阴差阳错成了我赖以糊口养家的“主业”。从这个意义上说，岳麓书社动了我的“奶酪”，我们两者之间，有如藤与树式的纠缠和共生，这本身就是一部常读常新且永远也读不完的大书！

岳麓书缘

——我与岳麓书社交往的一段经历

欧阳哲生

我与湖南出版界结交颇多、关系深厚，在这当中，岳麓书社可算是打交道时间最长、上下接触最多的出版社。岳麓书社从建社起，我就成为它的热心读者，因为自己的专业研究为中国近代史，岳麓书社出版的湘籍历史人物文献、《旧籍新刊》、《曾国藩全集》、《走向世界丛书》、《周作人集》等，都是我喜爱并购买的书籍。购书有时是去新华书店，有时是直接找责任编辑，我印象中岳麓书社在二十世纪八九十年代出书品种与湖南其他出版社相比并不多，但都很精。在我的藏书中，至今还保存着一份《岳麓书社书目 1982—1996》，里面有不少记号，当年我按此书目索骥，添置了许多岳麓版书籍。岳麓书社以整理、出版古籍文献为主，相对比较冷门，但当时出版界的一个朋友跟我说，如果要看书，还是岳麓书社出的书比较有价值。这是真心话，也是行内的评价。据我所知，在中国地方古籍出版社中，岳麓书社在很长一段时间内，表现颇为强势突出，其地位都不让上海古籍出版社，这得归功于岳麓书社有一支专业、精明、敬业的编辑队伍。

岳麓书社的编辑中，我与丁双平、鄢琨接触最早。最初大概是为索书、购书找他们，后来则是为了策划选题与他们接洽。1993 年 5 月底我离湘赴北京大学从事博士后研究，初到京城，我手头并不宽裕，不知何故，与双平兄谈起了编辑一本通俗性的普及读物——《胡适妙语》。为了证明自己的实力，我拿出了在海外获“胡适诞辰一百周年纪念征文”首奖的报道和我的博士论文《胡适思想研究》给他看，他欣然应允，这就是我们合作的开始。1994年冬，我赴台湾访问，利用此机会，经友人介绍，拜访了知名作家李敖、柏杨，取得他们对编辑《李敖狂语》《柏杨奇语》的授权认可。这三种书推出后，反响不错，鄢琨、双平兄认为这是一个可以发展的出版生长点。于是我们有了编辑一套“文人妙语系列”丛书的构想。鄢琨、双平来京出差，我给他们介绍了一批作者，如朱成甲、闻黎明、张跃铭、罗检秋等，大家一拍即合。以后又找到几位中国现代文学专业毕业的博士罗成琰、旷新年、范智红、孔庆东、刘为民等，与他们说起丛书的旨趣、体例，他们也同样表现出了兴趣。这套书所约编者都是行家里手，做起来比较顺手，加上出版速度较快、稿费差强人意，大家对合作比较满意。当时收入微薄，这也算是“以学养学”、赚快钱的一种方式。记得我带鄢琨、双平上门去朱成甲先生家约稿时，朱先生热情接待了我们三人，亲自下厨为我们做了一顿美味可口的晚餐，大家相谈甚欢，非常愉快，多年后都不忘这次聚餐。《文人妙语系列》共出十七种：《胡适妙语》（欧阳哲生编，1995年）、《李敖狂语》（欧阳哲生编，1995年）、《柏杨奇语》（欧阳哲生编，1995年）、《鲁迅箴语》（李德文编，1996年）、《郭沫若睿语》（朱成甲编，1995年）、《老舍趣语》（京一、抒瑧编，1995年）、《闻一多萃语》（闻黎明编，1996年）、《林语堂隽语》（张跃铭编，1999年）、《朱自清絮语》（罗成琰编，1999年）、《郁达夫独语》（旷新年编，1999年）、《茅盾智语》（李标晶编，1999年）、《张爱玲绮语》（范智红编选，1999年）、《徐志摩恋语》（欧阳哲生、杨新民编，1999年）、《梁启超心语》（罗检秋编，1999年）、《金庸侠语》（孔庆东、王伟华编，2000年）、《张大千画语》（欧阳哲生编，2000

年）、《丁玲情语》（马会芹编，2001年）。这套丛书根据各书原作者的写作特色，各取一字表现其风格或性情。当我告诉李敖，他的这本名《李敖狂语》时，他会意地笑了。各书的编者均为京城的文史学者，有的还是当时在读的青年博士生。过去出版单个作家的作品语萃虽已有之，像这样成规模地推出十多种文人妙语系列却还是鲜见，故这套书畅销一时。这是我与岳麓书社合作编辑的第一套书。

我与岳麓书社合作的第二套书是编辑《中国近代期刊影印丛刊》，共出四种：《努力周报》（1册）、《现代评论》（8卷）、《独立评论》（10卷）、《观察》（6卷），1999年9、10月出版。编辑这套丛刊的原意是为了满足自己和所带研究生研究中国近代思想文化史的文献需要，为研究生毕业论文选题提供资料。我策划这套选题，得到了鄢琨兄和有文化追求的书商卢光明兄的支持，大家在评估了印制成本、学界需求和市场反应后，决定出版这套丛刊。这在当时是一个不小的动作。没想到丛刊影印出来以后，市场反应不错，学界需求者众多，国内外读者来信要求购买者不断。北京师范大学好几位中国现代史专业博士生以《观察》《独立评论》《现代评论》为研究对象作为毕业论文选题。这套丛刊销售势头旺盛，可能是继《新青年》《少年中国》《新月》等刊影印出版后，又一批引人注目的民国期刊。我为这套丛刊的销售专门撰写了内容简介，作为广告宣传，现抄录于此：

《中国近代期刊影印丛刊》内容简介

本影印丛刊是中国近代期刊影印丛刊第一辑前四种，学术价值高，印量少，是各图书馆资料室难得的第一手资料。本丛刊第一辑前四种现已出版，出版形式：全文原大影印。本次影印是这四种刊物1949年后第一次影印，可单种定购。

1.《观察》 时事政治性周刊。1946年9月1日创刊于上海，1948年12月24日南京国民政府以“攻击政府，讥评国军”，违反“动员戡乱政策”罪名，被勒令永久停刊，时出至五卷十八期。1949年11月1日复刊，改为半月刊，并迁至北京出版，出六卷一期。1950年5月16日终刊，出至六卷十八期。十六开本。该刊由伍启元等发起，储安平主编，观察社出版发行。撰稿人有傅斯年、任鸿隽、张东荪、潘光旦、冯友兰、梁漱溟、钱端升、傅雷、王芸生、马寅初、吴晗、费孝通、钱锺书等。该刊设有《专论》《外论选评》《特稿连载》《科学丛谈》《观察通信》《读者投书》《文艺》等栏目。该刊发刊词称“大体上代表着一般自由思想知识分子”，“背后另无组织”，“独立的客观的超党派的”民营报刊立场，以“民主、自由、进步、理性”为宗旨，对当时的政局、战局、经济、文化和社会问题进行广泛的评论。既发表批评国民政府的言论，也刊载批评共产党的文章；登载九三学社的重要宣言、广告等，秉持所谓公正、中立、客观立场。该刊在国统区的知识分子中有着广大的读者群。每期发行量初为1万份，第四卷达5万份，并曾发行华北航空版和台湾航空版，是20世纪40年代后期最有影响的期刊。

16开本　180印张　精装　分装6册　内芯用纸：60克精白双胶纸　封面用纸：荷兰工业纸板　英国书皮纸　定价：450元　1999年9月中旬出版

2.《努力周报》 政治与文艺综合性刊物。1922年5月7日创刊于北平，1923年10月31日终刊，共出版75期，另有增刊《读书杂志》18期。四开四版。胡适主编（1922年底至1923年初胡适生病期间由高一涵等代编），主要作者有丁文江、陶孟和、高一涵、朱希祖、徐志摩、陈衡哲等。努力周报社出版发行。《努力周报》的内容侧重于国内政治和文学艺术两方面。政治方面，在《这一周》《记载》《调查》等栏目主要报导北洋军阀政府的施政状态、军事、财政状况和地方政局的变动，外国列强对华政策和胡适等人的政论时评等。在文艺方面，发表了胡思永、徐志摩、陈衡哲等人的新诗和陈衡哲、冯文炳、叶圣陶等人的小说。《努力周报》当时引人注目或产生重大影响的有以"我们的政治主张"为题的讨论、制宪问题的讨论、玄学与科学的讨论和胡适的中国古典小说考证等。

8开本　48.75印张　精装　1册　内芯用纸：60克精白双胶纸　封面用纸：荷兰工业纸板　英国书皮纸　定价：150元　1999年9月中旬出版

3.《现代评论》　周刊，综合性刊物。1924年12月13日创刊于北京，1928年12月29日终刊，共出版9卷，209期，又增刊3期。第1至138期由北京大学出版社印刷，此后各期由上海印刷。16开本。该刊是一部分曾经留学欧美的著名学者、作家创办的同人刊物，署"现代评论社"编，实际由陈源、徐志摩等编辑，现代评论社出版发行，主要撰稿人有胡适、王士杰、高一涵、陈源、徐志摩、唐有壬等。《现代评论》主要刊登政论时评、文学作品和文艺评论。其中《时事短评》栏目广泛述评国际局势和中国现实政治、军事、经济状况。文学作品则以"新月"派作家早期作品占突出地位，短篇小说有郁达夫、凌叔华、冯文炳、王向辰、沈从文、汪敬熙、张资平、杨振声、胡也频、刘大杰等人的作品，新诗有胡适、徐志摩、闻一多、王独清、刘梦苇、饶孟侃等人的作品，还刊有少量剧本。该刊在20世纪20年代的知识分子中有很大影响。

16开本　336印张　精装　分装8册　内芯用纸：60克精白双胶纸　封面用纸：荷兰工业纸板　英国书皮纸　定价：800元　1999年10月出版

4.《独立评论》　政论时评周刊。1932年5月22日创刊于北平，1937年7月停刊，共出版244期。16开本。胡适等人主编。主要撰稿人多为北京大学、清华大学等校的著名教授、学者，如丁文江、翁文灏、傅斯年、蒋廷黻、任鸿隽、周炳琳、陈衡哲等。该刊以登载政论文章为主，同时也刊载一些游记、杂文、书评。另设有《问题讨论》一栏，经常开展有关政治、教育、妇女、文化问题的讨论，其中“民主与独裁”的论争、高等教育现状与改革的讨论、中西文化的论争、对日政策的讨论在当时有很大反响，是20世纪30年代最有影响的刊物之一。

16开本　326印张　精装　分装10册　内芯用纸：60克精白双胶纸　封面用纸：荷兰工业纸板　英国书皮纸　定价：840元　1999年10月出版

一九九九年十一月八日

现在影印近代期刊在国内出版界已颇为盛行，国家图书馆出版社、上海书店、上海古籍出版社、社会科学文献出版社、广西师范大学出版社后来居上，出版了多套大型报刊丛刊，有的甚至影印成套的外文期刊，每当我看到这些影印报刊时，都会想起自己操持的这套岳麓版《中国近代期刊影印丛刊》，因为我们这套丛刊，不说是先行之作，确实也提供了成功的范例，以后大家不再因影印报刊工程量大而畏惧上这类项目了。

我与岳麓书社合作的第三套丛书是“海外名家名作”丛书，共出十四种：周策纵著《五四运动史》（1999 年）、唐德刚著《晚清七十年》（1999 年）、李欧梵著《铁屋中的呐喊》（1999 年）、蒋梦麟著《西潮　新潮》（2000 年）、汪荣祖著《走向世界的挫折：郭嵩焘与道咸同光时代》（2000 年）、吴相湘著《晏阳初传——为全球乡村改造奋斗六十年 》（2001 年）、王尔敏著《明清时代庶民文化生活》（2002 年）、张朋园著《湖南现代化的早期进展（1860—1916）》（2002 年）、蒋廷黻著《蒋廷黻回忆录》（2003 年）、许冠三著《新史学九十年》（2003 年）、张玉法著《民国初年的政党》（2004 年）、陈焕章著《孔门理财学》（英文版上、下册，2005 年）、周佳荣著《近代日人在华报业活动》（2012 年）、陈三井著《华工与欧战》（2013 年）。这里除了蒋梦麟著《西潮　新潮》、蒋廷黻著《蒋廷黻回忆录》、许冠三著《新史学九十年》、陈焕章著《孔门理财学》四种系与出版社联系或版权已进入公版领域外，其他十种均为我在海外访学时，与作者亲自接洽或书信联系，与他们签订了授权合同。因为我自己的专业为中国近现代史的缘故，故所选书目也都在此范围内。这套丛书选目均由我提出，经出版社认定后，即与作者签订合同。

《五四运动史》是“海外名家名作”丛书第一种，作者周策纵先生是湖南祁阳人，操一口浓重的乡音。此书原在香港《明报》出版过上册，由周先生的几位学生陈永明等翻译了前七章，下册迟迟未见出来，江苏人民出版社“海外中国研究”丛书 1996 年推出了周子明等译《五四运动：现代中国的思想革命》的新译本，但内存不少错译之处。当得知我组织接续翻译《明报》版《五四运动史》第八章以后的内容，周先生非常高兴，他写信将前七章《明报》版所存错字一一校订改正发给我，又作一新序《诗人疾之不能默，丘疾之不能伏——岳麓版〈五四运动史〉中文译本著者自序》，对我们的后续翻译工作做了肯定。1999年恰逢五四运动八十周年，岳麓书社推出这本书，学界反响强烈，第一炮打响，我们就有了继续做下去的勇气和干劲。

陈焕章著《孔门理财学》（英文版）因系原版影印，情况比较特殊，我向曾德明兄推荐后，社里有点为难，除了对内容没有把握，需找人审读外，还担心是英文版，岳麓书社从没出过类似的书，对推出该书有所犹疑，经我几次说服，才肯付印。此书出版后，引起了学界的关注，很快出现了三个中译本（翟玉忠译，中央编译出版社2009年10月版；宋明礼译，中国发展出版社2009年10月版；韩华译，中华书局2010年版），2015、2017年商务印书馆又在“中华现代学术名著丛书”推出了中译文版和英文原版，这本书的价值不断得到追加承认，这是后话，也算是一则趣事。岳麓版《孔门理财学》（英文版）在国内是第一次出版，在国内古籍出版社中影印英文著作这可能也是首开先例。当时销售并不成问题，这对以后国内古籍出版社影印以中国为题材的英文著作显然具有示范的作用。2009年上海辞书出版社影印出版王吉民、伍连德合著《中国医史》（*History of Chinese Medicine*），以后渐开此风。为了慎重起见，当时我还为《孔门理财学》特别拟订了一份《出版说明》置于书前：

> 陈焕章（1881—1933年），字重远，广东高要人。早年曾入万木草堂受学于康有为。1904年（光绪三十年）入京参加特科考试，获进士。1907年（光绪三十三年）赴美国哥伦比亚大学经济系留学，接受系统的西方学术训练和教育，1911年毕业，获博士学位，其博士论文 *The Economic Principles of Confucius and His School*（陈焕

章译成中文题目为《孔门理财学》）当年即收入由哥大政治学教师编辑的“历史、经济和公共法律研究”丛书，由哥大分两册精装本出版。在美留学期间，陈焕章与流亡在国外的康有为、梁启超保持联系，声气相投，在纽约创办了“倡教会”，提倡孔教。回国后，与沈曾植、梁鼎芬等在上海发起并创立“孔教会”，推康有为为会长，自任主任干事，负责日常会务，创办《孔教会杂志》，提倡尊孔读经。1913 年被袁世凯聘为总统顾问。袁世凯倒台后，继续依附北洋军阀，充当“安福国会”议员，反对新文化运动。1923 年在北京任孔教大学校长，并被贿选总统曹锟聘为顾问。1928 年北洋军阀覆灭后退居香港，1930 年在港创办孔教学院（此学院一直保留至今），自任院长，1931 年为其家乡修订了《高要县志》，1933 年 12 月在港病逝。

《孔门理财学》（*The Economic Principles of Confucius and His School*）一书分五部分，按照西方经济学原理，分别讨论了孔子及其儒家学派的一般经济学说及其在消费、生产、公共财产方面的思想。书前有当时哥大著名的汉学教授夏德（Friedrich Hirth）、政治经济学教授施格（Henry R.Seager）所作序言，除了对陈焕章本人是康有为的弟子这一背景略有简介外，还高度评价了陈著采用西方经济学框架对孔子及其学派的经济思想所做的精湛研究。鉴于此，哥大方面打破常规，资助出版了这本由中国留学生撰写的博士论文。继哥大出版以后，1973 年美国卡莱萨拉出版社（Krishna Press）、1974 年美国戈登出版社（Gordon Press）、2002 年英国托玛斯出版社（Thoemmes Press）和美国芝加哥大学出版社（Chicago University

Press）、2003年美国光明之源公司（Lightning Source Inc）和太平洋大学出版社（University Press of the Pacific）等出版社以精装、软精装、平装形式重印了该书。其中在2002年英国托玛斯出版社（Thoemmes Press）的这一版中，书前冠有著名经济学家摩根·维尔兹（Morgen Witzel）的长篇导读，他回顾并分析了中国经济自19世纪以来由盛至衰这样一个历史过程，再次肯定陈焕章这本书在研究中国的孔子及其儒家学派经济思想方面的特殊贡献，称从该书“我们不仅能获得以中国为基础的经济理论的强有力的陈述，而且指出中国经济在未来可能如何进步的富有吸引力的暗示”。由此不难看出，陈焕章这部著作在欧美学术界的声誉之高及影响之大，可以说已进入了经典著作的行列。与这种现象形成强烈的反差，在国内学术界，由于陈焕章在民国初年的国内政治斗争中所扮演的负面角色，这部书在“五四”以后的中文世界几乎很少被人提及。但从学术史的角度看，陈焕章的《孔门理财学》是20世纪早期“中国学者在西方刊行的第一部中国经济思想名著，也是国人在西方刊行的各种经济学科论著中的最早一部名著”（胡寄窗：《中国近代经济思想史大纲》，北京：中国社会科学出版社，1984年12月版，第476页），也可能是在欧美留学的中国留学生第一本以中国题材为博士论文且在欧美国家出版的著作，故其有着特殊的文献价值和学术价值。基于陈焕章《孔门理财学》这部书的历史价值，我们现影印出版该书（1911年哥伦大学原版），以供国内学术界研究和参考。另收陈焕章留学归国后所著《孔教论》（1913年10月商务印书馆第四版）附于书后，作为外一种，裨读者诸君了解《孔门理财学》一书的旨趣。

“海外名家名作”丛书所选书目都是第一次在内地出版。书出后，学界反应热烈，一般都能重印，因此出版社这一方没有经济亏损的压力。这套丛书里有好几种著作，如周策纵的《五四运动史》、李欧梵的《铁屋中的呐喊》、蒋梦麟的《西潮 新潮》、蒋廷黻的《蒋廷黻回忆录》后来辗转在多家出版社出版。在最近三十年出版的海外华人作品丛书中，这套书可能是影响最大的。至今我与人交谈时，出版界仍有人不时与我提及这套丛书的选题，问我可否接续策划这样一套丛书。实际上，当年我在策划这套丛书时，有几种书已与作者、译者谈好，如李敖、汪荣祖合著《蒋介石评传》；夏志清著《中国现代小说史》；萧公权著，张皓、张升译《中国乡村：论十九世纪的帝国控制》，前两种我将繁体版书交给了责编，但因需要送审，手续繁杂，拖延时日太久，最后只能选择放弃。后来这些书在其他出版社出版，甚至多家接续出版（如《中国现代小说史》），我们只能望书兴叹。如今这套书的作者，有好几位（吴相湘、周策纵、唐德刚）已经故逝，他们都有深厚的中国情怀，带着对故土的无限眷恋离开人世，唐德刚先生还将其藏书悉数打包寄回国内，遗赠给安徽大学图书馆。健在的也都已步入八九十岁高龄，回想当年与这些先生交往的情景，心里不禁黯然神伤。

湘军曾是中国出版界的一支劲旅，在改革开放的新时期前十年迅速崛起，以后历经风雨，饱经风霜，如今已归于平常。回想起我与岳麓书社合作的这些旧事，颇有沧海桑田、世变无常之感，自己也不胜感慨！我这里所述权当一种史料、一则故事，聊备一格，可以见证岳麓书社发展的一个片断侧影，至于是非曲直，就让后人去品味评说吧！

值此岳麓书社建社四十周年之际，我衷心祝愿她继往开来，蒸蒸日上！

努力打出自己的点子和音色

钟叔河

岳麓书社编辑十余人，年出书不过百种，在出版界这支宏大的交响乐队中，只是个打边鼓的小角色。正因为角色小，我们不能不努力打出自己独特的点子和音色；否则南郭吹竽，有我不多，无我不少，“岳麓”就没有立足之地了。

在新的一年里，我们将尽力保持自己出书的特色，概括起来就是两句话：用新的方法来整理古籍，用新的观点来选印旧书。古籍指传统的经史子集，旧书指近代（1840—1949）和台湾的文化学术著作。湖南近代以前文献足征者不多，故只能以近代为主。

1988年是改革开放进入新阶段的一年，今之读者来读古籍旧书，回首过去只能是为了走向未来。我们将在《凤凰丛书》《旧籍新刊》《旧译重刊》中，向时代精英贡献罗家伦译《思想自由史》、陈望道序《爱的成年》、萨孟武著《红楼梦与中国旧家庭》、温永宁著《一知半解》等一批名著。这些书记录了1919—1949整整一代人追求“德先生”和“赛先生”的努力。他们的徘徊和蹉跌，不应被简单地蔑视而是值得总结和深思的。还有周作人的著作，中宣部和新闻出版署批准我社印行，当然也属于此类。

在古籍整理方面，我社的《走向世界丛书》被国务院古籍整理出版规划小组组长李一氓誉为“近年来所见到的整理古文献中最富有思想性、科学性和创造性的一套丛书”。正是因为我们能突破传统的方法，不搞烦琐的注释疏证，而是下功夫广搜博采，分类重编，详编索引，撰写导言，“化腐朽为神奇”，将封建文化的积淀解析为对现代化进程有参考和反思价值的资料。今后我社将认真推广这种方法，出好《曾国藩全集》和《船山全书》。

为了争取给最大多数读者服务的机会，岳麓版“古典名著普及文库”在 1988 年中将增出 10 种，保证读者能“以最少的钱，买最好的书”，欢迎广大读者选择、比较。

谋事在人，成事在天，天就是形势。形势既已大好，吾人自不容懈怠，愿与全国同胞共勉。

一个编辑的追求

唐浩明

我是“文革”前最后一届的大学生，当时读的是水利工程。毕业后一直在水利部门工作。但我个人更喜欢文学、历史等人文学科，所以，在“文革”结束，恢复研究生制度后，我在1979年考入华中师范学院中文系古典文学专业，于是由工科生变成了文科生。

三年后毕业，分配到湖南长沙岳麓书社。那时岳麓书社刚刚由湖南人民出版社分出来，建社不足半年，全部人马加起来，也就十几个。大家在一间大办公室上班。另外在不远处新华社湖南分社招待所还租了一间约十平方米的小房子，我被安置在这里。用一个大书柜，将房间分为前后两部分，我在后半部分搭了一张单人床，摆上一张书桌、一把椅子，就算安顿下来了。前半部分，则坐着编辑部主任和另一个编辑。因为有书柜挡着，我坐在后面，有一种拥有独立空间的感觉，心里很安宁。到了下班，这间办公室便是我的一统天下，更觉十分满足。我从小喜欢读书，现在天天与书稿打交道，又可以遇上不少有学问的作者，这工作太好了！

主任是个待人和气的半老头，他那时在看《古文观止》译注的清样。《古文观止》是我一直很想读却找不到的书，现在它的书稿居然就在眼前，我很高兴，对主任说：“您打清样时多打一份，把那一份送给我吧。”老主任说：“用不着留清样，出书时社里每人会送一本。如果你还要的话就找我，每个责任编辑，社里会发 20 本样书。”

我听了这话后简直惊喜极了。这就意味着，我今后不用花钱，就可以得到很多书。编辑这个职业居然有这么好！

“编辑”两字在我心里一直有很高的地位，如今，我既然做了编辑，就要以张元济等老一辈编辑家为榜样，做一个优秀的编辑。

我非常高兴能在岳麓书社这个以出版中国传统文化书籍为职志的古籍社做一名编辑，我以满腔热情投入到自己的工作。

“编辑”这两个字，在我的心里一直有很高的地位。我们民族的至圣先师孔夫子就是中国的第一个大编辑。老夫子一生述而不作，整理编辑《诗》《书》《春秋》，论对中华文化的贡献，没有哪个人能超过他。历史上，有许多著名的编辑，如编《文选》的昭明太子，编《唐诗三百首》的蘅塘退士，编《古文观止》的吴氏叔侄，编《古文辞类纂》的姚鼐，等等。他们的贡献，并不亚于一个有成就的学者、作家。近代许多文化名人，都做过编辑，如张元济、梁启超、李大钊、陈独秀、胡适、鲁迅、叶圣陶、梁实秋、巴金等。当代编辑中，也有不少文化名人，如张恨水、张友鸾、金庸、高阳、林海音、王鼎钧、巴人、杨伯峻、周振甫、韦君宜、傅璇琮、沈鹏等。我想，我既然做了编辑，就要以这些人为榜样，做一个优秀的编辑，做一个对文化事业有贡献的编辑。

做一个好编辑，首先得编书。出于这样的思考，在岳麓书社制订庞大的湖南地方文献与古籍整理的出版计划时，我主动请缨接受考验。

做一个好编辑，首先得编好书。

岳麓书社当时制订了一个庞大的湖南地方文献与古籍整理的出版计划，开列从古代到新中国成立前的两千多种湘籍人士的著作，拟陆续出版，其中特别引人注目的是六大全集，即王船山、魏源、曾国藩、左宗棠、王闿运、王先谦六个人的全部文字。这是六个浩大的文化工程。

我很认同这个出版计划。第一，历经多年劫难后，有许多好书已极难找了，现在重印，可以为读者提供方便。第二，从古到今，书籍浩如烟海，绝大部分其实没多大价值，亟须人作一番清理。把那些经受了时间考验的有意义的书挑选出来，重新印刷，以便引起读者注意，既造福当代，又可将它们引入人类文化长河中。第三，趁着大劫之后，还有一批宿学老成者健在，给他们创造一个传递文明薪火的平台。总之，这是一桩功德无量的事。我向社领导主动请缨：我愿意来做这件事。

这件事，说起来人人都认为是好事，但是做起来毕竟太枯燥乏味，且极耗时日，许多编辑并不愿意参加。于是我的主动请缨很快便得到批准，而且做的是六大工程中最重要的一项，即做新版《曾国藩全集》的责任编辑。我很感谢社领导对我的器重，把这样一个重担交给我。这个信任，促使我以极为高昂的热情投入工作。

接受《曾国藩全集》责任编辑的任务后，才感受到身上的责任有多重。因为它不是一般的出版任务，而是一项巨大的出版工程。

说起我将从事的这个工程，的确非比一般。

首先，是曾国藩这个人不一般，他出身一个普通的农民家庭，靠自己的努力一步步走进了朝廷的权力圈，然后又以文职官员的身份，白手起家组建一支军队，平定太平天国，改写历史。他不但立功，而且立德立言。百余年来，他几乎是所有平民子弟的励志榜样，尤其备受政治家的敬重。梁启超认为他不仅是中国有史以来数一数二的大政治家，也是全世界数一数二的大政治家。蒋介石以他为榜样，毛泽东说“愚于近人，独服曾文正”。但同时，也有人说他是汉奸、卖国贼、刽子手，阻挡历史车轮前进的反革命头子，评价上的反差之大，历史上少有人可比。

其次，老版《曾国藩全集》影响很大。曾氏死后不久，由李鸿章兄弟等人组织编辑刻印的《曾文正公全集》即问世，该书可谓近代个人全集中影响最大的一部。蒋介石将它随身携带，走到哪里带到哪里。毛泽东也很喜欢读它，至今韶山故居还保存着四本线装版曾氏家书，每册左下角都有“润之珍藏”四个端正的楷书。梁启超从中摘取数百条语录，编辑成一本《曾文正公嘉言钞》。蔡锷则据此编辑《曾胡治兵语录》，作为他部队的教科书。

最主要的，是我们要编的新版全集，很有传奇性。

曾氏是一个档案意识极强的人，他的所有文字包括家书、日记这种私密文字都留有副本。战争年代，每隔一段时间，他要派专人将他的副本，从前线护送到老家保存。他死后，这些文书档案成了曾氏家族的镇宅之宝，世代典守，秘不外示。解放前夕，他的第四代嫡孙宝荪、约农姐弟将其中的一部分手迹，辗转带到台湾，大量的文件则依旧留在曾氏老家富厚堂内。解放后，曾氏家族的一切财产都被没收，充作公产。房屋、田地、古董以及室内的所有家具摆设都成了抢手货，唯有书籍和那些文书档案无人要，被堆放在富厚堂内的砖坪里。摆了一段时期后，有人建议，干脆一把火将这些反动的材料烧掉了事。正在这时，省里的有关人士知道了，决定将这批东西运到省会长沙来，交给湖南图书馆的前身中山图书馆保管。那时正是激情燃烧的时代，图书馆没把这批东西当回事，随便找了个不起眼的小屋子堆放着。然后一把锁，将它们紧锁起来，从此无人过问。后来，大家也慢慢将此事遗忘了。

不料，这种待遇恰恰保护了这批材料。到了“文革”时期，在“破四旧”的狂热中，正是因为被遗忘，这批材料才侥幸逃脱那场劫难，被意外地完整保留。

无知无畏的我承担起了《曾国藩全集》出版工程的联络、协调，甚至包括全集体例统一的事情。要知道，这么重要的出版项目一般应由资历较深的主编来负责。

20 世纪 80 年代初，中国重返正途不久，国务院便恢复了古籍整理出版规划领导小组，各省也陆续成立了相应机构。在湖南古籍整理出版规划小组的领导下，学术界和出版界联手，对湖南近代历史文献作了调查清理。于是，尘封湖南图书馆三十年的曾氏旧档得以重见天日。学者们将这些材料与光绪年间的刻本《曾文正公全集》一比较，发觉有很多没有收进来，当时的全集，其实是一部选集。大家都认为，很有必要以这些档案为基础，再将台湾 20 世纪 60 年代影印的《湘乡曾氏文献汇编》合起来，出一部新版曾氏全集。上报国务院古籍整理出版规划领导小组，得到批准，于是便有了这样一个项目。

然而，要将这个计划变为现实，却是一件很不容易的事情。首先得组织一个队伍。明明是一件好事，但学者老师们对此积极性不高。主要原因是高校、社科院不将古籍整理视为科研成果，在评职称、晋级、获奖这些方面都不起作用，他们做此事，除一点微薄的整理费之外，没有其他的收获。好不容易从三四个单位组织了二十余人的专家队伍，因为种种原因，又不能产生出一个主编来，于是，所有的联络、协调，甚至包括全集体例的统一等事情，便都落在出版社的身上，具体来说就是落在我这个责任编辑的头上，当时的我，因为无知也便无畏，毫不犹豫地就充当起这个角色来。

再就是繁重的清理复印工作。那时岳麓书社没有汽车，我把社里唯一的复印机搬到板车上，与一个小伙子合作，一路颠颠簸簸地把复印机拖到省图书馆。社里派出另一个同志做复印员。从那以后，我每天进库房，把那些百多年前的曾宅老档都清点出来，因年代久远，保存不当，发黄发霉、脱落、腐烂、虫蛀的文档很多，得一一将它们处理归置，然后交复印员一张张地复印。天天如此，风雨无阻，就这样三个多月下来，将除奏稿外的藏件全部复印下来。幸而当时图书馆没有市场意识，没有专门因此事收费，如果按照后来图书馆的规定，资料费便将是一个天文数字。我们无法筹集到这笔巨款，结果当然是这个事情不能做了。

为了真实地感受曾集的深浅，我自己先来做曾氏家书的整理校点。我在省图藏件、光绪年间刻本、台湾影本的基础上整理出的曾氏家书近百万字，分为上下两册，为方便读者阅读，我为每封家书写了提要。又在书后附上人名索引和内容主题索引。1985 年 10 月，这两册家书作为新版《曾国藩全集》最先推出的部分，由岳麓书社出版了。正当我捧着新书欣赏的时候，一件意想不到的事发生了。一天，一份省报突然在重要版面上登出一篇文章，标题好像（我记不太准确了）是“为谁树碑立传”。这是一篇标准的“文革”文章：居高临下的气势，貌似堂堂正正的大道理，饱含着感情，充满着火药味，语气格外尖刻。文章指责岳麓书社为什么要给一个反革命头子树碑立传，许多革命老前辈都有家书，你们为什么不出？“文革”才过去不到十年，这样的文章令人心惊肉跳。当天夜里，我便到了主管出版的一位省委宣传部领导家里询问此事。那位领导说：“这多半是个人意见，不可能有什么背景与来头。出版曾国藩的全集，是经过国务院古籍整理出版规划小组批准的，不要动摇。”

好在接下来并没有后续的文章，也没有接到来自领导部门的所谓打招呼的话，我的心才慢慢安定下来。不久，美国纽约《北美日报》发表了一篇题为《还历史以本来面目》的社论，专门祝贺中国出版《曾国藩全集》，说出版此书是，“朝着正确对待历史的方向跨出了可喜的一步”，“是中国文化界人士的思想突破了一大禁区的标志”，“其重要性完全可以和中国发射一枚新的导弹或卫星相比拟”。这事让湖南出版界很兴奋，也让参与整理的学者专家们受到鼓舞。过些日子，我写的《曾国藩对人才的重视与知人善用》一文，被中组部举办的第三梯队培训班选作课外重点参阅论文。此事也成为整理出版曾集的一个正能量。

我的《曾国藩对人才的重视与知人善用》一文大受好评，这也让我意识到客观科学对待历史的时候到了。我开始一边编辑曾氏全集，一边潜心于近代史与曾氏的研读。

我的这篇文章，其实是遵省委组织部之命而写的，我实事求是地写了曾国藩在识人用人方面的一些成功经验。这事给我以启发，现在已到了可以客观科学对待历史的时候了。只要是抱着这种态度研究历史，是可以得到社会认可的。在整理校点曾氏家书的过程中，我已经不知不觉地走进了曾氏的世界。说实在话，在先前我对于曾氏并不了解，只是从教科书上知道他是一个大反面人物。这段时期多次仔细阅读他的一千多封写给家人的书信，我发现他信中所讲的许多观念与我的思想相吻合，我很自然地能接受他讲的那些道理。他的有些话甚至让我震撼。比如他对他的儿子说：“若农夫织妇终岁勤动，以成数石之粟数尺之布，而富贵之家终岁逸乐，不营一业，而食必珍羞，衣必锦绣，酣豢高眠，一呼百诺，此天下最不平之事，鬼神所不许也，其能久乎？”曾氏这一段话不是在宣传“革命理论”吗？以他的地位，能将世事看得这样通透，说明这个人非同一般。

我决定，向前辈学习，不仅仅只伏案看稿、改正错别字，而且要独立研究，做一个有学问有思想的优秀编辑家。我从此开始一边编辑曾氏全集，一边潜心于近代史与曾氏的研读中。我的编辑工作逼迫我必须一字不漏地啃读曾国藩本人所留下的一千多万字的原始材料。这种笨拙的读书方式，让我看到历史的许多细微末节。而这，往往被不少以研究为主业的历史学家们所忽视。我在学术刊物发表了十多篇研究曾氏的文章，引起了学界的注意。在《曾国藩非汉奸卖国贼辨》这篇文章里，我提出曾氏不是汉奸卖国贼的观点。文章在《求索》杂志上发表后，立即被美国《华侨日报》摘要刊载。文章发表至今已有 27 年，没有见到反驳的观点。可见学界基本上是认同我的这个看法的。在全方位地研究曾氏这个人后，我有一个认识：曾氏既非十恶不赦的反面人物，也不是一代完人式的圣贤，他其实是一个悲情色彩很浓厚的历史人物。他在晚清那个时代身处政治军事的中心旋涡，却一心想做圣贤，一心想在中国重建风俗淳厚的理想社会，这就注定了他的悲剧性。细细品味他留下的文字，可以发现他的内心深处是悲凉的、抑郁的，他的苦多于乐，忧多于喜。这种强烈的悲情氛围，要远远超过他的那些风光荣耀的外在表现。

四十不惑之年，我开始日夜兼程，创作以曾氏为主人公的长篇历史小说。

在 1986 年，也就是我进入四十不惑那年，我作出了一个在当时看来是很大胆的决定：写一部以曾氏为主人公的长篇历史小说。

之所以以小说的形式而不是以评传的形式来写，是基于以下几点：一、借文学元素可以走进人物的精神世界。由此可以将人物写得生动鲜活，尽可能接近我心目中的那个人物原型。二、读者喜欢读文学作品，书的发行量会比较大，我的努力所能够获得的认可面也会大一些。三、我在青少年时代极想做一个作家，我要借此圆我的作家梦。从那以后，我上班时间编《曾国藩全集》，其他时间写曾国藩小说。每天写作到凌晨一两点。我没有星期天，没有节假日，没有任何应酬，除睡觉外，也没有任何休息的时间。我甚至连天气变化时序推移的感觉都已不存在。为了获取尽量多的时间，我坚决辞掉了副总编辑的职务。我当时已不年轻了，有一种时间上的紧迫感。

经过三年多的日夜兼程，我写出了百万字的初稿。到了将书稿交给湖南文艺出版社、正式讨论出版事宜时，长期以来心中的最大顾虑，便立即成了最大的拦路虎。这个最大的困难不是别的，恰恰就是曾国藩本人。湖南刚刚因为出版了《蒋介石秘录》一书而受到很大的冲击，现在又冒出在很长时期里被主流视为是蒋同一个系统的大人物来，很多人认为不能冒这个险。选题多次申报不能通过。直到 1989 年底，我本人向当时的局长当面陈述两个多小时。局长终于表示：只要没有政治问题，又不是诲淫诲盗，可以考虑出版。局长要求每个局党组成员都看一遍书稿，并且签字表态。这样慎重地对待一部书稿，过去从来没有过。书稿终于进入正式出版流程。

我的历史小说出版后，深受读者欢迎，也推动了《曾国藩全集》的发行。我认为，编辑虽说是杂家，但也不能太杂，杂中还得专。因此，我的编辑工作锁定在了一定的范围。

此前，我请我的父亲与台湾出版部门联系。台湾黎明文化事业公司很快表示愿意出版，我请人用繁体字誊写一份，托回乡探亲的台胞带去台湾。1990 年 8 月，台湾黎明文化事业公司出版《曾国藩》的第一部。三个月后，以《血祭》为书名的大陆版《曾国藩》第一部也在湖南文艺出版社出版。没有想到的是，第一部出版后引发的社会反响，大大地出乎人们意料。这部书首先在校对室里便招来一片叫好声。出版后，来出版社买书、要书的车水马龙。当时印书的新华印刷二厂所在的邵阳市，因为供电紧张，常常停电。工厂要求供电所供电，所里的人便说，你们拿《曾国藩》来，我们就供电。连文艺社从不读书的门房，都想请责任编辑送他一本。我听后很感动，立即拿出一本来签上名，亲自送给这位工人师傅。

从第二部开始，局党组不再集体审稿了，发稿一事完全由湖南文艺社做主。1991 年第二部《野焚》出版，1992 年第三部《黑雨》出版。几乎与此同时，台湾也推出了黎明版的第二部、第三部。那几年，社会上广泛流传两句话："从政要读曾国藩，经商要读胡雪岩。"这两句话为小说《曾国藩》做了很好的广告宣传，同时也推动了岳麓书社版的《曾国藩全集》的发行。1995 年，《曾国藩全集》第一次整体推出，便印了 8000 套，半年后又印了 5000 套。30 本的历史人物的全集，两年内发行 13000 套，这种情况很少见。不但社会喜欢，这部书还得到学界的认可。《辞海》第六版专为岳麓书社版的《曾国藩全集》立了一个词条。

这之后，我策划了《胡林翼集》《彭玉麟集》《曾国荃全集》，并担任这几部书的责任编辑。这几个人都是当时湘军中的高级将领。他们的文集，无疑是研究那一段历史的重要史料。作为一个编辑，我不想四路出击，到处开花，我把目光锁定在一个比较小的范围。这个小范围，一是湖南，二是近代。我认为这样做，无论是对出版社，还是对我个人，都是有利的。编辑虽说是杂家，但也不能太杂，杂中还得有所专，太杂必流于浅薄，有所专才能走向深厚。

在这个过程中，我继续业余时间的历史小说创作，写了《杨度》与《张之洞》两部书。这两部书的时代背景也框在近代。所以，这三部书被人们称之为"晚清三部曲"。

进入 21 世纪，“曾国藩”出版热的背后是对曾氏身上所体现的中国传统文化中的“道”或忽视或淡化或歪曲。这激起我为曾氏正本清源的责任。

写完《张之洞》后，时间已进入 21 世纪。这时，“曾国藩”这个人和有关他的图书已变得很红火了。但是，在看似热热闹闹的图书市场里，却隐藏着两个很突出的问题：一是这些图书绝大部分显得浅薄，互相抄袭；二是这些图书感兴趣的是权谋机巧一类的低层次的“术”，对于曾氏身上所体现的中国传统文化中的“道”，或忽视或淡化或歪曲。作为“曾国藩热”的肇始者，我的心情颇为压抑，我觉得我有责任为曾氏做一些正本清源的事。于是，我在《张之洞》出版后就明确表示，我今后不再写长篇历史小说，而是做点别的事。

这个事中的最主要一部分便是写“评点曾国藩”系列。确切地说，“评点曾国藩”是评点曾国藩的文字。2002 年推出“评点”系列的第一部《评点曾国藩家书》，以后陆续推出《评点曾国藩奏折》《评点梁启超辑曾国藩嘉言钞》。对这三部评点，我的写作宗旨是：以走进曾氏心灵为途径，以触摸中华民族文化的底蕴为目标，作为一个文化人，我认为这才是研究曾国藩的正路子。从 2007 年到 2011 年，我又花了整整四年的时间对十多年前的《曾国藩全集》做了一次全面的修订。为什么要修订？这是基于以下三个主要原因：一、这十多年来又发现了一些曾氏文字，特别是台湾出版的台北故宫博物院所收藏的曾氏奏折，为数不少，很有补充进去的必要。二、20 世纪 90 年代所出版的全集存在着不少差错与问题，很有改正改善的必要。三、由湖南省政府出资的《湖湘文库》将《曾国藩全集》列入其中，提供了一个全面修订的好机会。

《曾国藩全集》被列入《湖湘文库》，进行重新修订，弥补了当年编辑的遗憾。

作为《曾国藩全集》的重要参与者，这十多年来，我一直为当年因为人员众多、“政”出多门而造成的不少差错而深存遗憾。现在能有这样一个机会来弥补，且可以增加许多新内容，这是一件太好的事。我立马中断“评点”系列的写作，全身心投入到修订版的工作中去。2011 年 11 月，在曾氏诞生 200 周年的纪念会上，举行了隆重的修订版首发式。看着用红绸带包扎的 31 册修订版全集，我心里长长地舒了一口气，感觉基本上可以无憾于读者、无憾于子孙了！

2017 年，“评点”系列的第四本“评点日记”问世。第五本评点书信、第六本评点诗文也在 2018 年下半年相继推出。2019 年，我把这六本评点合起来，做了一些增删修改的工作，以“唐浩明评点曾国藩系列”的名义整体推出，为有兴趣的读者提供了一个方便的读本。2016 年，我已整整 70 岁，我以轻松的心情退休，结束了 34 年的编辑生涯。

编辑要有“传承智慧，打通古今”的责任。回首 30 余年的编辑生涯，我一直朝着作家型或学者型编辑的方向而努力。

自从 20 世纪 80 年代进入岳麓书社，我就常常想着这样一个问题，我的职业成就体现在哪里？或者说，什么是我的职业追求？

我认为传承人类优秀文化遗产、积累当代文明成果，应是出版社最主要的职能，至于获得多高的经济收入，创造多大的利润价值，则是对这个职能履行程度的回报之一，而不是衡量它的最重要的指标。具体到我自己，一个古籍出版社的编辑，其立足点则要落在传承中华民族的优秀文化遗产上，把古代的知识、技能，把古人的感悟、体验传承给今人，这其中最为重要的是古人的智慧。一个当代的古籍编辑，要有一种意识，即如何能让今天的读者更方便地接受这一切。所以，我后来慢慢地将这一思想形成为八个字，即“传承智慧、打通古今”。

智慧，本是人类的高端成果，但其中仍然有低层次与高层次之分。低层次的智慧是可以用文字来表述的。这些年来，我也应邀讲过一些课，其中有一个课程就叫做“曾国藩的人生智慧”。我写曾国藩的评点系列，也是把很大的心血用在挖掘曾氏处世做人的智慧上，至于我编辑的二曾、胡、彭等人的文集中，自然也蕴含着作者许多的智慧。至于高层次的智慧，则不是文字或语言所能表达的。大家都知道轮扁斫轮的故事。出自《庄子》一书的这个寓言，实际上说出了人世间一个最大的真理，即文字与语言本身的局限性，只不过轮扁的“六经乃糟粕”那些话，说得太过激、太情绪化而已。许多年后，岳飞所说的“运用之妙，存乎一心”，则以平和的心态把这个感悟说得直白而为人们所理解和接受。

船山学社、岳麓书社与《船山全书》

夏剑钦

船山学社是浏阳学者刘人熙于 1914 年 6 月 14 日创建的，其前身是郭嵩焘创立于 1881 年的思贤讲舍。学社旧址位于今长沙市开福区中山东路。今存两进院落，砖木结构，内有庭院、讲堂和多间厢房，是 1938 年长沙“文夕大火”后，就船山学社剩下的一片残垣，于 1954—1956 年修复的。因 1921 年 8 月，中共湖南地方组织的筹建人毛泽东、何叔衡、易礼容利用船山学社的房屋及经费开办了以培养革命干部为宗旨的“湖南自修大学”，故按旧址在船山学社内复原陈设了毛泽东、何叔衡的卧室和湖南学生联合会办公室、自修大学图书馆，修复了自修大学东门和讲堂等，门额“船山学社”四字系毛泽东手迹。

刘人熙（1844—1919），字艮生，四十岁以后号蔚庐，学者称蔚庐先生。光绪三年（1877），他三十四岁中进士，任工部主事，分管农田水利。从光绪五年（1879）起，他开始逐日写日记，五十年持之以恒，很少间断。也就在这一年，他获读王船山《周易外传》，方知船山学问之博大精微，“直契邹鲁，濂溪、横渠以来，一人而已”。从此以后，他便终生服膺、倡导船山学，以此启示后学。光绪十三年（1887），他在坊间购得王船山《四书训义》一部三十八卷，是湘潭王氏守遗经书屋刻本，完整如新。他惊喜之余，嘱门生王芝祥筹资印行，并亲自作序，以饷学者。

辛亥革命后，他任湖南都督民政司司长。民国元年（1912）8月，湖南举办国会议员选举，贿买选票，丑态百出。刘人熙默察人心，静观时局，“窃恐革命党人以义始而以利终”，于是年冬辞去民政司职务。他笃信船山学说是救时的良方，决意筹办船山学社，以昌明正学，挽救时局。筹备工作进行了两年，经报请省议会决议，每年拨款四千元“以崇正学”。学社于民国三年（1914）6月14日正式成立，公推刘人熙为第一任总理（社长）。他于次年又筹备创办《船山学报》，于1915年8月20日发行第一期，至1917年8月出版了8期。所刊文章，皆本船山之学说引申发挥，为弘扬船山学术和爱国思想，砥砺国人承担社会责任，振兴中华民族，推动思想解放，发挥了重大作用。与此同时，他还花了大力气搜集出版船山未刊手稿，筹办船山大学、船山图书馆等，为传播船山学术思想、开启民智、振兴中华而竭尽全力，直至1919年正月五日在上海病逝。

本文为叙述船山学社、岳麓书社为搜集整理船山著作，而最终集大成出版《船山全书》，有必要从20世纪80年代船山学社的恢复、岳麓书社的创建开始叙述，然后重点叙述《船山全书》的编纂体例、版本资料收集，新编《船山全书》的特点及其获奖、修订等要事逸闻。

一、船山学社的恢复与重建

1978年12月，党的十一届三中全会掀开了新中国改革开放和经济建设的新篇章。在思想大解放的热潮中，湖南的学术文化和出版事业迎来了灿烂的春天。

1980年6月2日，著名船山研究专家王孝鱼（1900—1981）应湖南省社会科学界联合会邀请来长沙讲王船山的《周易外传》，当天上午在中共湖南省委党校开讲。趁此机会，湖南省中国哲学史学会筹备小组于当天下午成立，卢枫、黄洪基、唐凯麟、王忠林、王兴国为小组成员，推湘潭大学的卢枫任组长，黄洪基、王兴国任副组长。6 月 7 日下午，筹备小组在省委党校专题讨论王船山研究问题，建议在 1982 年王船山逝世 290 周年时，举行一次大型的学术研讨会。11 月 21 日，根据湖南省社会科学院和省社科联有关领导指示，王兴国负责起草关于 1982 年召开纪念王船山逝世 290 周年学术讨论会向中共湖南省委的报告。12 月 26 日至 30 日，由湖南省教育厅和省社科院联合主持的湖南省高校文科科研座谈会在韶山召开。会上，省内著名学者林增平、姜书阁、羊春秋、马积高等都对 1982 年召开纪念王船山逝世 290 周年学术研讨会表示热烈支持，并建议要逐步恢复船山学社和《船山学报》。会后，省社科院李楚凡副院长要王兴国写一个船山学社简介，以供有关领导参阅。

王兴国是 1962 年中国人民大学哲学系毕业后，回湖南一年就有幸参加筹备和召开湖南湖北两省学者纪念王船山逝世 270 周年全国高规格学术研讨会的青年学者，对船山学术与人品情有独钟。于是，在 1981 年 3 月 14 日由中共湖南省委宣传部部长屈正中主持的船山研究座谈会上，省社科院院长王兴久提出在成立一个 1982 年王船山学术讨论会筹备小组的同时，还应恢复船山学社。

1981 年 11 月 27 日，重建船山学社筹备小组成立并召开第一次会议，由吴立民任组长，王兴国、陈远宁任副组长。至 1982 年 5 月 7 日，在长沙召开的船山学术讨论会上，通过选举产生了船山学社理事会。理事会推选吴立民任社长，王兴国、邓潭洲、冯正刚、陈远宁、周士一、唐凯麟、陶懋炳为副社长，王兴国兼秘书长。刘寿祺为名誉社长。5 月 8 日下午召开船山学社重建大会，中共湖南省委书记董志文、省人大常委会副主任王含馥、副省长程星龄、省政协副主席谷子元等领导出席会议祝贺。

二、岳麓书社的创建与《船山全书》编委会的成立

1981年11月，湖南省出版事业管理局报请中共湖南省委宣传部、省编制委员会和国家出版事业管理局，要求在原湖南人民出版社历史编辑室古籍组的基础上，成立一家以古籍整理出版为主的专业出版社。1982年1月21日，国家出版事业管理局以〔82〕出版字第46号文件，正式批准同意成立岳麓书社，主要负责整理出版湖南地方古籍、古典著作普及读物和研究古籍的学术著作。

1982年2月1日，中共湖南出版局党组决定梁绍辉任岳麓书社副社长兼副总编辑，主持全社工作，赵端才任副社长。根据中共中央《关于整理我国古籍的指示》精神，1982年4月26日至28日中共湖南省委宣传部在长沙召开湖南省古籍整理出版规划会议。出席会议的有本省各院校古籍专家、学者、社会科学学术团体代表、省直属有关厅局的负责人共110位，共同商定湖南地方古籍整理出版规划，成立了由省委宣传部副部长车文仪任组长的湖南省古籍整理出版规划小组，确定《船山全书》《魏源全集》《曾国藩全集》《左宗棠全集》等为湖南省古籍整理出版重点项目，并积极申报，使上述“四大全集”均列入了国务院古籍整理出版规划小组第一批规划项目。岳麓书社作为湖南省古籍整理出版规划领导小组的办事机构，负责组织联络，承担出版任务。

12月，中共湖南省委办公厅批复湖南省出版局《关于成立王船山全集编辑委员会的请示报告》，指定屈正中为编辑委员会主任，车文仪、姜书阁、李楚凡、吴立民为编委会副主任，羊春秋、马积高、宋祚胤、雷敢、颜克述、杨坚、王兴国、陈远宁为委员。编委会办公室主任杨坚，副主任王兴国。这表明，船山学社的主要领导成员都参加了《船山全书》编委会。批复中还有编委会顾问：张岱年、任继愈、侯外庐、萧萐父、周谷城、黎澍、张舜徽、杨伯峻、程千帆、周

大璞。

担任编委会主任亦即《船山全书》主编的杨坚（1923—2010），字公强，浙江绍兴人。1949 年 3 月考入北平华北大学政治学院参加革命工作，8 月南下湖南宁乡县任文教助理，1952 年 4 月调湖南省文化局，任社会文化科科员。1969 年起入“五七”干校。1975 年调入津市文化馆任编辑工作。1979 年 5 月调入湖南人民出版社，即从事《郭嵩焘日记》的整理编校，使郭氏历咸丰、同治、光绪三朝长达 37 年且夹有英语汉字对音的“天书”200 万字日记能出版飨世。1983 年 1 月调入岳麓书社，5 月被评为编审。

肩负船山著作全集整理重任的杨坚，此时虽已年届花甲，但深知兹事体大，较之他编校《郭嵩焘日记》更艰难；不仅内容涵盖中国传统文化的经、史、子、集四部，且文字极古奥艰深，流传版本复杂难断。于是他在调入岳麓书社之前，即开始搜索船山著作历代刻印传抄情况，草创《王夫之全集整理工作发凡》一文供编委参考。1983 年 3 月编委会举行第一次会议，确定书名为《船山全书》，全部著作按四部分类排列，并认为《发凡》一文可作为全书编纂体例的基础。议定全书编委会的工作为：发凡起例，搜访版本，辑集佚稿，组织校点，担任补校并终审定稿。参加办公室工作者除杨坚、王兴国正副主任外，先后还有李传书、刘柯、胡渐逵、徐孙铭、刘志盛、陈成国、边仲仁、吴普生。

三、船山有关资料的搜寻，船山著作刻本、抄本的搜集复印以及全书的封面设计

《船山全书》编委会成立后的一两年中，对于船山著作版本的搜集出力最多的是王兴国、徐孙铭、刘志盛和杨坚，足迹涉及北京、西安、兰州等地，并深入衡阳农村。

早在1982年10月15日，船山学社副社长王兴国、陈远宁在赴衡阳落实王船山学术讨论会的准备工作时，从船山十二世孙王鹏处得到王敔所撰的《大行府君行述》抄件，共4100余字，较之清同治四年（1865）金陵刻本《船山遗书》卷首之《薑斋公行述》2200余字，以及刊于光绪十九年（1893）王之春《船山公年谱》卷首之《行述》1600余字，不仅字数多了，且涉及船山"孤忠"志节的文字更详尽。此件原题《大行府君行述》，下署"敔述"二字，系民国六年（1917）船山八世孙王德兰在《王氏五修族谱》竣事后"于竹花园古箧内觅得老谱敔公所刊原牒"，"照抄无讹"，由王鹏复印。王德兰在抄件上加按说："上系原谱敔公所作《行状》……为乞潘师作传，述事最详。"

此件经王、陈二位校勘标点，发表在《中国哲学史研究》1983年第3期，该刊还同时发表了他们所写的《研究王船山生平思想资料的一个重要新发现》一文，于船山研究影响很大。《大行府君行述》是王船山逝世14年后王敔所作的第一个传记，也是记述船山生平事迹和志节风貌最为全面和可靠的第一手资料。王德兰按语所云"潘师"即潘宗洛（1657—1717），字书原，江苏吴县人。康熙二十七年（1688）进士，四十一年（1702）至四十五年（1706）任提督湖广学政，于康熙四十三年（1704）莅衡阳开考取士时，延聘俊才入幕帮助校阅试卷，王敔应邀参加了阅卷。由此乃知有船山，求读船山的著作，并详细询问王敔，要他写出其父船山的生平事迹，以便为之作传付史馆。王敔为了让老师对父亲的生平、著作和志节等有一个全面的了解，便认真思索而写了这篇述事非常详细的《大行府君行述》。末署：时康熙乙酉孟冬，不孝敔泣记。潘宗洛回武昌后，一边读王敔送给他的《张子正蒙注》《楚辞通释》及《思问录内篇》《思问录外篇》，"把玩不能释手"，一边品读王敔的《大行府君行述》而作《船山先生传》。这是清廷官员第一次为船山作传，既介绍船山的生平、志节，且列举船山著作达30种，最后归纳出船山乃“前朝之遗臣，我朝之贞士”的结论。《船山先生传》末“康熙乙酉八月既望”，则比王敔署“康熙乙酉孟冬”的刻本《大行府君行述》还早了两个月。这些情况在至今珍藏在湖南省社会科学院图书馆的《楚辞通释》完好刻本中的《船山先生传》中都记载得很清楚。

1983年6月15日至23日，船山学社副社长王兴国与理事刘志盛、徐孙铭一起到北京，为《船山全书》的编纂办了三件大事。其一是到北京图书馆（今中国国家图书馆）善本部校对了收入文津阁本《四库全书》的船山著作《诗经稗疏》《书经稗疏》等；二是与中华书局协商，将王孝鱼等先生已校点的船山著作书稿转让给岳麓书社，竟获支持，共转让了24种著作的校点稿；三是到中国社会科学研究院历史所找马宗霍先生之子马雍协商，将马宗霍的《船山遗书校记》的手稿本复印，供编校《船山全书》参考。

1984年11月14日至18日，船山学社副社长王兴国与理事张铁夫赴衡阳县，再次找船山十二世孙王鹏，借到并复印了其祖传的船山的《张子正蒙注》和《读四书大全说》抄本。其中《张子正蒙注》抄本的字迹为正楷，体势端严凝重，点画结构一丝不苟，笔致与传世之船山手迹《显考武夷府君行状》《显妣谭太孺人行状》《自题墓石》《传家十四戒》及《噩梦》等完全相同，其为船山手迹无疑。夏剑钦于1992年校点《船山全书》第十二册之《张子正蒙注》时，遂认定并经杨坚主编同意，采用此珍贵手抄本为底本。抄本末页有“乙丑孟春月下旬丁亥成，庚午季夏月重订”小字一行。乙丑孟春月下旬丁亥为康熙二十四年（1685）正月二十七日，是年船山六十有七；庚午季夏月为康熙二十九年（1690）六月，时船山已七十二岁。进而发现，用此抄本去校读湘西草堂本、刘氏抄本及其以后各印本，自王敔于康熙三十一年（1692）腊月抄录副本而导致湘西草堂本开始的跳行脱落（每跳一行少17个字）以及为避清讳而改字等情况，均历历在目，毋庸置疑。从而导致此本之后的印本、抄本等脱文竟有40余处，240余字。这就使岳麓版《张子正蒙注》的质量陡然提高，真正恢复了船山原著的本来面目。

关于湖南省内馆藏船山著作版本的搜集、复印工作，主要是两大项：一是湖南省博物馆收藏了船山著作的手抄本11种，60多册，3200余页，内容包括船山的重要哲学、史论著作《周易内传》《周易外传》《尚书引义》《春秋世论》《读通鉴论》和《宋论》等。这些抄本系王介之五世孙，即船山五世从孙王嘉恺、王嘉怡于乾隆年间所录，1951年湖南进行土地改革时，湖南省文物管理委员会派人在邵阳县东乡太平曾家收到的，十分珍贵。这11部著作的手抄本由省博物馆免费提供，《船山全书》编委会办公室李传书负责复印。二是湖南图书馆所藏船山著作历代刻本和衡阳刘氏抄本，则由岳麓书社编辑、《船山全书》编委会成员刘柯负责联系复印。

通过两年时间的勤奋工作，船山著作的书目、版本已大部分搜齐，辑佚工作也已开展，各地发现船山佚文，皆知先向《船山学报》投稿发表，由杨坚关注并及时收录。在杨坚的统筹规划下，船山著作已定人校点，个别著作已开始复审，这些都有赖岳麓书社首任领导梁绍辉及《船山全书》编委会办公室全体同人之力。

1984年5月，湖南省出版局实行机构改革，岳麓书社领导易人，编委会办公室被撤销，随后省古籍整理出版规划小组亦不复存在，《全书》草创伊始后的纷繁事务便全落于杨坚一人之身。幸省出版局李冰封局长、黎维新副局长及其后刘李纯副局长等大力支持，如印刷厂须注意排印质量，纸张公司须存储一色的封面用纸等，杨坚的请示报告都得到批示执行，原办公室边仲仁、吴普生等继续协助杨坚的编务工作。直至1988年秋，岳麓书社三度易长，潘运告上任，才引起重视而派胡渐逵协助杨坚。而社外的王兴国、徐孙铭二位则一如既往，始终扶持。

《全书》编辑工作除版本甄选、文字编校均由杨坚先生审慎从事外，装帧设计之讲究亦颇费周折。如最为关键的“船山全书”四字，杨坚先拟集船山先生亲笔，于是遍翻手迹，在《噩梦》一书中采集四字，但形体偏长，“拼拢观览，未见稳帖”。“乃请书法篆刻家杨德云先生为集碑帖中字，自汉《曹全碑》至隋《龙藏寺碑》，凡十数，均不惬意，最后始集唐李邕《麓山寺碑》字”，才感到“雄健严整”，且刚强激烈、屡忤权贵的北海太守李邕字如其人，也与船山先生的“刚肠嫉恶”性格颇为吻合。后以《麓山寺碑》中所集“船山全书”四字，经王诚龙编审、姜铁山副编审配色设计，经胡颖副编审勤慎实施于全书各册，最后竟获得了“装帧素雅，落落大方”的赞誉。于是，筹备多年的《船山全书》在1988年出版了第1、2册和第10册，开启了船山著作出版史上的新篇章。

四、新编《船山全书》的特点

经杨坚苦心搜集、精编精校的《船山全书》，于1988年单本印行时，即已确定其最大的特点是王船山著作收录之“全”。其时已确定《船山全书》16册之总目，其中第1—15册为王船山本人的著作，按经史子集四部排列，含船山存世著作73种，371卷；第16册为附录，收船山传记、年谱及有关杂录等研究资料。其收录之全，可谓达到了空前的程度。对此，杨坚后来在第16册的《船山全书编辑纪事》中，不无自信地说：“本书作为金陵本《船山遗书》与太平洋本《船山遗书》后之第三部船山全集，其显著之优点当为业已搜齐迄于九十年代初发现存世之全部船山著作，诸如《四书笺解》《箨史》等成部述作，《礼记章句序》《放姜皎归田》等书中佚篇，以及其他辑集于《诗文拾遗》中之零散篇什，约计二十万字，均属前两部全集所未有。”实际上是比收书最大的太平洋本《船山遗书》多收了三类佚稿：第一类是已刊行的著作中因各种原因而被删落了的篇章，计有《礼记章句序》一篇、《诗广传》四篇、《读通鉴论》五篇等；第二类是未经收录的成部著作，计有《四书笺解》十一卷、《箨史》一卷、《惜余鬒赋》一卷等；第三类是其他集外零星撰述，计有传、记、叙、跋、歌、辞、铭、联等五十余篇，新编为《拾遗》二卷。

第二个特点是依据可信的船山手稿和旧抄、旧刻，订正前两部全集中的白框、墨格、窜改、删削，恢复了船山著作的原貌。诚如杨坚所言：“其次则为全部著作除个别例外，均系合阅所有版本，并充分利用前人校勘成果而后定稿，借此检阅三百年来船山著作之写刻印制情况，加以比较鉴定，而于各种著作之编校后记中记述之。其尤足快意者，则为此次编校获睹大量船山手稿、王敔家刻以及衡阳刘氏、邵阳曾氏两家旧抄，据以填补由金陵本作俑、经太平译本沿袭之二千余字讳隐白匡，并以订正其他删改，从而纠正历史造成之缺陷，恢复船山著作之真貌。”

第三个特点是全书采用标点符号，对所有著作系统编排，有的还加标题点明大意。即杨坚所说：“全书施用标点符号，较之前两部全集之并无句读，整板一块，实为一大进步。又如《读通鉴论》《宋论》，两书一千余篇，均加标题点明大旨，亦为前两部全集之所无，而有利于广大读者阅读应用。”

故全书出版至 1991 年，即已收到学界教授的好评。如北京大学张岱年教授于 1991 年 11 月 2 日来信说：“《船山全书》校勘精细，印刷精美，实为近年不可多得的新印古籍，嘉惠士林，功德无量！”北京图书馆馆长任继愈先生于 1991 年 1 月 7 日来信说：“这次的全集，可以说是最完备的版本。岳麓版《船山全集》可以传世。”

第四大特点就是全书除前 15 册系船山著作外，杨坚同志还广泛收集船山传记、年谱、杂录等有关船山的各种资料，辑为第 16 册以供读者阅读船山著作和研究船山之重要参考。第 16 册字数达 117 万，大都是杨坚一人苦心搜索后一字一句手录于湖南图书馆、湖南社科院图书馆等多家图书馆的，可见其为《全书》完善之艰苦卓绝和良苦用心。其时省图书馆、社科院图书馆均为杨坚专设了工作室，杨索书后即一边研读，一边录其所需。他中午也不休息，就将自己关在工作室里，一个馒头一杯开水作午餐，吃完又手书不止，直至馆方人员下班。所录蝇头小字，后又整理誊抄为书稿，其书稿纸丛集足高二尺，当时发稿至出版科，让人咋舌称奇！

此书分三大部分，首“传记之部”收谱牒之传、史馆之传、私家著述及方志之传共 11 篇，作者自王敔、潘宗洛、余廷灿以迄当代清史研究者。其中王敔《大行府君行述》除收船山八世孙王德兰所抄“老谱敔公所刊原牒”祖本及德兰之跋语外，还附载金陵本《船山遗书》卷首之《薑斋公行述》与王之春《船山公年谱》卷首之《行述》，用以说明王敔作状始末及后世删削妄改情况。又邓显鹤所撰，则既收其原载《楚宝》道光九年（1829）重刊本之《王夫之》，又载其原载《沅湘耆旧集》之《船山先生王夫之》。

次“年谱之部”，收同治初刘毓崧著《王船山先生年谱》及光绪中王之春所撰之《船山公年谱》。“刘氏为金陵本《船山遗书》之编校者，其谱以考订绵密见长。王谱晚出，其所据船山著作及其他资料有刘所未见者，可补刘谱之不足。”（《船山全书》第 16 册封面简介）

“杂录之部”分量最重，达 1057 页，分甲、乙两部分。甲为《编辑出版之属》，辑湘西草堂本以来各种船山著作版本之序跋题记；乙为《记叙研究之属》，辑船山生前友好赠答及后人记叙咏叹、论说研究之作，共收约两百家。最后还录载《清代方志抄》与《中国大百科全书条目抄》两组资料。所录研究著作中，如嵇文甫《王船山学术论丛》达 83 页，论说了《船山哲学》的轮廓，侯外庐《中国思想通史》第五卷第一编第二章《王夫之的思想》，达 106 页。如此杂录巨制，皆由杨坚采录编校。

从 1985 年至 1993 年，杨坚的大部分时间花在图书馆里，为了笔录资料或查证一个字一段引文，奔波于各图书馆之间。1993 年秋，杨坚在湖南图书馆查阅资料的返程中，遭车祸骨折，卧床达一年之久，《船山全书》第 15 册的校勘，就是在病榻上完成的。

五、《船山全书》的获奖和修订再版

杨坚同志工作严谨、细致、勤奋，他“以身殉书”“十年磨一剑”的奉献精神，得到了岳麓书社同人的钦敬，也引起了局社领导的重视。1993 年 3 月，久已钟情船山并为船山学社常务理事的夏剑钦接任岳麓书社社长，为“加大投入，加快进度”推进《船山全书》的编校和印制，决定暂停 1988 年以来的单册零星付印，而改为整套装箱印制发行，以适应读者购书和市场的需求。1994 年，他与副社长曾果伟一起按照省出版局和出版协会的要求，认真撰写上报杨坚申报“韬奋奖”的材料。1995 年 11 月，经国家新闻出版署和全国出版工作者协会评选，杨坚获第四届“中国韬奋出版奖”，享受国务院发给的政府特殊津贴。

1996 年 10 月，《船山全书》16 册全部出齐，各书除加印配套零数书之外，整套印制 1200 套，受到船山研究者的欢迎，学界反应热烈，认为《船山全书》自 1982 年底着手整理，至此已整整 15 年，其时间之长、工作量之大、质量之高、出版印制之精，在船山著作出版史上是首屈一指的，在全国的古籍整理中也是不多见的。该书于 1997 年 8 月获第三届国家图书奖。

为向读者负责，1996年出版的《船山全书》第16册末尾刊载了全书第1至第15册勘误表，汇集各方所指正与编者自行翻阅发现的错误，包括目录、正文中的文字、标点以及校记中的错误缺失等。虽然详明，但于读者仍十分不便。全书成套发行后，又陆续收到读者来信指出错误，全书的编校质量问题遂引起学界与社领导的关注与重视。2003年，丁双平任岳麓书社社长，决定将全书修订再版，并请已离休多年的杨坚回社担此重任。2005年，杨坚又邀笔者协助审读其第9至13册。孰料正值全书即将修订告竣之时，2010年3月16日，杨先生不幸因病辞世。杨先生去世后，全书的扫描、校改以及进一步规范体例等未竟的工作，则由岳麓书社《湖湘文库》项目部承担。

归纳起来，这次修订大致做了如下四个方面的工作：

（一）辑佚补遗。全书初版以后，陆续发现了几篇失收的船山佚文，计有千乘堂倪氏四修族谱收录的《麦园记》、滋德堂均陂刘氏三修宗谱收录的《昆映府君墓志铭》和《龙太君墓志铭》。此外，第10册《读通鉴论》卷22唐玄宗第六论《放姜皎归田》，初版（包括通行各本）仅存残文116字，此次据旧抄本补脱文378字，使《读通鉴论》版本更臻完善。

（二）择优更换个别底本。第12册所含八种的《识小录》《搔首问》，原以金陵本为底本，此次修订均改用新发现的湖南图书馆藏衡阳刘氏抄本，明显优于后来的包括金陵本在内的各本。

（三）正讹补漏。通过重新核对底本发现初版文字上的讹误与缺漏，然后进行正、补，是这次修订工作的主要任务。通过核对，发现各书存在的讹误多寡不一，多者如第9册《说文广义》，因原稿抄写错漏与排版致误而失校者，有误将“女几山”作“女兒山”，“如推排状”作“如推排然”之类十数处，而“從”排作“徙”则百余处。又原稿抄漏，如《宋论》原据船山手稿抄漏“光宗亦是人也，而心亦动”等情况，以及原第 16 册《勘误表》中的错漏，这次修订均予以正、补。修订本印行后，笔者又将原第 14 册《楚辞通释》杨坚所录湘西草堂本《王扬绪、王扬绩跋》文中的 148 个空格，据湖南省社科院藏本补入该本电子版，以臻完善。

（四）编辑体例的进一步规范。一是某些特殊字形的标准化，如猺、獞等，规范为瑶、僮。二是杨先生对大量校注文字做了悉心修订，从而表述更为精准。

经过精心修订的《船山全书》，自 2011 年再版以后，更受广大读者欢迎，也必将为船山著作的传布和船山学研究的昌盛发挥更大的作用。

古籍整理中的三次幸遇

夏剑钦

我是1982年从复旦大学中文系毕业后到湖南人民出版社工作的。那时的湖南出版，首倡改革开放先声，率先提出“立足本省，面向全国，走向世界”，使图书出版事业蒸蒸日上，在全国地方出版社中处于领先的地位。我这个初生牛犊，也为那个“书荒”的年代编辑出版了《通假字小字典》《偏旁部首解说》《古汉语自学手册》《语法逻辑修辞通俗讲话》《辞格汇编》《衡阳方言》等14种图书，并被改革的潮流推上了“三梯队”的行列。但有幸结缘古籍整理并遇上好的底本，那还是1990年6月我调入岳麓书社工作之后的事。

1993年3月起，我开始担任岳麓书社社长职务，在加快速度，全面推进古典精品、古典名著普及文库和今译读本出版工作的同时，开始加大力度推进“曾、左、王”三大全集的编校出版，并改单本付印为全集出版。担任《船山全书》总编辑的杨坚同志为减轻校点工作的压力，将其第12册包含《张子正蒙注》《思问录》《黄书》《噩梦》《俟解》等哲学著作的8种书交给我帮助校点。当时的《船山全书》编委会已搜寻到《张子正蒙注》一书的版本有两种抄本、6种印本，而其中近年从船山十二代孙衡阳王鹏处所获的标明为“朱宏煬校”的手抄藏本尤令人眼前一亮。

此抄本颇有自己的特色，第一点是字迹为正楷，体势端严凝重，点画结构一丝不苟，笔致与传世的船山手迹《显考武夷府君行状》《自题墓石》等完全相同，其为船山手迹无疑。第二点是此本文字只避明代帝王名讳和船山家讳，而不避清讳，如明思宗朱由检的“由”字缺中间短横或写作“繇”，“检（檢）”字缺右下角的“人”，船山之父王朝聘的“朝”“潮”等字均缺笔，“庙（廟）”字则或缺笔，或写成“庿”。但原有版本中最早的湘西草堂刻本和刘氏抄本，都既不避明朝的讳，也不避王船山父亲的讳。第三点是这个抄本的末页有小字注明“乙丑孟春下旬丁亥成，庚午季夏月重订”，即康熙二十四年（1685）正月二十七日船山67岁时成书，康熙二十九年（1690）六月船山72岁时重订。这一行小字与刘氏抄本所注的“壬申腊月二十八日蕉畦副本，丁亥重九后一日刘□□”小字，即康熙三十一年（1692）船山之子王敔（号蕉畦）抄录副本，康熙四十六年（1707）刘氏重行抄写，正好说明了《张子正蒙注》一书先有船山手抄朱氏校本，然后有蕉畦副本，再次为刘氏抄本的源流关系。第四点更耐人寻味，此抄本每面9行，每行17字，而照蕉畦副本所刻的湘西草堂刻本和刘氏抄本，及往后相沿的道光二十八年（1848）刊印的衡阳学署本、同治四年（1865）的金陵节署本等，凡有脱落处，字数都与此抄本一行17字相合。可见蕉畦录副时的跳行脱落，导致其后各本相沿脱落是无从察知的。

我十分庆幸王鹏家藏抄本的深藏复出，庆幸船山此著原本祖本的今日再现。遂与杨坚同志商定，以此抄本为底本与原有各本进行对校，竟发现各本相沿之脱文有40余处、240余字，讹误20余处、20余字。而用此本订正补出草堂本后各本因避清讳而出现的白框空格和糊墨之字就更难计其数了。如《可状篇》（别本为《乾称篇下》）“此人伦所以不察”一节，船山的注文云：“王氏之学，一传而为王畿，再传而为李贽，无忌惮之教立，而廉耻丧，盗贼兴，中国沦没……故君父可以不恤，发肤可以不顾，陆子静出而蒙古兴，其流祸一也。”其中的“中国沦没”被删，“发肤”改为“名义”，“蒙古兴”改为“宋亡”，就都靠这个祖本来补正。此本保留船山著作原貌的情况，竟被北京大学主编《儒藏》的汤一介先生慧眼识珠，于是派人来联系，其《张子正蒙注》一书遂采用了岳麓本，而不用中华书局本。这是我整理古籍中一次十分难得的幸遇。

2001 年 2 月，我辞去社长职务，主动请缨担负《魏源全集》20 册的整理编校任务，被任命为编委会执行主编。为搜寻魏源散佚的诗文联语等著作，并补充全书的插图，我曾沿着魏源当年的宦迹，走访了南京、扬州、高邮、兴化、东台等地，并到了上海的母校复旦大学。在复旦图书馆古籍部，见藏有魏源于道光二十年（1840）所刊的《诗古微》，借出一阅，竟意外地发现，此刊本 8 册的首册函封内藏有一纸魏源的亲笔手书。纸为土红色，古墨生香，字体苍劲，为魏源的颜体手书，读来竟是他总结一生研究《诗经》之论著《诗古微》的识语。识语先概说明清以来治《诗》名家的观点，再述自己的观点，然后感叹曰：“天诱愚衷，沉潜研究，十载于兹，窔奥幽深，靡不洞启，愤悱洞辟，若翼若相，神其来告，圣人复起，不易吾言。凡得书二十卷，窃冀将来庶与《毛诗》并学宫。文不丧天，道岂坠地？敢云后觉，以俟达人。”充分表达了自己潜心研究《诗经》，“以《三百篇》当谏书”的艰辛和自信。识语末尾落款为：“大清二百载经学昌明之咸丰五年，臣魏源恭识。”咸丰五年（1855），魏源 62 岁，说明此识语是他去世前两年所作的。落款的“魏源”二字，不意竟被全书装帧设计师郭天民同志看中，作了《魏源全集》20 册的封面用字，更显现其历史厚重感。

《诗古微》8 册，均盖有“独山莫氏藏书”红印，可见是晚清金石学家、书法家贵州独山县人莫友芝的藏书，最后由复旦大学收藏。书中有龚自珍之子龚橙的批校手迹，我们用来为《魏源全集》订正了20余处，亦显珍贵。尤令人庆幸的是，那张夹在首册封页后的珍贵识语纸条，至今一个半世纪竟保存完好，也无人窃取，而让我在整理《魏源全集》时得以录载而公之于世，这岂不是天不坠斯文，而使魏源含笑九泉的奇事、幸事！

经过四年多时间的黾勉从事、全身心投入，我终在2004年底高质量地完成了《魏源全集》的编校任务，随后即转而参与修订《船山全书》。2005年我退休之前的8月又转而参加《湖湘文库》的整体框架设计和书目拟订工作，于2006年8月被任命为文库编委会副主任，正式投入了长达11年时间的《湖湘文库》编纂和审读修订工作。

在《湖湘文库》由纸质版转入电子版之前的审读工作中，我发现《船山全书》第14册中的《楚辞通释》所录《王扬绪、王扬绩跋》竟有148字的白框缺文，原因是杨坚同志当年编校《楚辞通释》时所依据的是湖南图书馆所藏湘西草堂本残本，而没有借阅到湖南省社会科学院所藏的该书完整全本，且断定省社科院无此藏本。但据刘志盛、刘萍所著《王船山著作丛考》，明确说了湘西草堂本《楚辞通释》“湖南图书馆、湖南省社科院图书馆各藏一部”。为澄清杨、刘二人说法矛盾的疑案，更为修订《楚辞通释》，我于2017年5月某日来到省社科院图书馆，由馆长与古籍部主任两人共同打开善本书珍藏室的门，帮我取出了康熙四十八年（1709）于衡阳湘西草堂刻印的《楚辞通释》两册。我惊喜得双手都有点颤抖，小心翼翼地打开后，发现其内容依次有巡衡永郴桂道张仕可的《序》，湖广学政潘宗洛署“康熙乙酉八月既望”所作的《船山先生传》，然后是《史记・屈原列传》，王夫之自撰的《序例》和《九昭》。其他如参订者丁光祺、储大文、王扬绪、王扬绩等人的《附识》《跋》等，均完好齐全，不缺一字。其中尤以所载潘宗洛《船山先生传》弥足珍贵，因为这是湖南图书馆藏本与其他各处《楚辞通释》藏本均已缺失的。当年杨坚同志据金陵本和家谱找到了此传，载入《船山全书》第16册《传记之部》，为其末尾误作“己酉”年（实应是省社科院本所署之“乙酉”，即康熙四十四年）还作了一番辩证。

借孤本善本书实不容易，容不得我多加欣赏，遂迅即先将王氏兄弟之《跋》全文抄下，以备修订时填上那148字空格缺文。而边抄边觉得缺文之珍贵，如“屈子所著二十五篇，宋、景互相扬擢，益之以贾长沙、江醴陵，而东方、杨、刘、严夫子、王叔师所著，俱汰之而不录”，不正揭示了船山注《楚辞》在选篇上的特色吗？船山全录王逸《楚辞章句》和朱熹《楚辞集注》所收“屈子所著二十五篇”以及宋玉、景差的作品，而对汉人的作品则只收贾谊的《惜誓》和淮南小山的《招隐士》，其他如东方朔、杨雄、刘向、严忌、王逸（字叔师）的作品，“俱汰之而不录”。较之其他注《楚辞》者的不同，船山增选了南朝梁文学家江淹的《山中楚辞》四篇和《爱远山》，即《跋》所谓“益之以贾长沙、江醴陵”之“江醴陵”（因江淹官至金紫光禄大夫，封醴陵伯）。船山之所以如此选篇，就是要“绍楚辞之余韵”“广三楚之遗风”，发扬屈原百折不挠、坚贞不渝的爱国精神，突出楚人遗风，而对汉人那些无病呻吟之作则淘汰。

船山这部《楚辞通释》的另一特色，是十四卷之后另有“卷末”《九昭》，即船山自撰的九篇辞作。他在序言中说：“有明王夫之，生于屈子之乡，而遭闵戢志，有过于屈者……聊为《九昭》，以旌三间之志。”公开表明他有以屈原自况的心情，而且点明自己作《九昭》的主旨是借屈原来写自己，篇篇都有隐喻，用以寄托自己的身世之哀、亡国之痛。也正因为船山在《九昭》中处处称屈子和楚国，所以其政治立场竟连潘宗洛、张仕可等清廷官员也被他瞒过了，抑或是他们有意装糊涂而为之作传写序。但后来由于清朝文网的逐渐严密，船山之子王敔不得不虑患思危，而尽量减少直接暴露船山言志作品的《九昭》和《序例》等，故至康熙五十五年（1716）王敔60岁时，在其合刊重印本《王船山先生书集五种》的《楚辞通释》中，就被抽去了《序例》《九昭》及张仕可《序》、潘宗洛《船山先生传》等篇。这就更见此省社科院藏本的珍贵。令人有些遗憾的是，像《九昭》这样一个最能体现船山心志又与他苦心选篇一样寄意屈原的篇章，竟在岳麓书社本《楚辞通释》中被肢解出去了，而被改编到《船山全书》的第15册《薑斋文集》之中。这或许与当时主持编校工作的同志未发现省社科院有一部保存完好的湘西草堂初刻本《楚辞通释》有关。如此看来，我的这次借阅，就更是值得抒写的幸遇。

《湖湘文库》编辑出版工作留痕

曾主陶

《湖湘文库》（以下简称《文库》）是湖南有史以来最大的一部丛书，学界称之为“湖南的《四库全书》”。《文库》701 册，分为甲编和乙编，另有《书目提要》1 册。甲编 442 册，为湖南历代的文献整理成果；乙编 259 册，为湖湘文化研究著作。《文库》总字数近 4 亿，编辑出版工作历时 11 年。我有幸参与了《文库》编辑出版工作的全过程，并且忝列编辑出版委员会副主任之末，经历了编辑出版工作的辛劳，感受了因工作而收获的快乐，分享了硕果结成后的荣耀。

一、千载难逢　怀“才”有遇

2004 年初，文选德同志在湖南省新闻出版局 2003 年度总结大会上，提出了编纂《文库》的设想。文选德同志德高望重，他此时此刻提出如此宏伟设想，显然是经过了周密思考，并广泛达成共识的，我听了很感振奋。我觉得《文库》的编纂，必定是湖南出版史上的盛举，是真正的名山事业。当时我的职位是湖南出版投资控股集团编辑出版部部长，在我的职业生涯中，能遇上这样的盛事，真是“千载难逢今却逢”。除了工作上的职责外，我另有一种欣喜，那就是《文库》的编纂，必定会用到我的专业特长。在此之前，我曾有十年古籍整理的经历，曾经参加了《湖南省志·著述志》“近现代卷”的编纂，担任该卷的副主编，对1840年至1949年间湖湘学者的著作有较为系统的研究，可以说“成竹在胸”。1992年到出版系统后，一直在编辑出版管理岗位上工作，对湖南历年出版的湖湘文化研究著作，也大体上心中有数。基于多年的专业修养和工作阅历，我感觉到参与《文库》的编纂，必定责无旁贷，一种养兵千日用在一朝的豪迈，荡漾于胸臆间。人生斯世，学有所用，就是赏心乐事。

2004年春，《文库》的筹备工作正式启动。筹备工作由张光华副局长牵头，局图书处为主，集团编辑出版部参与。筹备工作的目标是要形成《文库》的编辑出版方案，形成向省委、省政府的立项报告。兹事体大，筹备期间进行了大量的调研，召开了多次论证会。2004年底，编辑出版方案和立项报告形成，我以积极参与的角色，为这两个文件的形成贡献过一得之愚。

二、任重道远　敢于担当

2005年底，我出任岳麓书社社长。到任仅四个月，有了利好消息。新任省委书记张春贤同志亲自过问《文库》，于4月6日亲自打电话给财政厅厅长李友志，要求尽快落实编纂《文库》的经费。《文库》编辑出版的筹备工作，立马紧锣密鼓。作为社长，我深知《文库》对岳麓书社来说是重大利好，将会给长期经营湖南地方古籍的这么一家专业社，注入新的动能。然而在2006年春，湖南出版投资控股集团正大力推动出版社转制的改革，实行全员竞聘上岗，出版社由事业单位转制为企业，编辑由国家干部转变为企业员工，在此背景下，岳麓书社有好多位资深编辑选择内部退养。《文库》的大订单来了，编辑力量一时成为棘手难题。

2006年8月，《文库》编辑出版工作正式启动。在编辑出版工作会议上，我代表岳麓书社作了“以感恩负责的精神出版好《湖湘文库》”的发言，这是一个颇为高调的表态。我需要有这样的姿态，因为责任书上明确了岳麓书社承担《文库》甲编 318 册、乙编 38 册的编辑出版任务。虽然《文库》的编辑出版任务由全省 13 家出版社分担，但 50.85% 的任务落在了岳麓书社。

重任在肩，责无旁贷。岳麓书社立马成立了《文库》项目部，班子成员一致推举马美著同志为项目部负责人。同时，在《长沙晚报》等媒体发布消息，公开招聘编辑、校对。此外还通过领导和学界朋友的推荐，以及内部调整等形式，于当年 10 月为《文库》项目部调剂了八位助理编辑人员。其他编辑室，包括唐浩明先生在内，都分担部分《文库》的编辑任务。在 2007 年，通过湖南出版投资控股集团的“校园招聘”，又从北师大、南开大学、武汉大学、湖南师大等国家重点大学一次招聘五名毕业研究生，其中两名调配到《文库》项目部。

《文库》项目部由王德亚同志分管，对其中的一些大项目和重要工作的组织，我是要亲自过问的，如对《曾国藩全集》的修订、《陶澍全集》以及《郭嵩焘全集》主编的确定。我记得为了请王兴国先生担任《郭嵩焘全集》的主编，我亲自登门，背着一部沉甸甸的《魏源全集》，登上四楼。王兴国先生是我在社科院的老同事，于我是前辈。当时王先生另有项目无法分身，向我推荐了梁小进先生。我又背着一部《魏源全集》去长沙市政协文史委。那时节，我虽是一社之长，请专家担纲，就得谦恭一点，也是出于对《文库》编纂工作的真诚吧。

三、协调中南　攻坚克难

2008 年 8 月，我担任中南出版传媒集团《文库》协调办公室主任，并继续兼任《文库》编委会副主任。“协调办公室主任”这一职位，在许多人看来是一虚职，是安慰性的岗位，我却将此职位看得实而又实，当作一个“要缺”。许多朋友为我没有继续担任社长而不堪其忧，我却喜滋滋的，“不改其乐”。

从 2008 年 8 月开始，到《文库》工作结束，我在《文库》协调办公室和《文库》编辑出版委员会两个岗位上上班，做的实际上是同一件事情，每天上班必定有三个单元，上午、下午和晚上。那几年里，我在《文库》编辑出版委员会，在文选德主任的领导下，景从张光华副主任，为攻克编辑出版上一个又一个难题贡献绵薄，收获了许多快乐。

岳麓书社承担的《郭嵩焘全集》，在《文库》六大全集中工作基础是最薄弱的，主要是文献分散，许多手稿被各收藏单位视为宝贝。《文库》编辑出版委员会责成我重点联系这个项目。很短的时间内，在各方面的大力支持下，郭嵩焘著作的许多原件复制件或电子文件，从大英博物馆、云南省图书馆、中国第一历史档案馆、湖南师范大学图书馆等收藏单位找来。中国第一历史档案馆收藏的六篇奏折，作了加密处理，行草文字，加密后马赛克化，辨认十分困难。为帮助岳麓书社解决这一难题，我几乎费了九牛二虎之力，校样改得“山河一片红”。

《文库》编辑出版委员会要求每本书都要有“前言”，说明该书的内容、学术价值以及对湖湘文化的贡献，有些影印之书没有人愿意撰写“前言”，有的“前言”不符合要求。不解决“前言”的问题，严重影响进度。有的书实在找不到合适的人撰写，《文库》编辑出版委员会的专家们就得亲自动笔。我撰写的“前言”有《湖南会馆概述》《湖南会馆史料九种·前言》《王之春集·前言》《湖湘历代文化世家·湘乡曾氏卷·前言》《同治沅州府志·前言》《光绪新宁县志·前言》，这些“前言”，都是在对该书认真研究后的成果，一般的篇幅在 3000 字以上，篇幅长的达 3 万字。

调整、增补和论证选题，是《文库》编辑出版委员会的一项重要工作，因为《文库》总的序号已经确定，个别选题在实施中遇到困难，需要调整，但调整的难度很大。如甲编 6 号《贾谊集》，篇幅太少，与其他书合册又不相宜。我建议以明正德本何孟春订注的《贾太傅新书》相匹配，算是解决了一个难题；又如甲编 247 号，原拟收《樊锥集》和《毕永年集》，两书合册仍嫌篇幅较少，讨论中我建议增加《秦力山集》；又如乙编 153 号，在选题调整后，空出一个号子，我在广泛调研后，建议增补《清代湖南货币》。为此，我撰写了一系列的选题审读报告：

《陶澍全集》立项报告；

湖南近现代翻译家及其译作与著作；

《湖南会馆史料九种》审读；

黄尊三《三十年日记》审读；

《秦力山集》审读；

《清代湖南货币》审读；

正德版何孟春订注《贾太傅新书》版本情况报告……

从《文库》协调办公室的工作角度看，我的主要工作是配合《文库》编辑出版委员会，并根据下达的年度出版计划，催趱中南各有关出版社的进度，检查各社的书稿质量，协调集团在印刷、物资供应、数字文件保存、电子版的出版等方面的工作；从《文库》编辑出版委员会的角度看，大量的工作是审读书稿，签发审稿意见。由我签发的书稿有 20 多册。

四、《陶澍全集》　主持编辑

《陶澍全集》是《文库》规划的六大全集之一，从规划项目、聘请主编、收集资料到担当责任编辑，我全程介入，算是我从岳麓书社带到《文库》编委会的“私活”。

陶澍是鸦片战争前夕中国经世学派在政治领域的重要代表，是近代湖南人才群体的领航人，正如史家所言，“不有陶澍之提倡，则湖南之人才不能蔚起”。因此，编纂《陶澍全集》对湖湘文化的研究具有重大意义。

编纂《陶澍全集》，文献收集有难度。陶澍逝世在鸦片战争爆发的前夕，他的许多书信没有得到及时收集，散佚十分严重。我打听到上海图书馆收藏有陶澍的部分书信，于是想方设法，利用种种关系，终于拿到了陶澍 17 封书信的电子文件。

湖南省图书馆藏有陶澍奏疏抄件 1 册，自拟题名为《安徽江苏巡抚奏疏》，包括题稿 7 篇，杂件 58 篇，刘志盛先生曾据此撰文。刘志盛先生曾经担任湖南省图书馆古籍部主任，我在读大学时，他曾给我们讲授了“古籍版本学”的课程，因此有师生之谊。我按图索骥到湖南省图书馆去查，却始终找不到。此时刘先生已退休多年，北窗高卧。我不得已，经馆方同意，请刘先生出马。大热天气，刘先生穿个背心短裤，摇着一把大蒲扇，亲自入库查找。刘先生当时操着口音很重的湘乡话对我说：“小曾啊，要不是你的事，我就懒得来找嘀。”后来，湖南省图书馆的朋友告诉我：“‘刘姥姥’收藏的东西，只有他自己找得到。”

陶澍与林则徐合作共事多年，当时政坛上称他们“志同道合，相得无间”，二人共同签发的奏折，在《林则徐全集》中完整地保留着。《林则徐全集》的主编正好是来新夏先生。我找到来先生，请他给予援手。来先生很慷慨，说凡《林则徐全集》中可入《陶澍全集》者，尽管拿去。我从《林则徐全集》中，辑出陶澍的重要奏折 10 篇。来先生还将多年珍藏、由王焕典编纂的《陶文毅公年谱》赠送给我。这部陶澍《年谱》，后来也收入到《文库》的《湖南人物年谱》。

陶澍是位陶渊明诗歌研究专家，他有一部著作叫《靖节先生集注》。《靖节先生集注》一直没有找到好的版本。在湖南，当时只有一个台湾的铅排本；在中国国家图书馆，虽有刻本，但只能复制三分之一。我在上海，找到了陶澍女婿周诒朴刊刻的《靖节先生集注》原刻本，这是最早最好的版本。我又通过一些关系，终于复制到该书的全部，《陶澍全集》的编辑工作才得顺利进行。

我亲自承担《陶澍全集》1—5 册的责任编辑，一是岳麓书社当时编辑力量十分紧张，二是《陶澍全集》的编辑我不能置之度外，正好借此通读全书。我既担任该书编委会主任，又担任该书的责任编辑，如此具体而微，业界恐怕少有其例。

五、撰写提要　学有所用

如果将《文库》比为《四库全书》，《湖湘文库书目提要》就好比《四库全书总目提要》。《湖湘文库书目提要》选题之设立，旨在便于读者了解《文库》各书的内容，也借此了解湖湘文化的源流。《文库》编辑出版委员会将撰写提要的任务分解到熊治祁、夏剑钦、鄢琨、王杰成和我身上，由张光华副主任审稿，由我协助她统稿合成。

我所分担的撰稿任务是甲编 1 号至 170 号。这是 2013 年的任务，从 3 月至 8 月 180 天内，每天必须阅读一本 50 万字左右的《文库》图书，然后再写出一篇 500~1000 字的提要。大家的任务都是如此，比我年长的熊治祁和夏剑钦两位先生比我的任务更重。那时，我们几乎每天加班，周末也没休息，终于在 2013 年 8 月 24 日，将《湖湘文库书目提要》如期出版。

撰写书目提要，是我大学本科的专业课所必修。当时有一门“古典目录学”的专业课程，曾经练习撰写提要，学习的蓝本就是《四库全书总目提要》。大学毕业后，我专门研读过《四库全书总目提要》。1985 年还曾担任过湖南省图书馆学会目录学专业委员会主任，对这门学问历来饶有兴趣。1990 年，我还师从于南开大学著名图书馆家来新夏先生，算是来老的一位记名弟子，得到过他的指点。想不到在《文库》编纂过程中，将荒废多年的一点看家本领，也派上了用场。工作虽然辛苦，但有一种“天生我材必有用”的满足感。

六、寻找文献　拾遗补阙

在《文库》编辑出版委员会中，我是年近花甲的“年轻人”，到图书馆查找资料的事，一般都会派我去，我也乐意为之。在我的钱包里，有上海图书馆、湖南省图书馆、湖北省图书馆、四川省图书馆、江西省图书馆、首都图书馆、中山大学图书馆（临时）等图书馆的读者证。当下，拥有七八张银行卡的人不足为奇，同时拥有全国七八家大图书馆读者证的，恐怕罕有其人。

在图书馆，真还润了“太子读书”的味，当下图书馆古籍部或地方文献部，读者之少可谓门可罗雀。常常是我一个读者，三四个工作人员陪着。待遇之高，堪比历朝太子。

通过图书馆，我收集到了正德版何孟春《贾太傅新书》，道光二十年（1840）周诒朴刻《靖节先生集注》，“陶澍书信原件”17 封，《（光绪）新宁县志》完善版本，“郭嵩焘经部文献手稿”，刘璈《巡台退思录》以及湖南会馆系列史料。此外，还系统涉猎了陶澍相关文献和湖南的家谱文献。这些文献，绝大多数为《文库》所利用。

为研究“湖南会馆”，我还出过三趟“神差”。第一次是从安庆到南京，从南京到淮安，沿长江而下，溯运河而上，这是古代的一条商路，沿途都有湖南会馆。第二次是横穿成都平原，这里有大量的湖南移民会馆。第三次是在北京，宣南一带有大量的湖南文人会馆。三次“神差”之后，我才完成了《湖南会馆概述》。

在《文库》工作近十年，出差十数次，没有住过星级宾馆，没有去过旅游景点，总是带着任务来，直奔主题，完成任务就走，不敢耽误。因为，《文库》编辑出版委员会有大量的工作，几位老领导常常发扬着“黄昏赶路”的精神，加班加点，都只差焚膏继晷了。

《文库》工作的时光，紧张而快乐，辛苦而光荣。《文库》出版后，得到广泛赞许和普遍认可，其中《陶澍全集》还荣获全国古籍整理一等奖。虽然叨陪末座，却能分享殊荣，值得。

咬定青山不放松
——岳麓书社致力传承中华优秀传统文化纪实

岳麓仁

岳麓书社是一家专业的古籍出版社，成立 40 年以来，一直致力于传承和弘扬中华优秀传统文化，所出版的《走向世界丛书》《船山全书》等古籍图书和“古典名著普及文库”“国学经典文库”等古典名著普及读物，深受广大读者的欢迎。岳麓书社为弘扬优秀民族文化和推广普及优秀传统典籍所做的艰苦努力，得到了社会各界的认同，1998 年被评为“全国优秀出版社”，2010 年被评为国家一级出版社，并被授予“全国百佳图书出版单位”荣誉称号。

一、致力传承优秀传统文化

1981 年 9 月 17 日，中共中央发出《关于整理我国古籍的指示》。乘着这股春风，湖南于 1982 年成立了岳麓书社，主要负责整理出版湖南地方古籍、古典名著普及读物和研究古籍的学术著作。随后湖南省成立古籍整理出版规划领导小组，确定湖南省古籍整理出版重点项目。建社以来，岳麓书社一直秉持“刊行古籍旧书，整理地方文献，出版学术著作，致力文化积累”的出版方针，出版了大量的地方文献和古典名著普及读物。在这几十年的发展历程中，既有古籍图书出版欣欣向荣、蓬勃发展的大好形势，也曾遭遇古籍图书一度遇冷的局面，但岳麓书社不忘初心，始终坚持以弘扬优秀传统文化为己任。

1. 重视古籍文献的整理

湖南自明代以来，其文化逐渐具有全国性的影响，尤其是晚清以降，对我国政治经济和文化的发展起着举足轻重的作用。岳麓书社甫一成立，就制订了整理优秀乡邦文献的规划。首先规划出版的地方文献是《船山全书》，也就是明末清初著名学者王夫之的全集。《船山全书》的编纂，由年届花甲的杨坚编审总其事，他“发愤忘食，乐以忘忧”，历十余年终得全书的出版。在具体的编审过程中，他“每书亦必取底本及参校各本，就初校、复审人员手眼之所历，一字一句而亲历一遍，拾遗补阙，务求妥帖而后定稿”，“各册付印之后，予皆自任校对，或至三四五遍，不惮其烦，以船山书之难读，不愿其中有错字也”。正因为杨坚以工匠精神编纂《船山全书》，该书出版后得到学者们的极高赞誉，张岱年认为“《船山全书》校订精审，十分钦佩！船山著作从此得一善本，实为学术史上一件大事。此亦出版界之佳话也”；任继愈评价“这次的《全集》，可以说是最完备的版本。岳麓版《船山全书》可以传世”。岳麓书社后来陆续编辑出版了《曾国藩全集》《左宗棠全集》《魏源全集》，曾国藩、左宗棠、魏源都是近代史上影响中国历史进程的重要人物，这些全集出版后学术价值和史料价值不言而喻。而每一种全集都历时十多年才完成，岳麓书社的编辑们为之付出了大量的心血。2006 年，湖南启动“湖湘文库”出版工程，岳麓书社承担文献整理部分的出版任务，出版了《陶澍全集》《郭嵩焘全集》《湖南文征》《沅湘耆旧集》等三百多种湖湘文献。这些文献的整理出版，对传承优秀传统文化、研究历史人物，都有非常重要的意义。

岳麓书社作为一家地方古籍出版社，整理古籍自然立足于湖南，但又发扬湖湘文化“敢为人先”的精神，整理古籍的范围并不局限于湖南。岳麓书社在 20 世纪 80 年代出版的《走向世界丛书》，由岳麓书社第一任总编辑钟叔河主编，他广泛搜集清朝末年前人的出国记述，包括游记、日记、考察报告等，将其汇编成丛书，记录中国人认识世界的早期足印。当时正处改革开放之初，该书的内容与时代氛围契合，出版后很快在社会上产生了巨大的影响。钱锺书在《走向世界丛书》的序言中谈道："叔河同志正确地识别了这部分史料的重要，唤起了读者的注意，而且采访发掘，找了有价值而久被淹没的著作，辑成《走向世界丛书》，给研究者以便利，这是很大的劳绩。"时任国务院古籍整理出版规划领导小组组长李一氓说："这是近年来所见到的整理古文献中最富有思想性、科学性和创造性的一套丛书。"该书原计划出版一百种，但因为多种原因，当时只出版了三十多种。2012 年，岳麓书社重新启动该套丛书的出版，历时五年全部出完，终使百种图书合为完璧。岳麓书社还出版了《大中华文库》《中华大典·艺术典》《敦煌愿文集》《乾隆朝满文寄信档译编》《二十五史三编》《清通鉴》《八股文话》等一大批古籍整理精品图书。

2. 积极开发古典名著普及读物

岳麓书社在建社之初就开始积极开发古典名著普及读物，经过多年的辛勤耕耘，岳麓版的古典名著普及读物深受广大读者的喜爱。岳麓版的古典名著普及读物有以下几个特点。

一是有完整的体系。岳麓书社先后出版的系列有"古典名著普及文库""古典名著今译读本""国学经典文库""古典名著标准读本""传统蒙学丛书"等。近年来，根据图书市场对古典名著普及读物的新需求，调整原有的产品线，确立了"古典名著全本注译文库"（70 种）、"古典名著普及文库"（100 种）、"中国古典小说普及文库"（40 种）、"中华传统文化经典名著数字出版工程"等系列，满足不同层次的读者学习中华优秀传统文化的需要。

二是立足普及。古典名著是古代汉语作品，对一般读者来说艰深难懂，需要做好普及工作。岳麓书社对此采取以下两种做法，其一是请著名学者撰写前言和导读，让读者通过前言和导读对该书有基本的了解，引发阅读兴趣。周谷城、聂绀弩、舒芜、何满子、李希凡、杨伯峻等知名学者都曾为岳麓版古典名著撰写前言。其二是根据不同层次读者的需求，提供不同形态的普及读物，有简化字的白文本，有节选注译的读本，有全文全注全译的读本，有名家演播的读本等。

三是注重编校工作。岳麓书社始终把图书的编校质量作为重中之重。对于底本的选择也有严格的要求，如岳麓版的《红楼梦》，是以乾隆抄本百廿回《红楼梦稿》为底本，同时参考“程甲本”“程乙本”“己卯本”“庚辰本”以及列宁格勒藏抄本精心点校而成。

四是图书价格低廉。岳麓书社在做古典名著普及读物之初，就提出让读者“以最少的钱买最好的书”的口号，让更多的读者买得起古典名著、有条件阅读古典名著，这也正是让古典名著普及的要义。近十年来，岳麓书社四大古典名著产品年平均发行 20 万套以上，单品种累计销售近 3000 万册，其中销售量最大的两个品种——四大名著豪华版、新版，年销量达到 15 万套以上。

3. 开发《中华优秀传统文化》读本

40 年来，岳麓书社专注于专业出版。近年来，党中央非常重视传统文化的传承，2017 年中共中央办公厅、国务院办公厅印发了《关于实施中华优秀传统文化传承发展工程的意见》，明确提出“把中华优秀传统文化全方位融入思想道德教育、文化知识教育、艺术体育教育、社会实践教育各环节，贯穿于启蒙教育、基础教育、职业教育、高等教育、继续教育各领域”。根据中央的精神，岳麓书社组织编写了一套中小学生《中华优秀传统文化》读本。该读本由著名学者李学勤先生担任总主编，遵循传统文化自有逻辑和儿童与青少年身心发展规律，以循序渐进的方式呈现中华优秀传统文化，既有经典选文，又有文化知识，包含汉字之美、天文地理、历史故事、经典介绍等，力求多层面、多维度普及中华优秀传统文化。

二、始终坚持创新发展

习近平总书记指出："要坚持古为今用、以古鉴今，坚持有鉴别的对待、有扬弃的继承，而不能搞厚古薄今、以古非今，努力实现传统文化的创造性转化、创新性发展，使之与现实文化相融相通，共同服务以文化人的时代任务。"如何让经典古籍为当代读者所接受，这是岳麓书社一直思考的问题。而与时俱进，充分考虑当代读者的阅读习惯和审美需要，在不断创新中推动传统文化的传承，是岳麓书社历来努力追求的目标。

岳麓书社在建社之初就大胆创新，大量出版"简体、横排、标点分段"的白文本古典名著，"古典名著普及文库"就是采取这种形式出版的，这对原有的繁体竖排版是个很大的突破，"文库"出版后受到广大读者的热烈欢迎。正如钟叔河在谈《走向世界丛书》的成功时所指出的，"正是因为我们能突破传统的方法，不搞烦琐的注释疏证，而是下功夫广搜博采，分类重编，详编索引，撰写导言，'化腐朽为神奇'，将封建文化的积淀解析为对现代化进程有参考和反思价值的资料"（钟叔河《努力打造出自己的点子和音色》）。此后，岳麓书社根据读者阅读的需要，先后出版了白话本、注释本、全注全译本的古典名著，让越来越多的读者能够读得懂我国的传统文化经典。

在世纪之交，由于多种原因，古籍出版工作一度处于停滞的状态，让很多古籍出版从业者感到迷惘。丁双平当时出任岳麓书社社长，他上任后提出"新瓶装旧酒"的产品理念，推动了岳麓版古典名著的改造。"新瓶装旧酒"，就是古典名著的出版不仅要以内容取胜，而且要有符合当代读者审美需要的表现形式。按照这样的指导思想，岳麓书社对原有图书产品线进行了系统改造，推出了一系列封面设计优美、版式设计美观大方的古典名著普及读物，很受读者欢迎。

进入21世纪以来，数字技术的飞速发展，对传统出版造成了很大的冲击。面对新的形势，岳麓书社开始探索传统出版与新媒体的融合。经过历时五年的精心打造，岳麓书社于2016年出版了“四大名著名家演播版”，这套书以岳麓书社畅销多年的经典版本为底本，设计了数字阅读、名家演播、专家讲解、读者互动等几大模块，为读者提供古典名著的立体化阅读产品和服务，实现了古典文学名著的数字化阅读特色——“读名著、讲名著、听名著、玩名著、谈名著”，促进读者对原著产生新的兴趣。这套书把传统的纸质图书，融合成为全新的数字化阅读图书，上市一年多就累计销售20多万套。

顺应时代的要求，岳麓书社积极开发数字图书产品，把所有整理的地方文献和其他古籍图书都用数字化形式储存，并与中华书局合作，纳入到中华书局古联公司开发的“中华经典古籍库”之中，让更多的科研机构、读者方便阅读和查阅岳麓书社出版的古籍图书。岳麓书社开发的《中华优秀传统文化》读本，也充分利用数字技术，增强该书的可读性。湖南卫视有一个品牌栏目，叫《中华文明之美》，在黄金时间演播中华传统文化故事。岳麓书社与湖南卫视合作，精选一些高质量的视频放在传统文化读本里，让孩子们在读这本书的时候，也能通过视频看到一些有趣的故事，从而更加喜爱优秀传统文化。

三、以工匠精神投入古籍图书出版工作

钟叔河曾说：“谋事在人，成事在天，天就是形势。形势既已大好，吾人自不容懈怠。”岳麓书社正是以不容懈怠的精神，推动了中华优秀传统文化的传承。这些谋事之人，有善于经营者，如钟叔河、丁双平、易言者等。

钟叔河，岳麓书社第一任总编辑，韬奋出版奖获奖者。他主编的《走向世界丛书》，获第一届中国图书奖。钟叔河主持岳麓书社的工作时，提出“用新的方法来整理古籍，用新的观点来选印旧书”，尽力保持岳麓书社出书的特色。他组织策划的“古典名著普及文库”“古典名著今译读本”“古典通俗小说”“明清小品选刊”等，极大地丰富了古籍读物图书市场。他倡导的岳麓书社走出版古典名著普及读物的思路，既是多年来岳麓书社的立社之本，也为弘扬优秀传统文化做出了重要的贡献。

丁双平出任社长时，正是古籍出版相对困难的时期，当时甚至有人认为古籍出版已经走到了尽头。丁双平却认为，古籍出版仍然大有可为，现代科技的发展为古籍出版提供了便利。为了应对困难的局面，丁双平提出，首先要拓宽选题范围，只要是优秀传统文化的内容，如小品文、杂论、游记和历史典故等，都可以作为出版内容；其次要在图书的版式、装帧和纸张上狠下功夫；要从本质上改变古籍图书的表现形式，呆板和陈旧不应该是古籍图书的固有面孔。在他的主导下，岳麓书社图书的表现形式大为改观，重新赢得了市场。

易言者是做营销出身的社长，对市场极为敏感。易言者认为，技术发展既冲击传统出版，也会给出版人带来新机遇。2012 年，他提出要从四大名著着手开发古典名著数字化工程。这一前瞻之举，当时也受到不少非议，在他的坚持和引导下，大家认可了这一新思路。岳麓书社“四大名著名家演播版”不仅作为图书出版，其音频内容也在喜马拉雅 FM 等多个平台播出。因为在数字出版领域取得的突出成绩，易言者获得“2016—2017 年度数字出版影响力人物”奖。

编辑是非常辛苦的工作，古籍编辑更需要有深厚的专业学养和一丝不苟的工匠精神。在岳麓书社谋事之人中，有一大批辛勤耕耘者，如杨坚、唐浩明等。

杨坚，享受国务院特殊津贴专家，韬奋出版奖获奖者。他主持编纂的《船山全书》，系全国古籍整理出版规划领导小组首届向全国推荐优秀古籍整理图书的九十一种之一，获第三届国家图书奖。杨坚慎思笃行，他编《船山全书》的时候，复印机还没普及，很多资料全靠手抄。为了一批资料，他有段时间每天早晨上班就到省社科院图书馆抄底本。他在 80 多岁高龄时，又主持了《船山全书》的再版修订工作。他将 1000 万字的《船山全书》全部重新审订一遍，字斟句酌，反复推敲，光修订的记录稿就有 20 多万字。老先生去世后，岳麓书社出版了一本《杨坚编辑文存》，记录了一个求真务实、敬业自律、淡泊名利、矢志不渝地献身于出版事业的出版人所做的艰苦工作。

唐浩明，岳麓书社首席编辑，获首届中国出版政府奖优秀人物奖、国家杰出专业技术人才等奖励。唐浩明一入社就全身心投入到《曾国藩全集》的整理工作，尽可能地广泛搜集曾氏著述资料，对其著作进行悉心整理。十多年后终于出齐 30 册 1500 万字的《曾国藩全集》。该书的出版，在海内外学界产生了很大的影响。后来岳麓书社出版《湖湘文库》时，又由唐浩明主持对《曾国藩全集》进行了修订，本着后出转精的原则，他对全书进行通读审订，使修订版的全集增至 31 册。唐浩明不仅编辑《曾国藩全集》，而且对曾氏进行深入研究，在此基础上创作了长篇历史小说《曾国藩》，在文学界享有盛誉，他因此还出任湖南省作家协会主席。唐浩明非常看重自己为传承文化所做的这些工作，他说："从文献整理到文学创作，再到文化解读，我分别充当了编辑、作家、学人三个角色。其实，这三个角色所担当的都只是一个责任，即以曾国藩这个历史人物作为切入点，来传承与弘扬中华民族的精粹。"

回顾岳麓书社这几十年来的历程，岳麓人以"咬定青山不放松"的艰苦卓绝精神，为传承和弘扬中华优秀传统文化默默耕耘。而优秀的传统文化，正是这股精神的源泉所在。

只问耕耘：岳麓版中学历史教材编辑工作摭实

李伏媛

出版与教育，都承担着传承文化、立德树人的文化使命和历史责任。岳麓书社成立于 1982 年，岳麓版中学历史教材则是在 1993 年《中国教育改革和发展纲要》提出教材规划“一纲多本”政策后开始编写，两者都诞生于改革开放的春风中。特别是岳麓版中学历史教材，初高中前后相续，覆盖六年的中学历史课程教学时间，既处于帮助孩子系好人生第一粒扣子的基础教育学段，又承上启下地衔接着中学与大学的人文教育课堂，正是 20 世纪 80 年代以来基础教育改革大潮中湖南出版的成果之一。

岳麓版中学历史教材的第一代产品是《九年义务教育三年制初级中学历史课本（试用）》，1997 年开始在省内投入使用。随着 2001 版初中课标的颁布，这套初中教材结束自己的过渡使命，于 2002 学年终止使用。早在 2001 版初中课标颁布前，时任社长丁双平和部门负责人易言者、张铁燕等就进行调研和讨论，认为“一纲多本”政策大有可为，中学历史教材即将迎来新一轮建设，提出重新组织作者队伍，加大投入参与课标版教材的开发，推动岳麓版教材走出湖南、走向全国，并从社会效益和市场效益两个层面反哺本版图书事业，进而提升岳麓出版的品牌效应、保障岳麓书社的中长期发展。此后的事实证明，这一布局思路是超前而且正确的，这一布局思路也契合了创业阶段的湖南出版集团的发展要求，湘版新教材出版方阵后来成为湖南出版集团壮大国有资产的重要依托。

根据国家课标版教材建设的整体规划，岳麓版中学历史教材也不断更新换代。进入 21 世纪后，《义务教育课程标准实验教科书·历史》和《普通高中课程标准实验教科书·历史》先后推出，“十八大”前后又开发出版了《义务教育教科书·历史》。也正是因为四套共二十七本中学历史教材的相继推出，岳麓书社成为全国五百七十多家出版社中，除人民教育出版社之外，唯一一家拥有全国通用版初高中整套历史教材的出版社。

课标版教材的开发主要分为申报立项和核查审定两个阶段。对于出版社而言，在付印发行之前，与这两个阶段相始终的，还有教材本体的编写修订、排版设计和试用调研等工作；在付印发行之后，持续进行的工作内容主要包括教材的推广培训、教参教辅的编写开发、市场反馈调研和维护等。高中教材全部列入“用书目录”是在 2005 年秋季，此时正逢初中实验教材大举进入外省实验区。也就是说，2005 年是教材室有史以来最为忙碌的一年，除了编写开发、培训推广、调研反馈等任务之外，为了确保教材教辅的课前供书，征订、印刷、供书等每个环节都需要编辑室关注对接。而当时教材室人手严重不足，这一年我从北师大毕业后前来报到时教材室编辑总共才四人。此前，我只参与了高中教材教参的编写工作，对教材付印发行前后的出版工作流程一知半解。参加工作后，一切从头学起，我紧紧跟在同事身后，迅速投入到虽然纷乱忙碌但是和谐融洽的新环境中。

教材室第一任室领导是张铁燕。张老师毕业于湖南师范大学中文系，20 世纪 80 年代从湘潭师院（湖南科技大学前身）调任岳麓书社，1996 年担纲建立专职专责的教材编辑室。张老师工作起来干脆利落，又深具人格魅力，无论作者名望年龄，她在工作内外都真诚以待。正是在张老师手上，岳麓版教材形成了有史以来阵容最为强大的作者队伍，号称中学历史教材编写的“国家队”。这支队伍中，既有来自著名高等院校和科研机构、关心中学历史教学的知名教授，如北师大历史系刘宗绪、刘北成、杨宁一、郭小凌、赵世瑜等；也有来自教学教研一线、深谙中学历史教育实践需要并在全国教改舞台上崭露头角的中学名师，如李长贤、刘竹清、李晓风、宾华等。作者们或昵称张老师为“铁姐”，或做文字游戏如“铁燕，字战机”，表达了他们对张老师个人、对岳麓书社的肯定和信任。

从张老师开始，编辑室形成了“吃得苦、霸得蛮”的工作作风。在初中教材的撰写过程中，为了赶进度，张老师果断提议封闭集中、埋头苦干，编、校、写人员同室开会、逐课讨论。讨论会常常安营扎寨持续一两个月，饮食起居一切从简，作者通力协作，教材室同事们也全力支持，以至时过境迁大家还屡屡回忆起这段“美好时光”。在高中教材立项申报的关键时段，北京正好遇上“非典”肆虐，大小宾馆纷纷停业，交通出行受阻。这样一来，不但预先计划的编辑作者讨论会议无法举行，出差在京的张老师就连食宿都难以正常保证。好在通信仍旧畅通，张老师在北师大北门外的一个招待所里坚持工作不撤退，冒着传染病流行的风险，协调安排样章撰写和立项标书制作等工作，最终高质量地如期完成了教材立项申报工作。高中教材立项通过后，教材送审稿的定稿工作立即提上日程。张老师多方咨询送审流程，与总主编、分册主编就工作进度计划反复讨论、沟通，制定了各分册同时撰写修改、总主编统稿成形、粗具规模后集中碰头讨论的工作流程。编作集中碰头讨论会如期进行后，编辑室全体人员立即开始书稿的编校排版工作，并再次延续了春节假期只休大年初一的惯例。

教材室第二任主任皮朝霞与张老师搭档打拼，频繁拜访北京的主管部门和各大高校及研究机构，最终顺利完成初高中教材的立项申报和送审工作，创造了地方出版社成功开发全套初高中历史教材的纪录，这曾被业内谑称为“两个女人闹京城”。皮老师还是一个“多面能手”，既心细如发负责案头编辑工作，也应急上阵干过排版设计，还主动承担了岳麓版教材全部插图的搜集整理和制作工作。2004 年初，在身怀六甲的情况下，她坚持出差北京，在北太平庄的一家招待所里，从堆积如山的图册中精心挑选插图并进行扫描加工。她独立完成了高中教材上千幅插图的基础配置工作，为此花费八千余元所购的精美图册书籍也一并上缴入库，为社里节约了大量资金。因为放不下工作，她主动放弃本应五个多月的法定产假，生产后仅休息了一个月就回来上班。

2005 年秋季，初高中教材教辅接踵付印，好几本高中教材教辅还是初版初印。就书稿文本来说，光是教材就有十五册，配套的教参教辅用书逾二十册。编辑校对的时间之紧迫，排版印制的任务之繁重，形成了空前的压力。为了隔绝杂务纷扰、集中火力开展教材教辅工作，教材室自 2003 年起在社办公楼附近的华侨一村另租了一处居民用房独立办公。我前来这个临时办公场所报到时，首先映入眼帘的就是堆积如山的教材教辅书稿、汇报材料、印刷样书和参考用书，循着声音才找到隐身书堆后面埋头看稿的编辑刘亮和校对丁泽良，从而留下了记忆深刻的“报到”印象。这里还备有简单的炊具卧具供加班使用，负责排版的刘君和李娟一度带着电脑设备住在这里，一起奋战“尽快出活儿”。大家“宵衣旰食”之余，常常爆出生动切题的长沙俚语，令满室笑声一片。

教材付印供书、投入使用之后，出版社要进实验区组织培训工作。张老师、皮老师多年从事教材开发工作，深刻认识到教材培训具备“作育之效，磋切之益”的深远意义，力主教材作者和编辑下移培训工作重心，深入一线开展对话和交流。2004—2006 年，张老师每年出差行程逾万里，了解掌握了教材所在的全部省级实验区的基本情况。她们带领编辑室积极配合兄弟单位如新教材公司，每年都组织举办教学设计、教学实例及教研论文评比等活动，还大力支持使用区自行开展教学科研活动，如观摩课、教学课件、教学设计、教学论文的比赛活动，评选出的优秀作品有的被结集出版，有的被收入教材培训包中面向全国发行。上述工作超越了历史教材使用培训的范围，在某种程度上成了中学历史学科的培训行动。

教材建设是一个动态的过程，审查通过并不代表教材的完美无缺，还需要进行持续调研和相应修订。有的修订源于一线反馈意见如读者来信，而有的则来自教育部，后者必须送审复核。复核一般都会给出版社留出足够的时间，但例外情形不是没有。如 2005 年，高中教材第二批次送审的 4 册选修教材，初审意见发到责编手中是 3 月 15 日，要求落实初审意见并上缴复审样书的截止时间却是同月 28 日，也就是说十二天之内要完成修订意见的讨论和落实、排版修改、样书印制，还要留出送达北京的路程时间。为了提高效率，编辑室通过电话、邮件、传真与作者保持沟通，同时全员留宿办公室，甚至还直接蹲守到排版中心和印刷厂，最后又请示社领导批准，“打飞的”将复审样书如期送到了北京。修订工作有时候是我们主动进行的。如高中教材在投入使用后即时启动了追踪调研工作，于 2005 年、2007 年、2010 年在全国范围内进行三次大型修订意见征集活动，并根据修订意见主动进行了实事求是的教材修订工作。

二十多年来，岳麓版初中教材分布于安徽、广西、贵州、河南、黑龙江、湖北、湖南、江西、辽宁、内蒙古、山东、新疆、云南等十三个省（区），每年发行总册数约一千一百万册。高中教材每年发行总册数约六百万册，尤其是北京市对高中教材的选用，奠定了岳麓版教材在全国的地位。2007 年 6 月 19 日，中央电视台《新闻联播》报道了岳麓版教材立项开发与出版推广的成绩及事迹。岳麓版教材还吸引了港澳台地区和海外国家的关注。2010 年，初中教材的《中国历史》走出国门，被韩国祥明大学引进用于该校中国文化产业、中韩历史探访等课程；此后，它又走进了中国澳门、马来西亚的学校课堂。

基础教育是提高民族素质的奠基工程。放眼世界各国，基础教育教材无一不承担着国民教育的重任，意识形态属性较强的教材无一不需要集中体现国家意志。2017 年秋开始，由教育部组织编写的部编版初中历史教材应势而出，面向全国统一使用，紧接其后部编版高中历史教材也将统一投入使用。相应地，岳麓版等其他版别的初高中历史教材逐渐退出使用。回顾改革开放以来中学历史教材的成熟历程，岳麓版教材堪称最佳注脚，为基础教育课程改革奉献了绵薄之力。而作为曾经的责编之一，我与有荣焉。

练内功讲策略，推进中华传统文化图书的“走出去”

——湖南岳麓书社“走出去”十年实践与探索

蒋　浩

湖南岳麓书社作为一家地方古籍出版社，自1982年创立以来，一直以传承和弘扬传统文化为己任。十八大以来，更是努力践行文化自信，苦练内功，琢磨策略，努力向海外输出中华优秀传统文化。早在2004年，在湖南出版集团的大力指导和支持下，岳麓书社就在集团内率先成立了国际出版部，从事版权贸易工作。早期由于古籍输出难度较大和版权工作经验不足，工作开展相当艰难。然而，岂因阻碍轻言弃？坚毅克难力向前。近十年来，岳麓书社不断开拓创新，逢山开路，遇水搭桥，在“走出去”工作上积累了大量的经验，取得了不俗的成绩。

一、创新本版图书，寻求“走出去”的根本

专业古籍出版社与一般出版社相比，受限于两大先天障碍，“走出去”面临着更大的困难。一是历史的进化使得传统古代文化与现代文化存在较大差异，二是地理和文明的相隔使得中国文化与外国文化存在系统性兼容障碍。如何让海外读者愿意了解和接纳中国传统文化，让古籍图书“走出去”，需要打通这两层隔膜。而打通第一层隔膜的关键是本版图书的通俗化。

“巧媳妇难为无米之炊”，没有本版图书的创新发展，古籍类图书的“走出去”工作就成为无源之水，无本之木。近十年来，岳麓书社抓住关键，不断精心策划，以中国传统文化和乡土风情、历史教材为突破口，创新本版图书的通俗化路径，出版了大量内容优质、品质上乘的外向型图书，为“走出去”工作提供了有力支撑。

（一）讲述中国传统文化和乡土风情的图文精品

几千年来，中国传统文化已经深深地融入我们的血脉和各地的乡土风情之中。用现代延续的乡土风情承载中国传统文化，细雨润无声，可以有效跨越两种文化的系统性兼容障碍。

2010 年，岳麓书社出版了《沈从文的湘西世界》系列丛书。丛书精选沈从文作品《从文自传》《边城》《长河》《湘行散记》《湘行书简》等 14 种图书，配以著名摄影家卓雅精心挑选的 2000 余幅照片，清新浪漫的散文加上明丽多情的山水人物照片，给读者展开了一幅具有浓烈乡土风情和民族特色的湘世画卷。该书出版后，深受国内读者追捧。

2011 年，岳麓书社尝试打开东南亚市场，向马来西亚出版公司推荐了这套图书并成功引起了他们的兴趣。这套图书被该公司引进出版后，在马来西亚反响非常好。双方因此达成了更加深入的良好合作。2013 年，这套图书荣获国家新闻出版广电总局“第十二届输出版优秀图书”。

尝试成功后，2013 年，岳麓书社又出版了“余秋雨书系（中国国家地理图文版）”。该系列书集中收录了著名作家余秋雨关于中国传统文化和山水人文的经典散文之作，配以中国国家地理杂志社提供的大量精美照片，不啻为一场图文的饕餮盛宴。该书出版后，英国、美国、马来西亚的出版公司都表现了浓厚的兴趣，主动寻求合作引进。这次合作不仅使该系列书成功输出到多个国家，也实现了岳麓书社输出图书国外发行量的新突破。该系列书获 2017 年度国家输出版优秀图书奖。

近十年来，岳麓书社相继推出一系列具有中国特色的优秀传统文化图文精品，如《活着·寻找香格里拉》《佛家的传说》《中国的神仙》等。这些图书有效跨越了两种文化的系统性兼容障碍，实现了多国多语种的输出，不仅多次获得国家输出版图书奖，也受到被输入国广大读者的欢迎，发行量不断提升。

（二）历史教材的成品和版权输出

岳麓书社是全国除人民教育出版社外唯一一家拥有全国通用版整套中学历史教材的出版社，其中学历史教材以其权威、强大的编写专家团队和内容严谨、体例新颖的优秀品质得到全国中学师生的认可，极大地增进了中学师生对中国传统文化、历史沿革等的了解。教材类图书以其严肃性、客观性著称，而历史类教材对于希望了解真实中国历史的其他国家来说，也存在可以输出的可能。经过努力，韩国祥明大学将引进岳麓书社出版的《中国历史》作为中文系大学生学习中文的教材。2010 年 9 月，韩国祥明大学引进岳麓版历史教材签约仪式在中国国际展览中心举行。原国家新闻出版总署党组副书记、副署长蒋建国在签约仪式上高度评价：“这将为中韩两国文化交流写下精彩篇章。”这是我国出版史上的一个标志性事件：中国出版的教科书第一次走出国门。

以此为契机，岳麓书社积极联系海外华人机构，多次协商，反复沟通，成功将岳麓版初中历史教材推荐给了美国翰林文教、华盛顿科堡中文学校和巴塞罗那孔子学校等机构使用，大大提高了中国历史教材在海外的影响力。

然而，成品输出仅局限于海外能阅读中文的读者，影响力有限。向海外输出中华优秀传统文化，不应被语言障碍阻碍。为此岳麓书社开始进一步谋求版权的输出。2016—2019 年，岳麓版历史教材被翻译成多国语种，成功输出到马来西亚、孟加拉国、哈萨克斯坦等多个国家，成为“一带一路”沿线国家读者喜爱的中国历史读本。历史教材多语种多国度的输出，不仅对于海外正确了解中国历史，正确认识中国的过去和现在，具有非同凡响的意义，而且践行了文化自信。

随着本版图书的不断创新，以及“走出去”工作的不断开展和深耕细挖，原来一些输出有难度的图书，如“古典名著”和学术类图书也在海外生根开花，形成了岳麓书社传统文化图书的海外品牌影响力。2017—2020 年，学术精品书《原儒》《狐说》等输出韩国，《孔子如来》《权力向善——我读〈孙子兵法〉》等书输出越南，使“一带一路”沿线国家对中国的哲学观和价值观有了更深入的了解。2019 年，“古典名著普及文库”丛书三十二种输出至哈萨克斯坦，使哈萨克斯坦的民众进一步走近中国古代经典。2021 年，“中华谋略经典”丛书输出到新加坡、俄罗斯、埃及、阿尔巴尼亚、哈萨克斯坦、巴基斯坦、马来西亚、意大利、波黑等国，涉及十多个语种，成为传统文化类输出图书一道亮丽的风景线。

随着岳麓书社本版图书在国内影响力的提升，一些国外出版社和版代机构主动上门要求引进，“你若盛开，清风自来”。从费力推出去到用心引进来，事实证明，只有扎实做好本版图书的出版工作，才能把“走出去”的工作做大做强，才能讲好中国故事，让世界听到中国最优美的声音，让中国的优秀文化融入各国平常百姓家，提升中国文化软实力。

二、依托国家“走出去”战略扶持政策，突破“走出去”工作瓶颈

2003年，出版“走出去”成为全面建设我国新闻出版业五大战略之一，国家对中国图书典籍的输出越来越重视，先后推出了大量支持“走出去”工作的项目工程。这些工程有翻译资助类项目，如“中国图书对外推广计划”“中国文化著作翻译出版工程”和“经典中国国际出版工程”等；有渠道拓展类项目，如创建孔子学院，设立重点新闻出版企业海外发展扶持工程等；有综合类项目，如“丝路书香出版工程”“国际合作出版工程”等。这些项目的设立与开展，解决了“走出去”工作中最大的困难——资金问题，极大地推动了中国一大批优秀外译图书诞生。岳麓书社乘着东风，积极申报，紧抓渠道，多元输出。

（一）依托国家对外译图书的资助，解决翻译资金难题

古籍图书需要二次翻译，由文言文译成白话文，需要准确、简练、通俗易懂，再由白话文翻译成外文，故对译者要求很高，不但要有深厚的外语功底，也要具备相应的中国传统文化素养，才能译得传神，充分展现中国传统文化的独特魅力。因此，古籍图书的翻译难度极大，成本很高。作为一家地方小型古籍出版社，又很难对古籍图书的输出进行资金补贴，这就导致很多优秀的图书没办法“走出去”。

岳麓书社针对本版图书的特点，一直积极参加各类外译项目的申报工作，并重点申报“经典中国国际出版工程”和“丝路书香出版工程”，依托这两项工程项目，输出图书20余种（部分输出情况见下表），获得项目资助300余万元。

项目名称	品种	输出国家
经典中国国际出版工程	《边城》《从文自传》	马来西亚、美国
	《活着·寻找香格里拉》	英国、马来西亚
	《国际义人何凤山》	以色列
	《行者无疆》	美国、马来西亚
	《千年一叹》	美国、马来西亚
	《呼兰河传》	马来西亚
	《名城之光 》	美国
	《孙子兵法·孙膑兵法》	哈萨克斯坦共和国
丝路书香出版工程	《中国文脉》	英国、马来西亚
	《山河之书》	英国、马来西亚
	《湘行书简》	马来西亚
	《简明中国史读本》	马来西亚
	《颜氏家训》	哈萨克斯坦共和国
	《山海经》	俄罗斯
中国图书对外推广计划	《湘行散记》	马来西亚
	《长河》	马来西亚

（二）依托我国在海外成立的出版机构实现传统文化图书的增量输出

随着国际化业务的不断深入，出版渠道的拓展得到大力发展。据不完全统计，截至 2020 年 5 月底，累计有 500 多家我国出版企业相继在境外建立各种各样的分支机构，与海外主流机构合资合作，开展本土化运作，出版发行我国优秀的出版物。2017 年，中南出版传媒集团股份有限公司入股法兰克福书展集团公司旗下的英国 IPR License 公司，2018 年湖南人民出版社成立越南分社，其他出版集团和出版社包括民营公司都以多种形式在国外成立合资或者独资的出版机构。搭好台子好唱戏，有了自己的出版平台，就能更方便在国外唱好唱响中华优秀传统文化这出戏，让中华传统文化在国外“飞入平常百姓家”。

岳麓书社是一家地方古籍小社，体量、资金有限，出版图书品牌有限，目前尚无必要成立海外出版机构，但我们仍然可以依托其他公司在海外成立的出版机构实现图书的增量输出。只要我们有优秀的传统文化图书，就不愁找不到合适的机构出版。如岳麓书社的余秋雨书系、沈从文书系、《名城之光》等图书正是依托中译出版社以及华人在美国成立的弥尔顿出版社、波士顿出版社等实现了在英美两国的出版发行。

（三）积极参与国家重点文化工程《大中华文库》，提升图书海外馆藏影响力

1994 年 7 月，新闻出版署批准《大中华文库》正式立项，《大中华文库》编撰工作正式启动。《大中华文库》是我国历史上首次采用中外文对照形式，全面、系统地向世界推介中国文化典籍，是弘扬中华民族优秀传统文化的国家重大出版工程。其凸显了“中国选择”和“中国阐释”，是我们在全球主动构建中国价值观的基础，对于推动中华优秀传统文化“走出去”具有重要意义。

岳麓书社从 2005 年开始参与《大中华文库》的编辑出版工作，至今为止已出版 20 余种图书。前期出版了汉英对照本《黄帝四经》《醒世恒言》《喻世明言》《警世通言》《三国志》等；汉德对照本《三国演义》《西游记》《庄子》等；汉法对照本《周易》《孟子》等。2018 年，大中华文库工作委员会又启动

了“一带一路”沿线国家语种的翻译出版计划。岳麓书社继续跟进，出版了汉越对照本《西厢记》《庄子》等书。

除了《大中华文库》图书，岳麓书社出版的优秀传统文化图书也得到海外图书馆、学术机构等的青睐。岳麓书社多年跻身海外馆藏影响力出版 100 强，2021 年更获得“中国图书海外馆藏影响力出版 100 强”，5 年荣列“100 强”。

三、寻找文化共通点，打通“走出去”的关捩

（一）从东南亚形成突破，扩展到欧、美、非洲

协和万邦，睦邻友好，一直是中国文化的重要基因。中国与周边国家一直保持着良好的关系，因地缘和历史原因，中国与东南亚各国的交往源远流长，文化血脉相通。中国与马来西亚、越南的交往甚至可以追溯到汉代，再加上这些国家有广大的华人群体，形成了有着影响力辐射的华人文化圈，这就为中华优秀传统文化图书向东南亚国家的“走出去”打下了良好的基础，形成了天然的优势。

2004 年，我国版权输出至马来西亚、新加坡、日本、韩国等国家和地区的数量占到版权总输出量的 90% 以上。这就进一步证明亚洲市场对于我国图书“走出去”的天然亲和力。岳麓书社要实现从“走出去”到“走进去”，一定要寻找到突破点。2012 年，岳麓书社第一本外译图书《从文自传》正式在马来西亚实现出版。之后，岳麓书社进一步开拓输出到马来西亚的图书版权工作，与该国多个出版社建立了稳定的合作关系，每年均有多种图书输出。以东南亚的突破经验为基础，岳麓书社及时总结经验、加强策划，有针对性地开发适合对外输出的图书品种。经过不懈努力，岳麓书社图书的海外影响力日益加强，并成功输出不少图书到欧美国家甚至非洲国家。这些图书不仅在品种上，在“走出去”的语种和地域上也都不断有质的飞跃。

（二）挖掘海外读者兴趣点，有针对性地输入

要实现图书的“走出去”甚至“走进去”，了解海外读者的文化需求兴趣点，找寻可对话性、可沟通性是关键。

2007 年，岳麓书社出版了《国际义人何凤山》一书，作为一种小众出版物，在国内市场，它并没受到应有的重视。2011 年，岳麓书社听闻何凤山的家乡湖南益阳建立了何凤山博物馆，才深切了解到何凤山博士的国际影响：2001 年，以色列政府授予何凤山“国际正义人士”称号；2005 年，联合国赞誉何凤山为“中国的辛德勒”；2007 年，以色列政府授予何凤山“荣誉公民”的称号。

如此具有国际意义的何凤山先生的传记作品，如果不能“走出去”，无疑是出版社的失职。岳麓书社迅即联系了益阳市政府，并通过益阳市政府与以色列的出版机构进行合作。2012 年，英文版《国际义人何凤山》一书在以色列出版。新书首发式在以色列隆重举行，中国驻以色列大使、何凤山故乡益阳市委书记以及以色列各级官员都莅临参加，以色列各大媒体自发地掀起了一股宣传报道热潮，极大地提升了岳麓书社传统文化图书品牌的国际影响力。

寻找文化共通点，致力中华传统文化图书的“走出去”。行万里路，推万卷书。2013 年，随着国家“一带一路”倡议的提出，岳麓书社除了参加法兰克福、纽约、伦敦等国际大型书展，还积极参加丝路沿线国家举办的书展，并到重点国家进行实地宣讲和推介，取得了良好的成效，与哈萨克斯坦等国家的出版机构形成了长期合作的良好关系。2021 年 9 月，岳麓书社哈萨克斯坦版《孙子兵法》《颜氏家训》在北京国际图书展举办首发式，哈方驻中国教育参赞给予了高度褒扬，并表示将促成哈方各出版社与岳麓书社的持续不断合作。

从 2011 年第一本图书的“走出去”到 2021 年共十年的时间，岳麓书社实现了百余种中华优秀传统文化图书的海外输出。这对于一个地方古籍社来说，

有太多的不容易。成绩虽有，但仍需抖擞精神再出发。传统文化图书的“走出去”工作还有许多瓶颈需要突破，如品牌效应不够、对项目基金过度依赖、对国外文化环境认识不足、翻译人才缺乏等，任重而道远。要想让中国文化自信地“走出去”，就必须实时精准地把握住国家的文化出版政策，不断开拓创新，练内功讲策略，努力输出中华优秀传统文化，让中华优秀传统文化真正走进海外读者的心中。

岳麓书社古籍普及融合发展的突破与探索

岳麓仁

一、古籍普及是弘扬中华优秀传统文化的重要方式

1. 党和国家对古籍整理和普及的重视

中国是文明古国，在漫长的发展历程中积累了丰富的古代典籍，古籍整理出版是千秋大业。毛泽东同志早在1938年就指出："从孔夫子到孙中山，我们应当给以总结，承继这一份珍贵的遗产。"新中国成立后，党和国家对古籍整理事业给予高度重视和巨大支持。1981年，中共中央发布的《关于整理我国古籍的指示》指出，"整理古籍，把祖国宝贵的文化遗产继承下来，是一项十分重要的、关系到子孙后代的工作"。四十多年来，古籍工作从业者遵照中央的指示，做了大量的工作，取得了丰硕的成果。在古籍整理图书的品种、数量、学术水平方面，都取得了十分可观的成就，《中华大藏经》《甲骨文合集》等图书及"儒藏""中华大典"等丛书相继出版。同时，古籍整理工作坚持整理与普及并重，古籍普及读物逐渐显现繁荣局面。

党的十八大以来，习近平总书记非常重视传统文化的建设，强调"中华优秀传统文化是我们最深厚的文化软实力，也是中国特色社会主义植根的文化沃土"。中共中央办公厅、国务院办公厅印发了《关于实施中华优秀传统文化传承发展工程的意见》，教育部颁布了《完善中华优秀传统文化教育指导纲要》的文

件，提出“把中华优秀传统文化教育系统融入课程和教材体系”，这也是古籍整理、古籍普及工作的新课题。近日，中共中央办公厅、国务院办公厅印发的《关于推进新时代古籍工作的意见》明确指出，“做好古籍工作，把祖国宝贵的文化遗产保护好、传承好、发展好，对赓续中华文脉、弘扬民族精神、增强国家文化软实力、建设社会主义文化强国具有重要意义”。

2. 改革开放以来古籍普及取得了丰硕的成果

优秀的经典古籍，凝聚了中华优秀传统文化的精华。做好古籍普及，则是传承和弘扬中华优秀传统文化的重要方式。早期的古籍整理图书，是以繁体竖排的形式呈现，只适合文言文阅读水平较高的读者，一些出版社现在也依然采取这种形式，满足专业读者的阅读需求。后来为了推广古籍普及，大部分古籍整理图书改用“简体、横排、标点分段”的形式呈现，在一定程度上提高了普及率。岳麓书社 20 世纪 80 年代推出的“古典名著普及文库”，就是采取这种呈现形式，开创了古籍普及的先河。现在，岳麓书社出版的常见古籍普及图书包括“导读、注释、翻译”，这是真正意义上的普及本，能够使更多读者读懂古籍，实现“旧时王谢堂前燕，飞入寻常百姓家”。中华书局的“中华经典普及文库”“传世经典·文白对照”“中华经典名著全本全注全译丛书”，上海古籍出版社的“国学经典译注丛书”“中国古代文史经典读本”，岳麓书社的“古典名著普及文库”“古典名著全本注译文库”“中国古典小说普及文库”等，都是古籍普及的重要成果，在弘扬中华优秀传统文化中发挥了重要作用。

二、融合发展是古籍普及提质的重要路径

1. 移动互联网和智能终端的迅速崛起改变了人类生活方式

随着新技术的迅猛发展，移动互联网和智能终端的迅速崛起，促使信息消费

快速增长，并向以智能终端为载体的消费模式进行不可逆的转移，人类生活和工作的全场景都在快速数字化。人类的信息消费不仅包括阅读新闻、浏览微信公众号、看电子书、看视频、听音乐、玩游戏等一般意义上的消费性内容，而且包括为满足特定沟通与工作生活需要而进行的社交、搜索商品、预订机票、查单词、订外卖等。

移动互联网和智能终端的迅速崛起，给图书出版业带来的革命性改变，就是电子图书发展势头迅猛。相对于纸质图书，电子图书具有携带方便、互动性强、收费低廉等优点。十多年来，数字化阅读逐渐成为人们的日常阅读方式。多次全国国民阅读调查显示，我国国民数字化阅读（网络在线阅读、手机阅读、电子阅读器阅读、Pad 阅读等）的接触率，由 2009 年的 24.6 % 上升到 2021 年的 79.6%。从数字化阅读方式的人群分布特征来看，越来越多的中青年群体成为数字化阅读的主体。近年来，随着智能手机的普及，手机阅读成为主要的数字阅读方式。这说明在互联网时代，数字技术改变了人们的生活方式和阅读方式，对传统的阅读方式提出了很大的挑战。

2. 传统纸质图书的发展遭遇困境

在很长一段时间内，图书市场的表现较为低迷。根据相关统计，我国 2005 年出版书籍 171461 种，总印数 29.17 亿册（张），总印张 238.92 亿印张。到 2009 年，出版书籍 238868 种，总印数 37. 88 亿册（张），总印张 312.46 亿印张。从出版品种来看，古籍图书的发展较快。但从单品种的印数来看，不仅没有增长，而且呈现下滑趋势。那么，这些图书是否完全走向市场，走到了消费者的手中呢？有媒体报道，“1990 年，我国人均图书消费量（扣除教材、教辅）为 5.2 册，2009 年，这一数字变为 5.6 册。20 年过去了，我国人均购书量只增加了不到二分之一本”。出版商不断推出新品种图书以保证市场的运转，但读者的购书量并没有相应增加，导致了大量的图书库存。我国图书库存金额，从1978年的4.3亿元增长至2014年的1010.1亿元。造成图书库存不断增长有诸多的因素，但市场需求不足是其中重要的原因。中国新闻出版研究院发布的第十九次全国国民阅读调查结果显示，2021年中国人均纸质书阅读量为4.76本，这说明纸质图书的销售情况仍未好转。纸质图书市场低迷，也势必要求传统出版寻求改变。

3. 传统文化创造性转化和创新性发展的需要

习近平总书记强调："要推动中华优秀传统文化创造性转化、创新性发展，以时代精神激活中华优秀传统文化的生命力。""让收藏在禁宫里的文物、陈列在广阔大地上的遗产、书写在古籍里的文字都活起来。"借助现代表达，对中华优秀传统文化进行生动的阐释和普及，是社会发展的客观需要。比如，一些博物馆推出移动客户端，利用AR/VR技术实现了馆藏文物资源三维可视化展示，丰富了观众的体验，吸引了大众的目光，激发了大众的参与热情。湖南省博物馆的马王堆汉墓展厅非常著名，陈列了出土时保存较为完整的汉代辛追夫人遗体，新修建的展厅就采用3D技术，展示墓葬全貌，给观众带来震撼的体验。古籍整理和普及也同样需要创造性转化和创新性发展。当前，人们进入短视频时代，人们的关注度、注意力较为分散，习惯了快餐式获取信息。如果古籍普及不与时俱进，就不会吸引更多的读者。出版界需要借助现代技术手段，使书写在古籍里的文字活起来，更好地达到普及的效果，让中华优秀传统文化融入人们的生活。

三、古籍普及融合发展实践路径——以岳麓书社为例

近年来，岳麓书社在古籍普及融合发展上做了一些探索，出版了一批融媒体图书。岳麓书社2016年出版的"四大名著名家演播版"丛书，以岳麓书社畅销多年的经典版本为底本，囊括数字阅读、名家演播、专家讲解、读者互动等几大模

块，为读者提供古典名著的立体化阅读服务，激发读者对原著的兴趣。编辑团队在策划这套丛书时，巧妙地把二维码附在四大名著每一回标题后，读者扫描二维码，就可以听到演播艺术家的演播。在此套丛书中，每本书的最后都附录专家讲座，每个讲座专题生成一个二维码，读者扫描二维码，便可观看名家讲解名著内容的视频，听到专家讲解的内容。“四大名著名家演播版”丛书把传统的纸质图书，升级为一个全新的融媒体图书，仅上市一年多的时间，就取得了销量 20 多万套的好成绩。后来，岳麓书社又通过 VR 技术推出了这套书的升级版，让古典名著“活”起来，读者足不出户就可“参观”大观园、武侯祠等四大名著的相关景点。下文将总结岳麓书社古籍普及融合发展道路，以期为业界同人提供有益借鉴。

1. 顺应潮流坚定走出版融合发展道路

岳麓书社是一家有文化情怀的出版社。面对数字技术飞速发展，纸质出版遭受严重冲击的现实，岳麓书社经常探讨传统出版的存续问题，同时也在积极寻找数字化时代传统出版社的生存和发展之道。

岳麓书社的图书出版主要有三个板块：一是地方古籍整理，这个板块的利润很少，主要依靠各级政府的资助；二是古典文学名著，这个图书板块有一定的市场，但比较小众；三是中学历史教材，这个图书板块满足了政策和教育的需要。2017 年教育部明确三科教材统一使用部编版，岳麓书社赖以生存的经济支柱轰然倒塌。古典文学名著都是公版书，如果不开发自有知识产权，岳麓书社不仅不能发展，而且还面临生死存亡的危机。

岳麓书社对融合发展进行了认真思考，认为数字技术给传统出版带来的冲击，不是简单的出版介质的变化，而是新兴媒体抢占了市场。新兴媒体的极大优势，就是能为大众提供个性化内容，使传播者和接受者可以成为对等的交流者，无数的交流者可以同时进行个性化交流。当下，部分人沉浸于网络游戏等娱乐活动，是因为新兴媒体相对于传统媒体，有非常好的互动性，人们可以从中得到更多的感官愉悦。出版社应该充分利用新兴媒体的优势，将其引入传统文化的学习上，激发读者的学习兴趣——秉持这样的观念，岳麓书社开始探索传统出版与新媒体的融合道路。

2. 坚信技术发展可以促使融合出版成功落地

岳麓书社确定要向数字出版进军之时，面临的困难是巨大的，因为出版社的专业人才都集中在古籍整理和传统出版上，对数字技术非常陌生，也难以把握产品形态。但是岳麓书社有一个坚定的信念，就是一定要正视数字技术带来的阅读新变化，为读者提供新形态的阅读产品。2012 年，岳麓书社启动了中国古典名著数字化工程。当时二维码技术还没有普及，用什么载体呈现数字化内容，是岳麓书社迫切需要解决的问题。岳麓书社最初的思路是做光盘，即在每本书后附一个光盘。但是光盘容易折坏，且图书在书店售卖时，光盘可能会被人顺手拿走。后来，岳麓书社计划在书后附移动硬盘或者 U 盘，但除了考虑被人拿走外，还面临成本高的问题。尽管当时并没有确定好用什么载体来呈现数字化内容，但是岳麓书社并没有气馁，坚信技术的发展必定能破解难题，所以从未放弃进军数字出版的决心。就在岳麓书社陆续完成四大名著数字化内容的编审后，二维码技术普及了，一切问题都迎刃而解。数字技术不断发展，为融合出版带来了更多的可能性，未来的融合出版更值得期待。

3. 发挥专业优势探索适合的数字化内容

岳麓书社是专业的古籍出版社，怎么会站在融合出版前沿呢？其实专业的人做专业的事，读者所看到的数字化内容，都是由专业的软件公司制作的。岳麓书社在其中的贡献是发挥专业优势，探索适合古籍普及融合发展的内容。

岳麓书社最早确定要实现融合出版的图书是古典四大名著。岳麓书社的四大名著权威性强，在市场上畅销多年，经久不衰。通过四大名著探索古籍普及融合发展道路，即便不成功，也不会一败涂地，这是岳麓书社基于专业优势和对古典名著普及图书市场的了解所作出的决定。此后，岳麓书社所做的融合出版图书也充分考虑了市场的预期，考虑了读者的需求。从目前的情况来看，岳麓书社推出的融合出版图书，在市场上都有不错的表现。需要注意的是，出版社做古籍普及融合出版图书，一定要认真做好市场调查和选题论证，切忌盲目上马，否则达不到预期的效果，反而会打击向融合出版领域进军的信心。

四、古籍普及融合发展的成功之道

1. 领导高度重视

对传统出版社来说，融合发展的道路有太多的不确定性和不可知性，部分出版社可能会持观望的态度。从岳麓书社的经验来看，领导的高度重视，是古籍普及融合发展成功的基础。当时岳麓书社的社长易言者是图书营销出身的，因此对市场极为敏感。易言者社长认为，技术发展既冲击传统出版，也给出版人带来新机遇。2012 年，他提出要从四大名著着手开发古典名著数字化工程。这一前瞻之举当时受到不少非议，但在他的坚持和引导下，大家认同了这一新思路。岳麓书社“四大名著名家演播版”不仅作为图书出版，其音频内容也在喜马拉雅等多个平台播出。由于在数字出版领域取得了丰硕成果，易言者社长获得“2016—2017 年度数字出版影响力人物”奖。图书出版走融合发展的道路，既是潮流，也是形势，对古籍普及来说更是机遇。各古籍出版社的同人，尤其是领导，一定要高度重视古籍普及融合发展，要在这方面大胆探索，敢于行动。

2. 坚持创新发展

习近平总书记指出：“要坚持古为今用、以古鉴今，坚持有鉴别的对待、有扬弃的继承，而不能搞厚古薄今、以古非今，努力实现传统文化的创造性转化、创新性发展，使之与现实文化相融相通，共同服务以文化人的时代任务。”如何让经典古籍为当代读者所接受，是岳麓书社一直思考的问题。与时俱进，充分考虑当代读者的阅读习惯和审美需要，在不断的创新中推动传统文化的传承，是岳麓书社历来努力追求的目标。

岳麓书社在建社之初就大胆创新，大量出版“简体、横排、标点分段”的白文本古典名著，突破了原有的繁体竖排版。“古典名著普及文库”就是采取这种形式出版的，在出版后受到广大读者的热烈欢迎。正如时任总编辑钟叔河在谈“走向世界丛书”的成功时所指出的，“正是因为我们能突破传统的方法，不搞烦琐的注释疏证，而是下功夫广搜博采，分类重编，详编索引，撰写导言，‘化腐朽为神奇’，将封建文化的积淀解析为对现代化进程有参考和反思价值的资料”。钟叔河在20世纪80年代主编的“走向世界丛书”，受到钱锺书等学者的高度称赞。时任国务院古籍整理出版规划小组组长李一氓说：“这是近年来所见到的整理古文献中最富有思想性、科学性和创造性的一套丛书。”

在20世纪和21世纪的交界点，由于多种原因，古籍出版工作一度处于停滞状态，让很多古籍出版从业者感到迷惘。丁双平当时出任岳麓书社社长，他提出“新瓶装旧酒”的产品理念，推动了岳麓版古典名著的改造。“新瓶装旧酒”，就是古典名著的出版不仅要以内容取胜，而且要有符合当代读者审美需要的表现形式。按照这样的指导思想，岳麓书社推出了一系列封面设计优美、版式设计美观大方的古典名著普及读物，深受读者欢迎。正因为岳麓书社一直坚持创新发展的理念，才会有积极探索传统出版与新媒体融合的举措，并取得丰收硕果。

3. 坚守文化品位

“四大名著名家演播版”之所以取得成功，除了充分运用数字技术，还与岳麓书社一直坚守重视的文化品位有关。在决定做“四大名著名家演播版”的时候，岳麓书社全体员工达成了一个共识，那就是一定要做出高品质的产品。岳麓书社融媒体版的四大名著，不是简单地为文字内容配上朗读，而是由名家来演播。

岳麓书社请的演播者和讲解者都是大家：《三国演义》由北京人民艺术剧院国家一级演员顾威演播，《西游记》由中国国家话剧院国家一级演员曹灿演播，《水浒传》由中央戏剧学院表演系教授徐平演播，《红楼梦》由著名节目主持人、播音指导晏积瑄演播；中国古代文学研究专家、北京师范大学郭英德教授还对丛书内容进行详细讲解，帮助读者深入理解四大名著涉及的相关古典文化内容。在初版推出不久，岳麓书社又对其进行升级改造，出版了阅读无障碍的新版。新版不仅有导读、注释，还运用了 VR 技术，让读者身临其境。这一切工作都是为做出高品质的内容。

随着数字技术的迅猛发展，纸质图书受到了严峻挑战，读者的阅读习惯也发生了巨大的改变。有学者指出：“毫无疑问，电子阅读终将一统天下……电子图书方兴未艾，其终极形态尚不得而知。但可以肯定，未来的阅读与今天的阅读会迥然不同。传统书籍依旧会存续几个世纪，一如既往地为收藏者青睐，其装帧成为人们珍爱的艺术品，外在的统一成为质量与传统兼顾的不朽‘印记’。”我们也同样认为，纸质出版物还会有一定的存续时期，现阶段传统图书出版仍然有发展的空间。但是，未来出版行业必然要走融合发展之路。回顾近些年岳麓书社对数字出版的探索与实践，我们可以得出这样的结论：数字出版与纸质出版不是一个对立的关系，而是可以融合发展的。数字化的出版，不仅与传统出版传承文化的本质是一致的，而且提供了更加丰富的内容和信息及更加丰富的表现形式和互动交流模式，这必将是传统出版转化与发展的一个路径。

把冷板凳坐出温度

孙世杰

2010 年 7 月从南京大学中国古典文献专业毕业，入职岳麓书社《中华大典》项目部，我成了一名从事古籍整理的编辑。回首 12 年的职业生涯，虽无风雨也无晴，但初心依旧未死。

古人称文章乃经国之大业，不朽之盛事。作为一名古籍编辑，虽难企及古人立德、立功、立言的"三不朽"，但能将四部精华传承发扬，也是功德一件。

犹记当年南大严师的谆谆教诲，犹记志在服务名山事业的意气风发。入职正欲大展拳脚，施展抱负，奈何《中华大典·艺术典》编纂头绪万千，编审稿件困难重重。偌大一个项目，只饶毅主任、我、向敬之，一将二卒，纵使尽浑身解数，仍深陷泥淖。

2011 年向敬之辞职转行，2013 年饶毅主任转岗，社里安排历史编辑部王文西同志来负责《艺术典》项目，兵力一将一卒，面对 2014 年定要出书的压力，我和文西常常加班到深夜，成了名副其实的难兄难弟。天道酬勤，2014 年底，我责编的成书 256 万字的《陶瓷艺术分典》出版，终于打破了《艺术典》立项 7 年来未见成书的僵局。年度述职会上，文西一句"兄弟辛苦"，让已过而立之年的我瞬间泪崩，4 年的辛苦委屈夹杂着感动刹那间爆发。是啊，日复一日，青灯黄卷，拿微薄的薪资，做繁难的活计，默默独练屠龙之术，只能以扫地僧自嘲，还要强作欢颜淡然面对身边的冷嘲热讽，突如其来的一句肯定，怎能不激起内心的惊涛骇浪！

然而我俩并未敢因此稍作喘息，后面还有3个分典近千万字的古籍稿件等我们处理，时限2017年全部成书结项。顶着任务不完成便会影响我社乃至湖南出版声誉的压力，我们无数次通宵达旦编审稿件，誊改清样；无数次奔走于北京大典办，送审稿件，期待批复；又无数次根据反馈意见，修改稿件，撰写说明。那段日子，如蚁噬骨，如豆成粉，令人身心俱疲，形神俱销，其中甘苦，只有岳麓社的大门和深夜的路灯最能懂得。

已记不清是某年某月某个加班日后，清晨正欲起床，突然四肢麻木，意识渐消，想呼喊亦不能出声，这是我第一次感受到在死亡边缘徘徊的恐慌。幸好合租的前同事邱建明及时发现，呼叫120送我急诊——脑卒中。抢救稳定后，转至长沙市四医院心脑血管科。中午时分，社领导过来探望，嘱咐我保重身体，瞬间又击中软肋，这是我在岳麓社第二次热泪盈眶。作为一名基层古籍编辑，其实所求无多，工作能得到一点肯定与理解，足矣。

在这段艰难的时光里，我也曾有过无数次放弃的念头，也从不和亲友谈自己的工作状况、工资待遇问题。每到深夜，独舐伤口，给自己找坚持的理由——无论如何不能烂尾，不能做逃兵，不能辱没师门，要给自己和社里一个交代。

经过不懈努力，在社领导和集团的大力支持下，1400多万字规模的《中华大典·艺术典》于2017年底全部付印，2018年顺利结项，获评优秀。历时8年的古籍编辑出版工作，终于告一段落。然而就在新书出版之际，85岁的《服饰艺术分典》主编李之檀先生、95岁的《艺术典》主编金维诺先生相继去世，我们终未能兑现对两位老先生的承诺——在他们有生之年看到《艺术典》的成书。这是《艺术典》编辑工作最大的痛点，也是我职业生涯最大的遗憾。

2018 年，我流转到大众图书部，做了 3 年古典名著普及类图书，2021 年又调至重点图书项目部，开始了《中国兵学通史》《王闿运全集》的编辑出版工作。十余年兜兜转转，我又回归了自己的本行。常言“铁打的营盘流水的兵”，我却是“流水的营盘铁打的兵”。从《中华大典》项目部到如今重点图书项目部，一次急诊，两次落泪，三个部门，四任领导，一部大典，几本图书，些许成绩，无尽遗憾。若说有所突出，可能椎间盘最为突出；若说有高于人，可能血压远高于人。于他人，此不过戏言；于我，则是真实故事。而我初心依然未灭，依旧是那个苦中作乐的马前卒，持续奔行在古籍编辑这条路上：亦余心之所善兮，虽九死其犹未悔。

近日，中共中央办公厅、国务院办公厅印发《关于推进新时代古籍工作的意见》（以下简称《意见》），我社组织编辑研讨。回首十二载古籍编辑生涯，似乎穿越了一段幽暗的岁月，历练出了一身本领，然而意终难平。人生又有几个十年，每个十年又能落定几个项目，完成多少文化传承，韶华易逝的感慨，时不我待的焦虑，壮志难酬的忧愤，忝列门墙的羞惭，有迷茫，有委屈，有激动，有感伤。在《意见》利好消息出台之际，在我社古籍出版工作研讨之时，回首过往，谈及将来，可谓五味杂陈，百感交集，我一度哽咽。

《意见》的出台，对古籍出版社、古籍编辑的发展来说，是个机遇。希望岳麓社能顺势飞扬，再创辉煌；希望古籍编辑的初心，更加清亮；更希望古籍编辑这条冷板凳，不再寒凉。日月不居，时不我待，希望未来十年，能再为中华优秀传统文化的传承和复兴，略尽绵薄。

近代湖湘文献的开发与利用

李郑龙

湖南近代人才辈出，尤其湘军崛起后，省内教育、文化、经济、交通诸事业蒸蒸日上，各种文献蔚为大观。在《湖湘文库》甲编中，近代文献所占近九成，涵盖文集、日记、报纸、期刊、方志、手札等诸多领域。《湖湘文库》的出版，是对湖湘文献做“结账式”的总结，堪称湖南的“《四库全书》”。在“后文库时代”，如何继续开发湖湘文献，年轻一代出版人无疑面临巨大考验。然而，压力与机遇并存，《湖湘文库》修成并不意味着湖湘文献精华就被一网打尽，事实上，有相当体量的文献由于诸种原因未入选或仅有少部分收录。而且，在《湖湘文库》出版过程中发掘了大量稀见资料，使人耳目大开，对后续文献的出版起到了引领及推动作用。故笔者不揣谫陋，在承续前贤基础上，在此对湖湘近代文献出版、利用与开发做进一步阐述。

一、 湘籍文化名人稿本文献整理

近代以来，湖南涌现出大批杰出人才群体，他们的思想、学术以及事功推动了中国现代化的历史进程。关于湘籍文化名人的研究资料，除了已经出版的有关个人文集外，还有大量的名人日记、手札墨迹等珍稀文献尚待进一步整理、出版，为湘籍人物学术思想研究以及湘学研究领域提供重要文献史料。

（一）名人日记文献

日记是历史研究的重要一手文献，因其实时性与真实性，较客观地反映了当事人的有关信息，也是人物研究最直接的史料，是了解书写者在特定阶段真实经历和隐秘心理的最佳材料，可进一步还原历史人物及事件的诸多细节。整理出版近代日记，尤其是稀见稿本、抄本日记，对促进近代中国政治、社会、文学、艺术等领域的研究无疑具有重要价值。晚清以来，湖南先贤勤于著述，所留下的日记蔚为大观，例如《曾国藩日记》《湘绮楼日记》跻身“晚清四大日记”之列，出版以来备受推崇，而《郭嵩焘日记》《皮锡瑞日记》《曾纪泽日记》等亦对湖南，乃至近代中国历史文化研究产生较大推动作用。

日记类文献是湖湘文献的重要组成部分，此前的日记文献整理，大多作为人物“全集”的一部分出版。就现存情况来看，日记文献实有独立规划之必要。以湖南图书馆为例，其馆藏日记中，尚未得到整理的有六十余种，体量在百万字以上的至少有五部。此外，湖南省社科院图书馆与湖南省博物馆亦有较为丰富之馆藏。这批日记大都是稿本，为通行文献所不载，可与通行文献相互印证、相互补充，有的甚至可以校正通行文献的讹误。因日记体裁的特殊性，使其具有其他种类文献所不具备的史料价值。我们可以挑选其中文献价值与学术价值较高者，组织专人进行整理，力求以新发现的史料为基础，结合相关文献对近代中国社会历史文化进行深入研究，探索中国传统社会在近代的转型以及发展的走向与特征。

例如，《何绍基日记》记事跨度由道光十四年（1834）直至同治十年（1871），时间长达 38 年，是研究晚清政治、艺术、社会、文化、文学等方面的重要文献。该日记内容跨越道光、咸丰、同治三朝，正是清朝内外发生重要变化的关键时期。《何绍基日记》为研究晚清精英文人如何应对时代剧变，提供了细致入微的考察材料。在清代书法史上，何绍基是转折性人物，《何绍基日记》记载大量与书法有关的材料，呈现晚清书学碑派如何崛起。何绍基在日记中多次指斥包世臣，又反映出碑派内部的分歧。书学之外，《何绍基日记》还揭示何绍基在思想、学术、文学、教育等领域的重要贡献。

可是，要利用好这部日记确非易事。首先，《何绍基日记》仅有不足半数影印出版，一半以上的资料尚待发掘。需要有心人花费时间，将各图书馆、机构所藏日记搜集整理。其二，何绍基所写日记主要为草书，一般研究者很难读懂，这就需要做专业的整理。目前岳麓书社已经联合学界对此日记做了较为充足的搜集整理工作，将手迹整理成简体字，加以句读。而且，该书得到了国家出版基金的支持。我们希望通过这部日记的整理，为湖湘稿本日记的利用积累经验。《何绍基日记》的出版，将为全面研究何绍基提供极为珍贵的材料，有助于深化晚清政治、社会、艺术、文学等领域的研究。

再比如，目前湖南省内体量最大的《余肇康日记》，其整理迫在眉睫。该日记稿本共有一万八千多面，四百余万字，藏于湖南省博物馆。该日记记述时间从清同治十一年（1872）至民国十九年（1930），前后绵延近 60 年。这 60 年是中国政治经济社会变革、动荡频繁的 60 年，出自余肇康这位具有一定社会和文化地位人士之手的日记，其文史价值尤为珍贵。

可是，到目前为止，该日记尚未得到应有重视。《湖湘文库》仅影印了其中的两册，篇幅不足全稿十分之一。此书稿藏于湖南省博物馆，虽被定为一级文物，但一直没有进行数字化扫描存档，遑论整理。

有鉴于此，我社正在制订《湖湘稀见日记丛刊》规划。该规划分为两部分：1. 对全省所藏稿本日记进行摸底，凡是未经整理出版者尽可能做数字化扫描，条件允许的话可进一步建立数据库。2. 遴选其中价值重大者，做标点整理出版。

此外，我省还可以借此机会成立研究组织，召开学术会议，出版相关研究著作。将文献整理、出版、研究三者密切结合，发挥其最大价值。我们相信，随着此套丛书的问世，将会为“湖湘文化”研究注入新的活力，为湖湘文化研究提供新的材料与视角，有助于盘活湖湘历史文化遗产，最大限度发挥湖南出版和文化的社会效益，让湖湘文化研究在新时期焕发新的光彩。

（二）名人手札

手札作为日记之外又一直接文献来源，保存了大量鲜为人知的信息，其中所记载的事件往往不见于正史或其他公开文献中，有利于我们了解历史细节，梳理历史发展脉络，为研究历史难题提供了新的史料。就文献内容而言，手札作为私人通信，举凡议政论学、亲朋存恤、官场掌故、社会风尚、风土人情、游记观览、寻医问药等方面，可谓无所不包。作为书写者遗留的真迹，每件手札均无法复制，都有其独特的历史文化价值。

湖湘近代以来人才鼎盛，所保留的名人信札十分丰富，省内公私馆藏数量庞大。据统计，仅湖南省博物馆一家就收藏有二百六十九位名人的手札，其中古代湖南名人十二位，近现代湖南名人一百四十五位，近现代外省籍名人一百一十二位，名人手札的总量近两万页，包含信札、公函、奏稿、日记、诗文等，品类繁多，内涵丰富。另收藏联语、题字墨迹上千幅，涉及本省和外省籍名人达四五百人之多。这批手札内容涉及两次鸦片战争、晚清盐法改革、太平天国运动、湘军征战、洋务运动、戊戌变法、近代铁路修造、辛亥革命……几乎近代史上所有重大事件都有涵盖，为后人深刻了解晚清云谲波诡的政治局势、洋务运动的艰难曲折、近代铁路建设的筚路蓝缕，提供了第一手史料，价值可谓弥足珍贵。

此前，《湖湘文库》中分别收有《湖南图书馆藏近代名人手札》《湖南省博物馆藏近代名人手札》。两书均为选本，仅为总量的十分之一，年代多集中于晚清，且着眼似偏于文学性与鉴赏性。职是之故，汇集公私收藏，全面系统地进行整理，汇辑一部《湖湘近代名人手札汇刊》实属必要之举。该项目初步设想为“影印 + 整理”，即对原件做高清扫描，尽量保存所有文献信息，然后挑选其中历史文化价值较大者，做彩色印刷，并附以文字整理及相关考释。

二、湖南特色文献整理与利用

《湖湘文库》无疑为研究湖南地方历史以及湖湘人物搭建了一个文献平台，然而美中不足的是《湖湘文库》并非包罗万象，仍然遗漏了不少重要的有关湖湘文献。今后续编《湖湘文库》是湖南学术界、出版界一项非常有意义的事业，需要各高校和研究机构以及图书馆通力合作，进一步挖掘、整理、利用湖南特色文献史料。

（一）《湖湘文库》所遗漏的重要人物文献整理

岳麓书社秉承“道承湘学、言纳百家、繁荣学术、积累文化”的宗旨，先后推出了《船山全书》《走向世界丛书》《曾国藩全集》《魏源全集》《左宗棠全集》《郭嵩焘全集》等一大批既具全国性意义又富有地方特色的精品书籍，以深厚的湖湘文化底蕴和鲜明的古籍文化特色树立了出版湘军的品牌形象。时至今日，我们要继续发扬先辈精神，不断挖掘在近代历史、文化领域产生巨大影响力的湖湘英杰著作。在“十三五”时期，岳麓书社启动了《王闿运全集》《王先谦全集》的整理工作，以此为契机，出版目光可进一步放宽，关注更多被《湖湘文库》遗漏的重要人物。

比如，曾教授过谭嗣同、唐才常的浏阳人欧阳中鹄，充任过很多名人政要的幕僚，担任过众多青年才俊的塾师。谭嗣同称其学问“实能出风入雅，振前贤未坠之绪”，堪称湖南维新运动的思想导师。欧阳中鹄积极致力于维新活动，不仅发表“变法之论”，更是与同人集资在浏阳开办算学社。可惜的是，欧阳中鹄去世后，著作散佚严重，故其影响长期受人忽视，编纂《湖湘文库》时也未能收录。目前，经过学者多年搜集，已经发现数十万字的资料，能较为清晰地揭示欧阳中鹄在戊戌变法前后的思想观点，以及对新学普及所做的努力。其文集的整理出版，对晚清史研究无疑有较大推动作用。

同样是浏阳人的刘人熙，在民国初年担任湖南教育总会会长，创办船山学社，后任湖南督军兼省长，在政治和文化上大力推动湖南近代化转型。如此重要的一位湖湘先贤，由于诸多原因，其著作长期未得到妥善整理。据统计，刘人熙遗著有《蔚庐文稿》《蔚庐文集》《蔚庐诗集》《春秋公羊内传》《刘人熙日记》等，体量逾二百万字，此外还有校印、注释王船山遗著九种。此前《湖湘文库》收录的《刘人熙集》仅有二十余万字，体量仅为原著十分之一，亟待进一步整理。

此外，藏书家徐崇立也未受足够关注。徐崇立为湖南湘乡人，长期居于长沙，曾任内阁中书，工诗文，善书法，终年著述不辍，著作有《瓻园文集》《盍簪馆文稿》《瓻翁乙丙之间手稿》《瓻庐丛笔》《瓻园日记》《瓻园印册》《瓻园藏印》《兔园獭祭》《徐兼翁手写毛诗章句》《求经书院经课卷》《龙象山徐氏四科试卷》等，体量达数百万字。徐崇立极喜收藏古书碑帖书画，在祖叔辈藏书的基础上，经数十年的苦心征集，共得古籍碑帖 10 万余卷（件），并进行校勘、批注、题跋，成为湖南近代著名书画碑帖收藏家。徐崇立 1951 年卒于长沙，其遗嘱将藏书和碑帖字画，以及自著稿抄本等，悉数捐赠给湖南图书馆。现在部分稿本及善本，收入《中国古籍善本书目》。

目前，岳麓书社联合省内多家单位，已着手编湖南先贤著作出版规划。这些著作大多为稿本文献，体量庞大。每种文献，都需要由专家牵头，成立整理委员会，集中人力进行整理。此外，还要将文献整理与学术研究紧密结合，借此培养新一代湖湘文化研究者。图书出版后，可以成立相关研究会，以及相关刊物，推动湖湘文化深化研究。

（二）方志和家谱

“方志”乃一方古今总览，包罗万象，举凡一地历史沿革、山川形胜、行政建置、人物传记、武备兵防、经济物产、风俗民情等无所不载，是了解当地历史文化不可或缺的文献。湖南从古代至民国，保存的各种方志约400种，其中70%成书于清代，而道光之后的数量又占据其中大半。此前，《湖湘文库》收录影印方志24种，未标点排印，可以遴选其中史料价值较高者标点排印，以方便读者使用。目前，湖南地方志编纂院正在建设“数字方志馆”，收录湖南府（州、厅）方志19种，湖南县志81种。数字化应该是方志保存与利用的大趋势。

家谱和方志同属于地方文献范畴，与正史、方志一起，构成中华民族历史学三大支柱，是中华民族悠久历史文化的重要组成部分。家谱记载了一个家族的世系繁衍及重要人物事迹，对于特定地域的历史、民俗、人口、文化和经济状况研究，有不可替代的功能，堪称“史学瑰宝”。湖南地处中南，是南北、东西交通必经之地，历代人口大迁徙都与湖南有重要关联，所以湖南家谱数量异常丰富。据《中国家谱综合目录》统计，全国440余家图书馆、文化馆、文管会、博物馆、纪念馆、档案馆（室）、文物商店收藏的湖南家谱有1511种，占收录总数14719种的10.3%；而当时未曾完全列入收录范围的上海图书馆所收藏湖南家谱达2255种，占该馆收藏总数11700种的19.3%；湖南图书馆馆藏湖南家谱1500多种，三者加起来有5000多种。其中近代修订或重修的家谱，保守估计在3000种以上。

明末清初战乱频仍，经历“江西填湖广”“湖广填四川”等人口迁徙，进入清朝后，湖南家谱数量暴增，内容也不断丰富。完整的家谱一般包含谱序、谱例、谱论和目录、恩荣录、传记、家规家训、礼仪典制、墓葬图及墓志、世系图表等。近代以来，湖南豪杰辈出，涌现出诸多名门望族，掀起了又一轮修订家谱的热潮：如湘乡曾氏家族、湘阴郭氏家族、韶山毛氏家族、桃源宋氏家族、道州何氏家族、石门林氏家族、衡山罗氏家族等等。大量名人家谱，对研究近代历史无疑有重要参考价值。

家谱文献由于体量庞大，一方面可以择其重要者编订丛书影印出版；另一方面，积极争取政府支持，利用 GIS 等相关技术，建立“湖南家谱数据库”，以便更好地保存与利用。目前，湖南省图书馆已经建立“家谱文献研究中心”，可以此为依托，进一步扩大家谱研究队伍，开展民俗学、历史学、社会学等多学科交叉研究。

（三）期刊报纸汇编出版

近代湖南作为维新重镇，得风气之先，在 1897 年创办的《湘学新报》乃全省新闻事业之发端，而后设立的《湘报》则是全省日报之祖。在戊戌变法、五四新文化运动和抗日战争三个时期，湖南甚至一度成为全国的舆论重镇。《湘报》《湘江评论》《力报》《大刚报》《中央日报》等，在当时都有广泛影响。据统计，1935 年湖南全省共有报刊 116 种，通讯社 61 家。1949 年之前，湖南有报社 128 家，杂志社 40 家，通讯社 41 家。晚清民国时期，湖南先后出版报纸 700 多种，期刊约 1300 种，而报业整体规模居全国第六。据湖南省图书馆统计，目前该馆收录近代湖南出版报纸为 265 种，期刊上千种。《湖湘文库》共收《湘学报》《船山学报》等期刊 8 种，《湘报》《湖南大公报》《力报》等报纸 10 种，大量珍贵报刊未引起足够重视，近代报刊出版仍大有可为。

目前，湖南旧有报刊面临的最大问题是难以保存。由于民国时期报刊大多采用酸性化学纸张，酸性高，耐久性差，如不及时抢救，很多珍贵文献很可能有消亡的危险。因而，报刊数字化保存迫在眉睫，希望有关部门能高度重视，使历史文献得以保留传承。报刊文献数据库建设势在必行。由于报刊文献体量庞大，数据库制作成本较高，一方面需要得到有关部门的扶持；另一方面，可以考虑与专业公司合作，以资源入股，对现有数据库进行扩容，既高效又节约成本。

湖南作为近代文献大省，拥有丰富的出版资源，如何保护和利用好这笔资源是我们出版人努力的方向。湖湘近代历史文献的开发与利用，需要群策群力，相关部门要拿出“顶层设计”，使馆藏机构、研究机构、出版机构紧密配合，协同作战。

《船山全书》从事纪略

杨 坚

《船山全书》于1982年9月以“王船山全集”之名列入国务院批准的《古籍整理出版规划（1982—1990）》。同年12月，中共湖南省委办公厅经请示省委领导批复同意省出版局《关于成立王船山全集编辑委员会的请示报告》及所附编委、顾问名单。先是，湖南仿中央例，在改革开放新时期伊始，也在省委、省府下设了全省古籍整理出版规划领导小组，并以岳麓书社为办事机构。书社讨论“王集”事宜，我曾参议，撰有《王夫之全集整理工作发凡》一文。是年我被评编审职称，亦蒙列名“王集”编委；1983年3月编委会举行会议，确定书名为《船山全书》（以下简称《全书》），并以《发凡》一文可为全书体例之基础，决定成立办公室，予以贯彻实施，命我和王兴国编委主持，有同志共七八人。以上是《全书》的开局情况。

办公室的工作分为两部分：王主外，负责收集版本，访求佚文；我主内，负责编订全书，付印出版。前一部分工作的成绩很好，在两三年中，从事的同志们历访国内有关单位，深入衡阳船山故里，几乎搜齐了三百年来船山著作的所有版本，包括好些从未面世的船山手稿、王氏家刻及有关戚友们的旧抄，并利用《船山学报》，征集发表了大量船山零星佚文，从而使船山著作的整理获得了一个坚实的版本材料的基础。

我在开始编辑工作之初，对《全书》的编辑宗旨和体例作了详细的规定，撰写了《船山全书序例》（后来刊载于《全书》第一册卷首），开宗明义地指出："《船山全书》为明末清初思想家王夫之（公元一六一九—一六九二）之新编全集。"因为在此以前，已有清同治四年（1865）的金陵本《船山遗书》和民国二十二年（1933）的上海太平洋书店本《船山遗书》两部全集，现在要着手的是第三部全集。但是，船山的著作在清初高压统治下曾有围搜、焚烧、毁板之祸，至清末文网渐疏而得梓行问世时，又遭讳隐、讳删以至任意篡改之厄。其初秘抄私传，授受多门；后来遂至一源十流，版本纷如。因此，我认为新的船山全集不能像前两部全集那样，主要只是将所发现的船山之书辑印归总；它还必须理清三百年来船山著作写印传播的历史情况，鉴定所有版本的良莠优劣，然后在此基础上整理出一部新的全集，供当代及后世研究利用。这已不是简单的辑印成书之事，而是一项在完成之后将被学术界视为具有甚大价值的工程。而在 20 世纪的 80 年代初，似乎局势已经明朗，条件也已粗备，如能顺应时会，尽力以赴，是可望获得成功的。因此，《序例》提出了新的全集的目标是：继续金陵本、太平洋本两部全集的工作而有所改进和提高，"其所尤为着力之处凡四：一为广辑传世之船山著述及前未入集之遗佚书文，以期收录之全；二为据可信之旧钞、旧刻以至船山手稿，订正两本之白匡、墨格、窜改、删削，以还船山面目之真；三为力求搜齐船山著作之所有版本，取精用宏，以求校勘之善；四为概用新式标点符号，乃至编目、标题、分章、分段，皆汰旧从新，以利现代读者之用。凡兹四端，即本书所以自别于前两种船山全集之特色"。对于如何实现这四条，文中也作了比较周密的述论。

这篇《序例》的写成，已在《全书》编就数册之后，因此也得以加入一些实际工作的经验，充实了内容。草稿分寄各顾问、编委征求意见，得到了他们的赞同和嘉赏。华中师范大学教授张舜徽先生（顾问，中国历史文献研究会会长）来信说：“《船山全书序例》精密之至，殆无漏意。”（1988.12.4）北京大学教授任继愈先生（顾问，北京图书馆即今中国国家图书馆馆长）也来信说：“《序例》写得很好。”（1988.1.1）他还亲切地指出，文中有两个虚字“焉”，不必要，可以删。湘潭大学教授羊春秋先生（编委）说：“足下学有根柢，经验丰富，读所写《全书序例》及有关点校工作之《发凡》《细则》《注意事项》等，均能指挥若定，成竹在胸，至佩至佩。”（1988.12.10）他所提到的另外几件，都是我为同人拟订，以作章法，而供依循的。我所写的这一类文件，总数有十件以上。

我自知编辑古籍功底不够，在耆硕鸿博的众顾问、编委面前，总是以后学、私淑的身份，随时向他们虚心请教，质疑问难。他们在确定书目编排、提供珍稀版本、匡正点校错误，以至解悟船山文字特点等方面，都给予了宝贵的指导和帮助。在《全书》束册之末，有一篇我所撰写的《船山全书编辑纪事》，概括叙述了《全书》的编辑过程，也择要摘录了顾问、编委们给我的信件。

《全书》的定稿分三个步骤：初校、复审、终审。对每位初校者，我都提供所有版本，并初步确定其中之一作为底本，供他考虑。选定底本的工作非常重要，而又只能在掌握全部版本及有关资料，通过会阅、参览、细心比较分析之后才能做好。如果底本没有选对，以致返工，不仅浪费精力，耽误的时间尤其可惜。幸而这样的情况只发生过一两次。

我担任书稿的终审，虽然已有初校、复审的基础，然而事情绝不轻松。一部书稿到手，我都像是自己点校一样，摆开所有版本和参考用书，一字一句，从头开始，把初校、复审已经做过的工作重新再做一遍。许多疑难问题，初校、复审都已解决，还有剩下的，却是硬骨头。为了解决一个问题，花很多时间，这样的例子不少。船山的书版本多，对各本异同，常需出校备参，有时还要对如何鉴别取舍有所说明。《全书》共有校记六千余条，对于别人所撰的每一条校记，我都认真审读，订其误，补其缺，删其繁，饰其陋。例如《礼记章句》这一著作（《全书》第四册），部头极大，字数近百万，初校、复审成绩不错。但我仍把这书的五个版本、前人的三种校勘记全部摊开，并搬来一大摞参考用书，逐字审读。此书共有校记八百六十余条，其中为原校点稿所无而由我新增的有一百七十余条，原稿虽有而经我修改或添补内容的有一百一十余条，见之于校记的新征引图书达十余种。我又为每一著作撰写“编校后记”，备述该著作的版本种类和源流，诸版本的分析比较和底本如何选定，校勘的大致情况和结果的统计，以及有哪些相关的附件，如前人的著录和评述等，最后注明初校、复审、终审者的姓名。

“编校后记”也获得了读者的赞许。作家孙犁先生曾央人索阅我以前所编的书，因而相识。《全书》逐册出版，我也每次送他请益。他来信说：“每次收到赠书，我总是先翻阅您所写的编校后记，我以为都是写得很好的。辑印旧书，不能没有这种文字。过去的人，对此都很重视。”（1990.3.23）复旦大学教授蔡尚思先生也因某一编书的机缘和我交往。他得到《全书》中的《四书训义》（《全书》第七、八册）后写信给我说：“我读您的‘编校后记’，觉得您为责任编辑，真是名符其实！精细空前，令人钦佩，今后要研究王氏的学术者，非读您的《船山全书》不可了！”（1991.1.2）

除了内容，书的装帧形式也是很重要的，而封面“船山全书”四个字尤为关键。《编辑纪事》有一段即记此事：“予先拟自集船山亲笔，遍翻手迹，收字最多而又端楷清晰者，惟有《噩梦》一书，果然四字皆备，然形体偏长，拼拢观览，未见稳帖。乃请书法篆刻家杨德云先生为集碑帖中字，自汉《曹全碑》至隋《龙藏寺碑》，凡十数，均不惬意，最后始集唐李邕《麓山寺碑》字，略有补缀，杨固尝补此碑缺字，由湖南美术出版社出版者也。予观其字雄健严整。史称北海太守李邕刚强激烈，屡忤权贵，其字亦如其人。且船山亦刚肠嫉恶人也，以李字题王书，尚非亵渎。遂请王诚龙编审持此作封面设计，再三而成，亦复雅洁可观。”

对《全书》各册卷首所印图照，也曾煞费苦心。《编辑纪事》中有一段与此有关，其中还有一个关于船山真像究竟如何的考证，也可略供谈助，引录如下：

“各册均有图片四幅，《全书》合计六十四幅，皆为有关船山史迹与船山著作之摄影，又皆撰说明略详，以助兴味，而供玩索。第一册第一图之船山画像，原刊金陵本《船山遗书》卷首，以其容貌最为近真，体态严重端肃，故采用之。按船山生前有野史刘思肯为之写真，死后有儿子王敔为之制像，其像即见本册（坚注：指《全书》第十六册。下文括弧中‘本册’同。）卷首第一图。今取金陵本画像与王敔所制者并观，知前者实以后者为蓝本，故可谓之近真。其容清癯瘦损，以船山生活艰苦，且久病喘嗽，大耗体力故也。尝见《中国大百科全书·中国文学》卷所刊船山画像，面容丰厚肥泽，富态俨然，则似出于杜撰。其像原刊清光绪三十一年发行之《国粹学报》第十二号（参见本册第八四五页《王船山先生像赞》及该页注㊀），盖因当时革命志士追慕先贤，欲图其形，刊于报端，而急切未得底本，遂以想象为之。”我浏览载籍，偶有此类发现，也就随笔注记。记得有一部湖南方志是将他人之文误为船山之作的，这就关系比较重大了，我也在相关处所加注指出。对于此类小考证，我想，有兴趣的读者是会喜欢的。

《全书》硬面精装，外加护封。我为护封的前后勒口统一设计了文字的格式和内容：前勒口写该册所收船山著作的简介，后勒口印《全书》一十六册的总目。这样，读者一编在手，即可了解本册有哪几种著作，以及这几种著作在船山全部著作中的次第位置。

上述装帧设计，也得到了专家学者们的称许。羊春秋教授数次来函提及，他都是与书的校点工作一并说的，“《全书》已出之两册，校点精细，封面设计落落大方”（1988.12.10）；又，“惠寄《船山全书》第一册，已经奉收……此书装帧精致，封面素雅，校点深细，非先生董其事，绝难如此完善也”（1989.9.17）。

《全书》按定稿先后，分册付印。逐册出版后，向各顾问、编委例赠样书，我都自己包扎，另函通知。数册以后，他们的复函对《全书》给予了越来越高的评价和赞誉。例如北京大学教授张岱年先生（顾问）在得到最初出版的第二、第十两册后说：“船山遗书得您的精心校订，实学术界之大幸。”（1988.12.21）在续得第一册后说：“船山著作从此得一善本，实为学术史上一件大事。此亦出版界之佳话也。”（1989.10.14）在前后收到所出八册后说：“您校订此书，功力甚深，有功前哲，裨益后学，令人敬佩！《船山全书》的出版，实乃学术界的盛举，这是值得称赞的。”（1992.6.22）在十六册全部编完后说：“船山著作多次重印，《全书》实为最完善的刊本，具有极高的价值，对于《全书》编印的完成，谨表示热烈的祝贺！”（1996.8.1）

任继愈先生在收到最初三册后即说：“《船山全书》出版后，据所闻，均认为是最好版本，这是你们用心血换来的评价。”（1989.9.14）在收到共计六册后更说：“这次的《全集》，可以说是最完备的版本。岳麓版《船山全集》可以传世。”（1991.1.7）

武汉大学教授萧萐父先生（顾问）收到最初两册后说：“《全书》校订精，装帧美，足以告慰船山于地下。吾兄数年来辛勤劳绩，嘉惠学林，功在不朽。我月底将赴香港纪念唐君毅会，拟将《全书》携去一册，代为宣传。”

（1988.12.13）次年，他来信说：“去年赴香港一会，遇台、港有关学人，皆甚盼能买到《全书》。……前四川巴蜀书社组编“中国古典名著导读丛书”，嘱我编选《〈船山遗书〉导读》。现《全书》已陆续出，自当以《全书》为定本，故拟易名为《〈船山全书〉导读》，恳望能得到你的指导帮助。”（1989.9.28）

厦门大学教授汪澍白先生早年相识。他虽非《全书》顾问，我也每册出版即寄他求教。有一次他来信说：“前些年你埋首湖南图书馆，编校《郭嵩焘日记》。现在编校《船山全书》，工程更为浩大。辑逸文，勘异同，考源流，征故实，正讹错，定句读，加标点……数百卷的编校工作，任务极为繁重。鲁迅曾经说过：‘中国要作家，要文豪，但也要真正的学究。’我觉得你现在大概算得上是一个‘真正的学究’吧！”（1991.1.15）

前辈们重视文化遗产，关心古籍整理，因书及人，推爱于我，奖饰多逾量之词。我虽有歌者知音之感，也深怀其实难副之惭。唯有倍加奋勉，以求不负期许而已。

张舜徽先生近在武汉，早有联系。他对我亲切逾恒，赐教独多，对《全书》也最关心，出书稍迟，即连函催问，如：“年前有函奉上，专询《船山全书》出版事。此书已出至第几册？我处自开始至今，还只收到第一册、第二册、第十册共三本。其余皆未见书，深欲尽读为快。”（1990.2.12）《编辑纪事》录有他的十一封信，最后一信如下：“得手书及《船山全书》第六册，谢谢！伏念贤者频年心力，尽瘁此书，校对仔细，力求无误，认真负责之精神，实罕其匹。而来札犹欿然不自慊，以为失校之处尚不能免，此乃书林常有之事，何足介意，昔人校书所以有扫叶之喻也。贤者整理此书之功，固已不小，沾溉士林与后世者，尤深远非常人所能逮，此鄙人每一念及，敬服无已。仍望劳逸结合，爱啬精神，是所切祷。”（1992.6.18）

《纪事》录此后有一条注：“此张老关于《船山全书》之最后一函也。通览各函，其关心学术、重视《全书》，与夫奖掖后进、谆谆善诱之精神，流露于字里行间。计其所见《全书》，尚只二、十、一、九、七、八、四、六等八册，而是年十一月先生逝矣。此后各册出版，予皆寄先生哲嗣君和先生一份，俾配全套，亦告慰泉下之意也。”记得张老讣文来到，是某日下午，我感到非常伤痛。社领导叫我拟一唁电，我立时写就，经审阅后发出，后来这电文也蒙华中师大收入他们所编的先生纪念集中。

张老的信提到我为《全书》存在的差错而感歉疚。我的这种心情也时时向其他顾问、编委表述。他们都曲予宽谅，慰勉有加，使我感愧。湖南师范大学教授马积高先生（编委）曾过细地读过《全书》的几册，考订其中的错误，我将他的信录入《编辑纪事》，以供学习，并志纪念。还有其他好几位热心的读者，撰文或来信纠误，我也在《纪事》中一一述及。

《船山全书》共十六册，收王夫之著作七十三种，末附他的传记、年谱和有关杂录（分编辑出版之属和记叙研究之属两部分），合计一千零三十七万字。自 1982 年立项筹备，至 1988 年开始逐册出书，1996 年全部出齐，翌年即 1997 年获得了第三届国家图书奖。

十年过去，至今回顾，《船山全书》毕竟是 20 世纪 80 年代至 90 年代中期所编所出的书，而且是一个省级出版社所编所出的书，不能不刻着这个时、地的局限的印记。它的优点和缺点，在整理古籍的层面上，将会引起讨论和研究。就我个人绠短汲深，而作为此书的终审、终校和责任编辑来说，我觉得已尽了力。但是在当时的体制条件下，使我能够发挥力量的决定因素是领导的作用。知人要明，用人要专：这是我对出版局、出版社领导的默祷。天从人愿，这默祷实现了。它成了《全书》得以顺利完成最得力的引擎，因而也成了我参加工作以来的最铭心的安慰。

话说岳麓版《传统蒙学丛书》

喻岳衡

改革开放三十多年来，出版工作从出现新的转机到与时俱进，成绩巨大，一片繁荣。其中，古籍整理出版工作也从停顿到重新重视，再到全面发展，在图书市场上琳琅满目，使蕴藏在古籍中的传统文化大放光彩。正是在这个大潮中，岳麓版《传统蒙学丛书》应运而生。

1985 年冬，岳麓书社决定整理出版《传统蒙学丛书》，要我担任主编，我愉快地接受了这一任务。我们考虑到，我国中小学语文教材与教学方式的改革，当时已在很多地区开始了积极的探索，有的已付诸教学实践并取得了重要成果，但产生一套理想的教材殊为不易，只有博采众长，相互借鉴，才可能日臻成熟，而且必然有一个实践和检验的过程。唯其如此，推荐介绍一些我国传统蒙学教育中的典范读本，以供参考借鉴，是有现实意义的，读者也有出版这类图书的要求。

我国旧时代的启蒙读物，尽管有其内容上的局限性和落后性，但经过长期历史检验，毕竟是传授基本知识、进行道德教育且有易诵易记特点的通俗教材，所以虽经历数百年以至千余年，仍然受到读者欢迎。其中如《三字经》被视为风靡世界的华夏八大古籍之一，近年且由联合国教科文组织选作儿童道德丛书之一。

追溯历史，《三字经》早已走出国门，远在清代雍正五年（1727）订立《恰克图界约》之后，沙皇政府派来北京的“学艺”人员，就以《三字经》为识字课本，后被译成俄文。道光九年（1829），又在彼得堡出版了《汉俄对照三字经》，被人称为“十二世纪的百科全书”，广泛流行于俄国知识界和俄国公众。到道光十五年（1835），又由美国传教士出版了英译本。

在国内，以《三字经》为首，形成了一套完整的儿童启蒙读本。旧时代的启蒙教育，从集中识字开始，主要教材是通常所说的“三、百、千”，即《三字经》《百家姓》《千字文》。《三字经》最早走向世界，在中国更是一本家喻户晓、脍炙人口的启蒙课本。比较通行的本子全书仅 1122 个字，包括了教和学的重要性与应有态度、封建伦常、日常事物、诸子百家、历史知识、人物故事。叙史部分简明扼要，字不多而历代统系、人物事件叙述得很清楚。所谓包括“天人性命之微，地理山水之奇，历代帝王之统绪，诸子百家著作之缘由”，因而成为一本学习中国历史文化和伦常道德的入门书，被人推崇为“袖里通鉴纲目”，“若能句句知诠解，子史经书一贯通”。

《百家姓》在宋代即已作为启蒙识字课本，《千字文》则在南北朝时梁代后开始流行，以后历代相沿。明代理学家吕坤在其《社学要略》中说：“初入社学，八岁以下者，先读《三字经》以习见闻，《百家姓》以便日用，《千字文》亦有义理。”所称“以便日用”，大概是通过识字熟悉姓氏，便于日常乡党应酬往来。《千字文》为南朝梁代周兴嗣所编，从南北朝梁代直到清末，流行了 1400 多年。清代郭尧臣所编《捧腹集诗钞》有诗云：“一阵乌鸦噪晚风，诸徒齐逞好喉咙。赵钱孙李周吴郑，天地玄黄宇宙洪。《千字文》完翻《鉴略》，《百家姓》毕理《神童》。就中一个超群者，一日三行读《大》《中》。”《鉴略》即《五字鉴》，又名《鉴略》，《神童》指《神童诗》，《大》《中》指

《四书》中的《大学》《中庸》。由此可见当年这些书的风行和普及。

《千字文》为世界上现存出书最早、使用时间最久的蒙学识字课本。全书只用 1000 个字，基本上不重复，四字一句，每句成文，前后连贯，成为韵语，而且所用多为古代常用字，句子是普通的文言语法结构，一般无生涩硬凑之病，适应儿童识字造句的需要。诚如清人褚人获所赞誉的，“如舞霓裳于寸木，抽长绪于乱丝”。明代独主文坛二十年的王世贞誉之为绝妙文章。《千字文》不但在汉民族中流传，还有蒙汉对照本，并远传日本。

蒙学识字书除“三、百、千”外，还有各种“杂字”。陆游在《秋日郊居》诗第七首自注中，把杂字书与《百家姓》并列，谓之“村书”，可见杂字书在宋代就已流行。在各种杂字书中，常见的是四言韵文杂字，其中如《捷径杂字》与《包举杂字》二书，新中国成立前的农家几乎家置一册，念过几年书而又不准备深造的，把这些书作为识字课本和常用字典，不仅自己翻阅，还传给后代儿孙，其特点是紧密结合农家生活，把常用字协韵成文，符合速成要求。

蒙学集中识字之后，第二阶段除了继续识字教学以外，逐步过渡到读写训练，主要教材是各种韵语知识读本。其特点如清代大学者阮元所说，“是必寡其词、协其音，以文其言，使人易于记诵”。通行的有各种“蒙求”、《龙文鞭影》《幼学琼林》等书。继唐人李翰的《蒙求》之后，陆续出现了很多以“蒙求”为名的书，岳麓书社所出《十七史蒙求》，即是其中之一。其他如《龙文鞭影》，在清代中叶以后，也很流行。本书原名《蒙养故事》，后改今名，是以介绍人物掌故和历史知识为主的韵语书。《幼学琼林》则是用骈俪句式编写的知识读本，旧时风行全国，历久不衰，是一本家喻户晓的私塾必读书，人们相传“读了《幼学》晓天下”。确实书中包括的范围很广，天文地理、节令岁时、文官武职、朋友师生、婚姻妇女、风俗礼仪、讼狱人事、科第文章，以至生老病死、衣食住行、制作技艺、鸟兽花木，无所不包，旧时人们日常所用文字，习闻常见的成语典故，几乎在书内都可找到，因此被人称为《对偶句典故词典》。过去被视为“儒林之圭璧，童蒙诵习之要本”，“莫不各置一册，私为枕秘”，确非夸大其词。

蒙学的第三阶段主要是读写基本训练，教材有《声律启蒙》《千家诗》《唐诗三百首》等。《声律启蒙》以上下平声三十韵为目，每韵各有对文三则，每则有对语十对，一位诗人曾经说过，他读这本书，“低吟缓诵之际，但觉音韵铿锵，词藻华丽，妙不可言”，认为这是一本奇书。学诗的蒙学课本还有《千家诗》，即旧蒙学书“三、百、千、千”中的后一个“千”。此书具有便利初学的特点，全书所选224首诗，大都是唐宋两代著名诗人的名作，历来脍炙人口，传诵不衰。诗句浅显易懂，流畅自然，朗朗上口，易读易记。一编在手，儿童幼而习之，可以初步领略中国古典诗歌的宏富多彩，激发其读诗的兴趣；对广大诗歌爱好者则可鼎尝一脔，或初识门径，再登堂入室。至于清代乾隆时蘅塘退士编选的《唐诗三百首》，问世后流传更广，影响更大。选者在卷首序中说明，他所选的诗是“唐诗中脍炙人口之作”，而且是“择其尤要者”，也就是优中选优。唐诗是中国诗的高峰，而盛唐诗又是这座高峰的顶点。被后人尊为诗圣、其作品被尊为诗史的杜甫，是顶点中的拔尖人物，因而入选的诗最多。在我国浪漫主义诗歌发展史上，李白是继屈原之后的又一个高峰。诗圣、诗仙，辉映千古，因而入选的诗也占很大数量，至于其他的名家名作，也都是历代公认的好诗。本书选诗还有一个重要标准，选者吸取《千家诗》“取其易于成诵，故流传不废”的经验，所选诗无论在内容上还是形式上，大都易于为儿童和一般读者所接受。特别指出它是“家塾课本”，因而自问世以后，两百多年中，一直作为儿童诗歌读本，几至家置一编，“童而习之，白首亦莫能废”。

蒙学的最后是训练阅读和作文，主要教材有《古文观止》《古文释义》《古文笔法百篇》等古文选注评点本，也有的将《唐诗三百首》列为这一阶段的诗歌教材。或开始读《四书集注》，视学童年龄、程度等具体情况而定。

如上所述，传统蒙学书历史悠久，有其自身的完整性和系统性，在旧时代其入人心之深，普及之广，远过文句很深的圣贤经传，其历世之久也为古今中外的儿童读物所少有。在封建时代，平民百姓、黄口小儿从中认识了汉字，初步训练了读写能力，接受了伦常观念和社会、历史、生活知识，对他们的文化传递就是通过这些书完成的。诚然，所有这些蒙学书都反映了当时的封建阶级意识，书中宣传封建思想意识的内容不少，还杂有庸俗荒诞的东西，这是必须扬弃的糟粕，但其中包含的丰富而又精练的知识内容，仍适合今天许多读者的需要。

鉴于传统蒙学书的价值和读者要求，岳麓书社从 1986 年开始，就乘着改革开放的春风，冲破过去对这类书的偏见，酝酿出版这套丛书，当年 8 月出版了《三字经》一书，由丁双平同志担任责任编辑，至现在已重印 23 次，发行 91 万册，受到读者的欢迎。当时很多报刊电视台将此视为一件大事和新鲜事，湖南电视台的记者率先进行了报道，《人民日报》登出了周谷城先生的序言。接着《百家姓》《千字文》《千家诗》《幼学琼林》《声律启蒙》《龙文鞭影》《五字鉴》《重订增广》《唐诗三百首》等书相继出版，赢得专家和读者一片叫好之声。著名学者冯天瑜在《文汇读书周报》以《文化史研究的一个侧面——由岳麓书社出版传统童蒙读物说开去》为题指出：“你要了解中国传统文化，你要了解中国人，单看《论语》《孟子》《老子》《庄子》是不够的，还得看看《三字经》《增广贤文》，只有如此，你才能理解先人是在一种怎样的文化氛围里成长起来的，正是在这一意义上，我作为中国文化史研究者，对于岳麓书社重新出版传统童蒙读物表示感谢和祝贺。”粗略统计，当时全国报刊有消息报道或专文评介的共27家。北京师范大学古籍研究所学者徐梓在其所著《蒙学读物的历史透视》一书中，称赞这套丛书是“近十年来出版的众多的蒙学读物中出版最早、持续最久、卷帙最多、影响最大、用功最深、质量最高的一种”。日本福冈大学总合研究所出版了《传统童蒙教育课本〈 幼学琼林〉初探》，详细介绍了岳麓版《幼学琼林》一书，还转载了我写的《前言》。

我们辑印这套丛书，资料力求完备，因为我们编书的目的，是为文化史、教育史、小学教材教法的研究提供一份研究资料，同时供一些传统蒙学书爱好者参考阅读，因此提供的资料力求完备，有一定的代表性。如《三字经》一书，通行的《三字经》相传是宋代学者王应麟编著，明末清初学者王相注释，我们即以这个本子为主，同时收入了衡阳人贺兴思注解的《三字经注解备要》，章炳麟的《重订三字经》。章氏号太炎，是近代著名的民主革命家、思想家、经学家，在文学、语言学、史学等方面，都卓有贡献。他对《三字经》评价很高，但他又觉得“诸所举人事部类，其切者犹有未具。明清人所增尤鄙”，因此他又“重为修订，所增入者三之一，更定者亦有百之三四”，他增加了一些在当时看来是儿童应知的新知识，如“赤道下，温暖极；我中华，在东北”，“地所生，有草木。此植物，遍水陆”，在当时实属令人耳目一新。除《三字经》外，其他多种都增补了同类书。如《千字文》除通行的周兴嗣所撰书外，还增辑了《续千字文》《再续千字文》《别本千字文》《叙古千文》；《增广贤文》增辑了清代周希陶的《重订增广》和《名贤集》《一法通》《朱子家训》《小儿语》《续小儿语》《小儿语补》等多种格言谚语类书；《声律启蒙》除通行的清代车万育所著书外，还增辑了《声律发蒙》《笠翁对韵》《时古对类》等同类书。这对研究者和一般阅读欣赏者都大有裨益。

为了帮助读者了解书的内容、特色和相关知识，提高阅读效果和兴趣，在每书之前，我都写了一篇较长的《前言》，对书作了较系统详细的评价。比如对《三字经》，我就在《前言》中指出其在编写上的高明和独特之处，“它采用三言韵语，读起来朗朗上口，便于记诵，又通俗易懂”，“全书或三字成句，或六字成句，或十二字成句，变化多样，生动活泼”，等等。对《龙文鞭影》则指出“我国历史上流传下来的一些著名故事如孟母断机、欧母画荻、毛遂自荐、荆柯刺秦……一些民间故事如鹬蚌相争、董永卖身等，书中都有记述，全书收辑了两千多个典故，可称之为一本典故大全。正文都用四言，成一短句，上下两句对偶，各讲一个典故，逐联押韵，流畅顺口，因而又是一本可诵读的典故小词典”。其他各书大都如此作一番介绍，起到了导读作用，读者反映甚好。其中《千字文·前言》还刊载在当时出版的《博览群书》上。

为了访到各种蒙学书的多种版本和善本，我和丛书的另一位责任编辑丁双平同志（岳麓书社、湖南教育出版社原社长，现中南出版传媒集团股份有限公司总经理）曾去北京、上海、苏州等地的国家和大学图书馆访书，使岳麓版本丛书能得到多种版本互校，择善而从，如《千字文》一书，点校者是以校勘较精的李光明庄刊本为底本，并以徐氏重刻本、大魁堂刊本及其他通行本参校，遇有异文，则择善而从。《东莱博议》一书，原本有168篇，但通行本仅86篇，因辗转传抄，宋元旧本即已讹误不少。清代道光戊戌年间退补斋所刻全本《东莱博议》，曾参合元本、明本、文渊阁本及平湖胡氏所藏本校雠，岳麓本即是参照这个本子对通行本进行了校勘，使之成为一个比较完善的本子。

2005年我们又开始编辑出版了新版《传统蒙学丛书》，除对原文注释、今译外，还加评析和相关链接及其他有关内容，不仅使读者能透彻理解原文内容，还能获得许多相关知识，这是一种尝试，也是一种可贵的创新。如《三字经》一开始就提出“人之初，性本善”的问题，“简评”中指出：“关于人的本质，中国和西方古代均存在着两种不同的见解，即‘性善论’和‘性恶论’。《三字经》的作者显然是持前一种观点，并由此入手，说明学习对塑造人的本质和性情的重要性。”接下来又在“相关链接”中转述了孟子、荀子关于性善、性恶论的原文，这样就对原文的论点和丰富内涵有了比较深刻的理解。

又如《百家姓》，除载明“本姓属地”“本地起源”之外，还加录了“本姓名人”“本姓名人名句”或“本姓名人故事”，如“朱”姓除录了唐代人朱庆餘的诗《闺意献张水部》、清代文学家朱彝尊的词《一叶落》，还录了南宋哲学家、教育家朱熹的名言“无一事而不学，无一时而不学，无一处而不学”，等等。对有些一时尚难找到名人名句的姓氏，则录其名人故事，如对“喻”姓，就录了宋代建筑学家喻皓造开宝寺塔的故事。喻造此塔，向西南方向倾斜，有人问其故，他说京师（今河南开封市）地势较平，山丘少，常刮西北风，百年后塔就会正过来，后来果如其言。这类故事书中还有很多，读者既能通过姓氏去熟悉名人名句和故事，又能通过名人名句和故事更了解姓氏。这样就比单纯的姓氏罗列生动有趣多了。这套丛书因其内容丰富，诠释生动新颖，一问世即颇受欢迎。

《传统蒙学丛书》中，根据发行量大的《三字经》等10种书的统计，已发行三百七十七万册。新版《传统蒙学丛书》出版了10种，虽出版时间还不长，《三字经·千字文》和《百家姓》已各重印7次，《千家诗》已重印8次，其他各种也多已重印2至3次，总印数三十六万多册，较好地适应了读者对优秀传统文化的需求，也为本社创造了良好的经济效益。

王先谦和《葵园四种》

梅季坤

目前不少历史著作，甚至工具书，一提起王先谦，就据他在戊戌维新时期的一些行为表现，宣判其为顽固派头子、反动势力代表。

王先谦（1842—1918），字益吾，号葵园，湖南长沙人。同治四年（1865）进士，历官翰林院编修、侍讲，国子监祭酒、江苏学政。辞官回湘后，主讲思贤讲舍、城南及岳麓两书院。他效忠于清王朝，抵制维新，反对革命，政治上确实保守，但综观其一生，一是富有民族自尊心，充满着忧时救国的激情。光绪五年（1879），曾连上五疏，力主抵抗沙俄对我新疆、东北等地的侵略，并从路线、外交、国防部署、人事和工艺等方面提出了卫国御敌的意见。回籍乡居后，他又成为湖南声势浩大的保护矿权、夺回铁路自办权运动中的首倡人物之一。二是有刚直不阿的气节。光绪十一年，他上疏请停北京三海工程，尖锐批评慈禧太后只图个人逸乐而不顾人民死活的行径。在江苏任上，又数次弹劾以办招商局谋取私利的李鸿章和倚仗主子招摇撞骗的李莲英这两个煊赫一时的权贵，史称“抗疏归里”。三是有变通精神。光绪五年，他上条陈时务万言疏，全面阐明自己的洋务观点。戊戌初，他在书院改革课程，和陈宝箴等一道共同筹备时务学堂及南学会；此后，集资在湖南开办机器、电灯、矿产和铁路等企业，甚至著书立说介绍日本和西方世界的政治、经济、文化教育和历史地理。假若这位洋务派中有影响的湘绅领袖在戊戌初不能与洋务派官僚陈宝箴合作，湖南新政未必会能如此顺利展开；假若他的洋务派旧学在维新开始阶段不能和维新派新学协作，湖南维新运动也未必会如此富有成就。

王先谦并不是政治活动家，而是一代学人。他从三十一岁刊行《汉铙歌释文笺正》至病逝前两日手书《新修晋书序》止的四十五个春秋里，先后著、编、注、辑、校、刻书达四十八种以上，计三千二百余卷，字近两亿，真是有史罕见。所刊《尚书孔传参正》《诗三家义集疏》《庄子集解》《荀子集解》《汉书补注》《后汉书集解》《释名疏证补》《皇清经解续编》《东华录》及《续录》《续古文辞类纂》等，昭示学者，长益后人。其学主汉宋同途，今古文共辙，诸子并蓄，中西兼容，考据学风与经世致用学风融为一体，江浙学派与湖湘学派冶为一炉，博通经史子集。对这样一位在整理研究我国古籍工作中取得了巨大成就的人物，不应简单粗暴地予以否定。

岳麓书社最近出版了经梅季先生校点整理的《葵园四种》（包括《虚受堂文集》《虚受堂诗存》《王先谦自定年谱》和《虚受堂书札》），是研究王氏学问和思想的重要资料。王氏文宗秦汉韩愈，诗学杜甫苏轼，有一定文学艺术价值；而其中众多精当的序跋、难于见到的一些奏稿书信，则对于清末政治、思想、文化、教育和出版等方面的研究，提供了重要的史料。

从编辑《曾国藩全集》到研究曾国藩

唐浩明

1982年秋天，我从华中师范大学古典文学研究部毕业，分配到岳麓书社。那时岳麓书社刚刚创建，正在做整理出版湖南地方文献的事情，请有关学者列出一批拟整理出版的湘人著作名单。这个出版计划得到国务院古籍整理出版规划领导小组的批准，其中有著名的六大全集，即《王船山全集》《魏源全集》《王先谦全集》《王闿运全集》《曾国藩全集》《左宗棠全集》。我当时认定这是一个很大的文化事业，很有意义。我向社领导表示，愿意参与这项工作。一年多以后，社里将整理出版《曾国藩全集》的事情交给我来负责。

曾国藩这个人我不陌生，从小时读近代史，就知道他是镇压太平天国的反动头子，稍后还知道他的头上戴着三顶铁定的帽子：汉奸、卖国贼、刽子手。我也知道，过去出过《曾文正公全集》，是一部颇有名气的书。那时是1984年，"文化大革命"已结束8年，中国的政治形势发生了大变化。在我的思想里，曾国藩虽不在正面人物的范围内，但他的确是中国近代历史上的一个重要人物，他的文字作为了解那个时代的第一手资料，对于学术研究是很有意义的。既然有全集在先，重新再出版，也不是很难的事。所以，我在应承下来的时候，心情是轻松的。然而，随着这项工作的深入进行，才知道事情远不这么简单。

首先，我们将要出的《曾国藩全集》，就不是过去的《曾文正公全集》加上新式标点后的简体横向排版，而是根据省图书馆所藏原始史料的重新编排。说起这些史料的收藏，也颇带有传奇性。

曾国藩是一个档案意识很强的人。他的所有文字，即便是家书、日记这类纯属私人性质的东西，都留有副本，尤其是他后来身为带兵统帅，常年处于战火之中，更是留心录副与保存。有专人替他将一段时期的公私文字，送到他的老家加以收藏。他身后，长年留在他身边的文稿、文件与图书，也被一并运回老家。曾氏后人把这些东西看得很重，雇有专人看管，世代珍藏。1949 年以后他的第四代孙曾宝荪、曾约农姐弟，曾将曾氏父子的部分亲笔文字带去海外，其他大量的文档则留在老家富厚堂。经当时省政府中有识人士的保护，这批文档逃过了险遭焚烧的一劫，被安全运到长沙的省图书馆。又因这批文档不被重视，存下后就不再被人理睬，而侥幸躲过“文革”破四旧的大劫，终于度过百年沧桑，等到重见天日的那一天。

我用一辆板车，将社里唯一的一部复印机运到省图书馆。社里派出一名复印员负责复印，我则在图书馆里的一间矮小破旧的库房里，寻找和翻阅那些需要复印的文档。百多年下来，当年那些文档大多已经发黄，变硬，有的还被蛀虫蛀得支离破碎，每翻开一页，都得格外小心，而且常常会被随之而来的霉味呛得眶鼻极不舒服。工作环境不好，进展又慢，足足印了三四个月，才把除奏折外的该收入全集的资料大致复印完毕。

当时，由出版社出面，组织了一批文史专家，对这些文档予以整理。为了更好摸清这些材料的具体情况，我自己动手，先行整理曾国藩的家书。

曾氏的家书是其全集中一个重要部分，名气很大，版本也最多。对于我们所编的这套新版全集来说，整理这个部分，颇有代表性。我将可以找到的版本尽量找来，一本本地阅读比较，最后确定，以曾氏故居富厚堂所藏的抄本及原件作为基础，以光绪二年（1876）家刻本及1965年台湾学生书局影印的《湘乡曾氏文献》作为第一参校本，在此基础上，再广泛收集百年来发表与未发表的其他曾氏家书，作为补充。只要是曾氏所写的，全与不全，都一概收进而不遗漏。这个方案，后来就成了整个曾氏全集新版本的编辑总则。

经过一年的努力，新编曾氏全集的家书部分出来了，足足有100万字，是光绪二年刻本的两倍多。为方便读者阅读，我还为每篇书信写了提要，书末并附有人名索引与内容主题索引。捧着刚出版的两大册家书，我有一种欣慰感。不料，就在这种欣慰感还没有消退的时候，便遭遇了风暴。书上市没有几天，《湖南日报》便在重要版面上登出一篇大文章，强烈责问“谁在为反革命头子树碑立传”，字里行间火药味十足。我心里有点紧张，参与曾氏全集整理的一些专家也纷纷询问，这到底是怎么回事？它有什么背景吗？

我连夜到省委宣传部一位领导家里，整理出版地方文献这摊子事归他管。这位领导说，据他所知，这篇文章的后头不可能有什么背景，劝我们不必太在意。接下来，并没有看到后续的文章，也没有接到来自领导部门的所谓打招呼之类的话，于是大家的心才稍稍安定下来。

不久，海外却传来令人振奋的消息，美国纽约《北美日报》专门为此发表社论，题目叫作《还历史以本来面目》，副题为“评中国重新出版《曾国藩全集》”。文章说《曾国藩全集》的出版“是中国文化界人士的思想突破了一大禁区的标志，也表明中国的文艺政策，确实比过去大为开放了”，“其重要性完全可以和中国发射一枚新的导弹或卫星相比拟”。

来自海外的这种出乎我们意料的热烈反响，给《曾国藩全集》的整理出版起了不小的推动作用。从那以后，也很少再见到指责这桩事的文章了。

我在整理出版曾氏家书的过程中，先后对他的1400多封家书读过四遍，越读我越觉得曾国藩这个人，与我过去脑中的那个反面人物形象的距离越来越远，反之，他家书中的许多言论，倒是与我的价值观念越来越接近。这是为什么？曾国藩究竟是个什么样的人？对曾氏这个历史人物，人们的评价差别如此之大，除开功利缘故外，还有别的原因吗？我决定自己来作一番考察与研究。

我因此阅读大量的史料，从今人的论文、专著到前人的传记、年谱，从别人的议论、评论到本人的第一手文字，都尽可能地找来阅读。我的编辑工作则逼迫我必须一字不漏地啃读曾国藩本人所留下的1000多万字原始材料。这种笨拙的读书方式，让我看到了许多历史的细微末节，而这，往往被不少以研究为专业的历史学家们所忽视。

曾国藩是一个在中国近代史上留下很重痕迹的政治家，也是一个思想和行事都很复杂的历史人物。他的千余万文字，作为史料来说，固然丰富，但作为认识他的空间来说，又显得辽阔深幽。我对他的认识过程，是一个步步深入的过程。

从1986年到1993年，这期间我曾写过十多万字的研究曾国藩的文章，其中主要的有《曾国藩对人才的重视及知人善用》《曾国藩的学术思想及其启示》《曾国藩非汉奸卖国贼辨》《含雄奇于淡远之中》《曾国藩的生平与事功》等。这段时期，我对曾氏的研究，偏重于宏观方面及以往人们所谈论得较多的方面。通过这段时期的研究，我对曾氏的总体看法是，他既不是先前人们所说的“一代完人”“千古楷模”式的圣贤一类人物，也不是后来人们所说的汉奸、卖国贼、十恶不赦的历史罪人，他实际上是一个充满着深刻的悲剧内涵的历史人物。细细品味他留下的文字，可以发现他的内心深处是悲凉的，是抑郁的，他的哀多于乐，忧多于喜。这种气氛的强烈，远远超过其风光、荣耀的外在表现。

他的悲剧，不是像晁错、韩信、岳飞一类人那样，为自己所忠于的君主所屈杀，也不是像贾谊、李广、冯唐一类人那样，身怀大才而不被朝廷所重用。他的悲剧表现在他的理想与他所处的时代的矛盾上。他生在一个百孔千疮、行将就木的封建王朝，而他却幻想在这片残破的河山上重建周公孔孟之业，这难道不可悲吗？他的信仰又是那样的坚定，为之付出的心血又是如此之多，因而他的悲剧色彩也就愈加显得浓重。

基于这样的认识，我开始构思写一部以曾国藩为主人公的长篇历史小说。写文学作品，而不写人物传记，这既是出于想让作品有更多读者的考虑，也缘于我的作家梦。1986 年秋天，我开始动手写。从那以后，长达 6 年的时间里，我白天编《曾国藩全集》，晚上写曾国藩小说，基本上没有休息日，也没有过年过节的概念。我有时甚至不知道冬天已到、夏天已去。我在小说《杨度》中有一节，说杨度写长篇文章，不知时序推移，忽见院子里的樱花绽放，方知春天已经来到人间。这实际上写的是我自己的切身感受。好在我无论白天还是夜晚，都生活在晚清那段时空中，都围绕着同一个人物在转，环境无须改变，思考不至错位。1990 年 8 月，长篇历史小说《曾国藩》的第一部在台湾黎明文化事业公司问世，3 个月后，湖南文艺出版社也将这部书的第一部《血祭》推出。接着，在 1991 年、1992 年，两岸几乎同步出版该书的第二部、第三部。出乎意料，《曾国藩》这部小说受到两岸读者的一致欢迎。有媒体说，《曾国藩》拉近了海峡两岸的距离。不只是大陆与台湾，北美、欧洲、东南亚，几乎整个华人世界都在谈论着这部书。《曾国藩》从第一部出版到今天，已有三十多年了。这期间，除开台湾黎明版、湖南文艺版外，还有香港版、人民文学文集版、长江文艺的文史对照版、作家的图文版、湖南少儿的绘图版，甚至还有台湾汉湘的盗版，至于国内的盗版则不计其数。正版总印量已超过百万。1993 年，台北故宫博物院召开大型曾国藩研讨会，我以小说家的身份被邀请出席。1999 年，香港《亚洲周刊》将它列为 20 世纪华文小说百强之一。2003 年，获得首届姚雪垠长篇历史小说奖。

因《曾国藩》小说的热销，还带来两个不曾想到的趣事。一是它带动岳麓版的《曾国藩全集》的发行。以往《曾国藩全集》是以编好一本出一本的形式出版，每一册不过印两三千册，个别的印1000册。1994年底，我们一次性地推出全部30册1500万字《曾国藩全集》，首次便印8000套，半年后，又加印5000套。一部大型历史人物史料，在一年内印刷两次发行13000套，这在中国出版史上极为罕见。不仅为出版社赢得了广泛的社会影响，同时也创造了可观的经济效益。二是它引发了一场为时二三十年的“曾国藩热”的阅读与出版现象。“曾国藩”就像一个珍稀出土文物，一出土，便为社会所热切关注。最为奇怪的是，其被关注的读者层面非常广，无论是政界、军界、商界、实业界，还是知识界、文化界，甚至普通市民，即所谓“引车卖浆者流”，也在关注着。反映在出版界，则是多种多样的曾国藩读物大量出版，从曾国藩政书、曾文正公全集到形形色色的曾国藩政治术、谋略术、做官术、人际关系术、看相术，真个是林林总总、五花八门、良莠难辨。从正规的新华书店到个体户的书摊，只要你走近它们，眼球立刻就会被“曾国藩”三个字所吸引。这种现象，大概在中国出版史上也不多见。作为此事的肇始者，老实说，我看到这个场面，心里已经没有一丝一毫的欣喜之感，相反地倒是觉得隐隐作痛。我想尽自己的一点绵薄之力，试图对此现象能起一点正本清源的作用，于是我开始对曾国藩的第二轮研究。

从2001年开始到2007年，六七年的时间里，我潜心再次阅读曾氏文本，先后推出了《唐浩明评点曾国藩家书》《唐浩明评点曾国藩奏折》《唐浩明评点梁启超辑曾国藩嘉言钞》三部书，即所谓的“评点曾国藩”三部曲。在《评点曾国藩家书》的前言中，我写道：“曾国藩的身上有着民族和文化的负载”，他“被公认为中国近代最后一个集传统文化于一身的典型人物”，“人们对他的关注和兴趣，正好给我们以启示，处在变革时期而浮躁不安的中国人，依然渴求来自本民族文化的滋润，尤其企盼从这种文化所培育出的成功人士身上获取某些启迪”。我将这个评点系列的宗旨，用三句概括性的话标在封面上：深入一个人物的心灵，破译一个家族的密码，探求一个民族的文化底蕴。通过对曾国藩的研究来探索中华民族的文化底蕴，我认为这是研究曾国藩的正途，也是这桩事业的价值所在。如果偏离这个轨道，一味热心于窥视曾氏成功背后的各种权术，那么出版和研究曾国藩，将会失去它的重要意义。

在评点曾国藩的同时，修订《曾国藩全集》的工作也在全面铺开。《曾国藩全集》问世已二十余年了，这二十余年间，又发现不少新的曾氏文字，尤其是1993年台北故宫博物院出版了一套八卷本的曾氏资料汇编，其中有许多材料是岳麓版所未收的。这些新发现的文字都应该进入我们出版的《曾国藩全集》中，所以重新修订了这部全集。

从文献整理到文学创作，再到文化解读，我分别充当了编辑、作家、学人三个角色。其实，这三个角色所担当的都只是一个责任，即以曾国藩这个历史人物作为切入点，来传承与弘扬中华民族的精粹。

《魏源全集》编辑手记

夏剑钦

2001 年 2 月我因事辞去社长职务之后，随即忝任《魏源全集》编委会执行主编。这是继我 1990 年调岳麓书社以来，第一次转换角色，身担编校重任，因而感到压力特别大，责任非常重；便手书“心无旁骛，宠辱不惊”八字于座右以誓全身心投入，不辱使命。至 2005 年 3 月，《魏源全集》20 册浓妆上市，一项前后延续了 21 年的跨世纪文化工程终于告竣了，我百感交集：一方面感到有一种 4 年多来从未有过的如释重负的轻松，一方面觉得这皇皇巨著的形成和整体推出，确实来之不易。它凝聚着几代学人的艰辛，值得编校者细细地琢磨和回味。

一、沉甸甸的历史重任

早在 1982 年岳麓书社成立伊始，当时的湖南省古籍整理出版规划小组就将整理出版《船山全书》《魏源全集》《曾国藩全集》《左宗棠全集》，作为岳麓书社出版工作的重点任务列入规划，并上报批准为国家古籍整理出版规划重点项目。其中，《魏源全集》属于全国高校古籍整理重点项目，由湖南师范学院（现湖南师范大学）和湖南省社会科学院共同承担，并成立了由林增平任主编，杨慎之、李侃任副主编的《魏源全集》编辑委员会。这届编委会为全集的整理出版筚路蓝缕，做了大量基础性的工作。如调查魏源著作存世的版本情况，遴请国内专家担任《海国图志》《元史新编》等难度大的古籍的校点任务等。但 1993 年以后，全集整理出版工作因故停顿下来，大多数著作的校点工作尚未完成，已初校的书稿亦多未上交编委会进行审读。虽然岳麓书社仍先后出版了《诗古微》和《海国图志》两种，然而，作为 19 世纪中国先进思想家的魏源这样的“世纪人物”，其皇皇巨著在 20 世纪未能以全集问世，毕竟是一件令人遗憾的事。

湖南省新闻出版局历来十分注重乡邦文献的整理出版，在湘籍名人著作的整理出版方面成果尤为斐然。湖南出版集团组建后，即与岳麓书社一起筹划重新启动《魏源全集》的整理出版工作，并于 2001 年 2 月成立了以集团董事长刘鸣泰为主任的新一届编委会，将该项目申报为“十五”期间的国家重点图书和国家古籍整理出版重点图书，计划在 2004 年魏源诞辰 210 周年时整体推出。

这是一项几代学人为之前赴后继、呕心沥血、精心投入而未竟的事业。面对收集到的已经纸面发黄变脆的陈旧书稿，注目杨慎之、陈华、陈新宪、常绍温、黄庆云、袁勖、谢铁、曹典礼诸位已故学人既陌生而又亲切的字迹，我的心由陡生敬畏而更加诚惶诚恐、战战兢兢。这是一个多么神圣而又沉重的历史任务！我们新编委会的编校者必须卧薪尝胆、全身心投入且审慎从事，方能不辱使命，高质量地完成编校任务，以使默深先生和诸位前辈含笑九泉。

于是，为尽量收全魏源存世著作和有关图片，我们再一次奔赴北京、南京、上海、广州、湖北及省内各图书馆调查魏源著作的有关版本，并沿着魏源当年求学、宦游的路线，走访了邵阳金潭、南京小卷阿、扬州絜园和高邮、东台、兴化、杭州等魏源故居、故地。我们不仅搜寻到了一些散佚的诗文、联语和碑刻，拍摄了珍贵版本书影和故居、故土图片 200 多幅，而且一路上还听到了不少有关魏源兴改革、施善政、育人才的故事，感受到了这位智者一生以天下为己任、忧国忧民的心声。

二、辑佚中的惊喜

到各大图书馆的藏书中去寻找散佚的魏源著作，这无异于大海捞针；但我们却有过几次大的惊喜，似乎是天人际会、千载难逢的意外收获。如 2002 年 4 月在复旦大学图书馆借阅《诗古微》道光中刻本，是道光二十年（1840）的二十二卷本。不意开卷目录即发现有魏源亲笔改订为二十卷的手迹，且序言中亦有其手改墨迹，其间还另夹一张陈古生香的纸笺，满纸是魏源老年时苍劲的字迹。见落款，知为咸丰五年（1855）62 岁时所书，无疑这是魏源一生治《诗》的最后一段识语。

由于此本有龚自珍之子龚橙的批校，我们持《诗古微》二十卷本清样与之对校，竟订正讹误十余处，且多是今人难以发现的问题。又由于识语字迹苍劲潇洒，不意被装帧大师郭天民看中，而将落款“臣魏源恭识”中的“魏源”二字做了全集的书名装帧用字，愈见此次所辑佚文的珍贵。

再如在国家图书馆，我们从《清代朱卷集成》中发现了魏源在道光二年（1822）中顺天乡试举人第二名时的道光壬午科履历，和他在道光二十四年（1844）甲辰科会试的朱卷文章及其房批等。这些档案资料对研究魏源的生平、世系、家庭及其文章中反映的人才思想和八股文作法等，都弥足珍贵。

第三次大的发现，则是找到有关《诗比兴笺》一书非陈沆撰而系魏源所撰的两个有力证据，以及北京大学图书馆藏的该书初稿，从而澄清了一桩历史公案，为全集补收了一种著作。仅举以上三例，即可知全集辑佚中的苦与乐，都是非亲历其事者所难体会到的。

三、编校中的惊险

一部 1100 多万字的古籍图书，要想毫无差错是不大可能的，但像《魏源全集》这样经过三校、三审、一读，反复多次地核对底本、订正句读，审慎缜密以将差错减少到最低限度，却也是很不容易的。它凝聚了校点者、审校者和编辑众人的心力，是几代学人的心血结晶。编校中一字失察、几酿大错的无数次惊险，至今历历在目，心有余悸。

如第二册中收录了魏源编著的《蒙雅》一书，据老编委会调查的版本资料，其中有云“广仓学窘丛书甲类第一集收有《蒙雅》一书”。这里“广仓”是“增广仓颉”的意思，说明此丛书属小学文字及蒙学类。但“学窘”又作何解呢？窘者，困窘、穷困或局限也，肯定不能与“广仓”相配。后查到该丛书，方知“窘”乃“宭”字之误。“宭”为群居，引申为荟萃之处，则“学宭”乃学问、学术荟萃之意。于是改正为“广仓学宭丛书”才名正言顺，未在校点说明和校记中酿成差错。

又如我们在辑佚中有东台市提供的魏源题赠水利专家冯道立的一副对联，曰：“绘郑亶之图，一卷中已饮已渴；重阳城之化，数千家无讼无嚣。”查冯道立曾绘制《淮扬水利图》，著《淮扬水利图说》一书，对联便是以北宋水利学家郑亶事典来表彰冯道立的。大意虽明，但联中的用字颇有些令人费解，难以置信。后几经曲折，核对冯道立故居楹联，才知道两个“无”字作“毋”，而“嚣”字则作“嚚”，与“讼”对举，正如《尚书·尧典》“吁！嚚讼，可乎”的“嚚讼”一样，是指奸诈，而不是指“喧哗、吵闹”的“嚣”！

再如上文关于《诗比兴笺》作者问题的证据中有龚橙跋语“魏先生馆藤花厅左之宧”，其中的“宧”字一直误作“宦”。“厅左之宦”令人费解；“宦”改为“宧”，指房屋的东北角，才使疑团涣然冰释。

四、校勘整理中的艰辛

古籍图书质量的关键之一，是校勘是否严谨，考订是否精审。岳麓书社出版的地方古籍图书中，校勘功夫之艰难者莫过于《船山全书》和《魏源全集》，前者因其学术性强且文字古奥，后者则因卷帙浩繁、门类庞杂而居其最。如魏源的《海国图志》，据统计，书中引用当时已属古籍和当时尚为新著而今已成为古籍的各种图书达 135 种，书中的外国地名有一万几千个。因而该书最困难的一项校勘整理工作，也就是考订这些外国地名的外文原名及当时为何处，而刊载这些地名的各种资料的多种外语译名，又多是用闽南话、粤语翻译的。如其中的《四洲志》，用的基本上是闽南话，不掌握闽南话的译音规律，对这些译名就根本不知所措。一连串的专名，弄不清就点不断，有时一个专名梗在那里，要查上几天资料才能动笔，其校点的繁难程度实在难以想象。校点者就是这样一边艰难地考证，一边校点注释，经老中青三代十多年的努力才完成。

说到全集编辑、校对工作的繁难、艰巨，那更是难以言喻。《魏源全集》不仅卷帙浩繁，作为底本与原稿进行核对的，就有刊本十五种、抄本六种，内容涉及经学、理学、兵学、经世之学、史地之学、小学、佛学以及诗文联语多方面；而且其中有一部分著作是校点者已不在世，书稿尚未完成，或因用人不当而完成得不好的“夹生饭”。不论是可用的书稿，还是“夹生饭”，都得靠编辑先反复核对底本，订正句读和讹误，然后再按编校工作细则统一体例进行编排。进入校对阶段，更是小心谨慎。因为全集有相当一部分书稿，当年不是在底本复印件上施校，而是在抄件上校点的，隐藏的错、漏现象防不胜防。虽在编辑过程中已核对过底本，但一遍两遍还不够，所以校对时既要核对原稿，又要核对底本刊本或复印件。如《皇朝经世文编》的兵政、礼政二册，就先后核对了五遍。其他诸如各书简介和各种著作《校点说明》的撰写，书眉与书名、篇名的一致，目录与正文页码的核对，以及封面设计方案的再三更换和各册图片的配置等，每个环节都需要编辑集中精力，细心劳作，不可有丝毫的放松。

《左宗棠全集》编辑手札

李润英

在岳麓书社欢庆企业发展步入“而立”之年的大喜日子里，作为一名曾在这里挥洒过青春热情的文字编辑，回首来路，犹觉往事历历，感慨万千。岳麓的枫林、潇湘的波涛，见证过岳麓人艰苦创业、大胆创新、追求卓越、努力打造出版品牌形象的磨砺跨越。“以最少的钱，买最好的书”，坚持社会效益和经济效益并举，岳麓人在改革发展的历史大潮中阔步向前，给社会交了一份满意的答卷，赢得了国内外广大读者的喜爱和欢迎。

曾记得，在岳麓书社刚挂牌成立之时，即将左宗棠等一批既具全国性意义，又富地方特色的名人著作，列入了重点整理出版计划。岳麓人解放思想，敢为人先，辛勤耕耘，致力优秀传统文化的积累和传播。书社于 1982 年至 1996 年间，联络省内外一批专家学者，对左宗棠的遗作进行了认真的学术调研，“只言片语，搜罗无遗”，经过艰辛的搜集、辑佚、点校、整理工作，积十余年之功，陆续整理出版了 15 卷本、逾 800 万字的《左宗棠全集》。这不仅对出版界、学术界解放思想起了推波助澜的作用，也为客观公正评价左宗棠、曾国藩等湖湘名人及其所处时代，提供了大量详实可信的第一手资料，影响遍及海内外。

晚清，是中国历史上一个处于内忧外患、风雨飘摇的时期。生当其时的左宗棠，一生经历过湘军平定太平天国运动、洋务运动、镇压陕甘起义和收复新疆等重要历史事件。从清末始，左宗棠就是一个颇有争议的人物。其率军攻打太平军和镇压陕甘回民反清起义遭人指斥，然其以64岁高龄亲自率兵收复新疆，则足可令人钦仰！

左宗棠以一举人起步，继而弃科考，悉心钻研经世之学，熟读兵法，入左幕府，参谋军政，综览九州，在清末军政舞台上纵横捭阖，终用智勇和心血，书写了晚清夕照图景中浓墨重彩的一笔，也是他戎马一生中华彩的乐章。其实，左氏以一介书生从戎，久历兵间，常有卸甲归田之念。同治五年（1866），他曾在《家书》中表示"颇厌兵事，故急思脱身……作归田之计"。然而，当国家处在主权被侵犯、领土遭践踏的民族危急存亡之秋，志士匡时济世的使命感，令他欲罢不能。

早在同治年间，中国的西部边陲新疆即已寇深祸亟，但昏庸的朝廷权贵们还在争论不休，首鼠两端，待兵不发。在帝国主义列强妄图瓜分中国的紧急关头，左宗棠挺身而出，以大智之言，力排权贵的昏庸之议；以大勇之行，舆榇出关，亲自指挥西征军直奔维护民族尊严的战斗前线。左宗棠和他率领的湖湘子弟及遴选整训过的清军，高举正义之剑，冲锋陷阵，排除万难，舍生忘死，前仆后继，出奇制胜，经过一年多的浴血奋战，终于赢得了战争的胜利，一举收复了新疆。这场战争，维护了中国领土和主权的完整，收复了占全国版图六分之一的领土，粉碎了帝国主义肢解中国的阴谋，振奋了中华民族自强不息、挺起民族脊梁的勇气，亦使世界看到了中华儿女反对侵略、维护国家主权而奋勇抗争的威力。左宗棠和大战新疆的勇士们用鲜血和生命谱写的爱国主义史诗，深邃地透视出威武不屈的民族之魂。收复新疆之壮举，令侵略者胆颤，让国人称快，福及子孙后代。

"苟利国家生死以，岂因祸福避趋之！"左宗棠坐镇甘陕，曾两次率部西征。西行征途，他携带着爱国将领林则徐绘制的新疆地图，默念着林则徐赠送的联语，义无反顾地奔走在为国家民族而战的斗争前沿。一个人一旦将自己的命运和奋斗与祖国的命运和功业连在一起，他就会不计个人名利得失，视野就会变得开阔，胸怀就会变得宽广，品格就会得到净化，能量就会得到提升。左宗棠以书生从戎，终成为叱咤风云的统帅，成就收复新疆那样震古烁今的功业，不仅因为其自身的天赋才能，亦因其在枪林弹雨中逐步展现出的“绝世奇才”，更源于他为国家民族而战的历史大舞台。

左宗棠具有远见卓识，不仅志在收复新疆，为了进一步开发新疆，治理好大西北边防，他还曾几番上书朝廷，力陈在新疆设行省的主张，意义深远。这位来自江南水乡的儒将，西行途中，见赤地千里，沙尘弥天，即发动军民沿途筑路并大量植树，当时所修筑的道路和种植的柳树，横贯陕甘两省直到新疆。那柳树，即被世人称道的“左公柳”。左宗棠的乡友杨昌濬在清廷恢复新疆建省后到西域，所到之处，喜见绿柳成荫，民乐耕种，当即吟诗一首：“大将筹边尚未还，湖湘子弟满天山。新栽杨柳三千里，引得春风度玉关。”（《恭诵左公西行甘棠》）荒地开垦为良田，戈壁变成了绿洲。当时和后世文人墨客，还留下了不少盛赞的诗篇。在新疆期间，左宗棠还注重兴修水利、筑路架桥、兴办军屯、鼓励民屯、开垦荒地、发展农桑、植树造林、兴教劝学、禁止毒品等，意在医治战争创伤，稳定边防。诚然，左宗棠当时不可能去全面治理大西北，他的一系列举措虽是权宜之计，却成了一个多世纪以前难能可贵的尝试。这种尝试，不仅在当时稳定时局、恢复经济、巩固边防等方面，发挥了积极作用，对我们当代，也不乏启迪和借鉴。

遥望漫漫西征之路，当年“引得春风度玉关”的三千里“左公柳”虽然已经所剩无几了，但透过历史的烟云，我们仍能感知一百多年前，左宗棠在此致力开发、治理大西北的浩浩宏愿和忙碌身影。在改革开放的新形势下，当代中国执政者提出了开发大西北、建设大西北的宏伟战略目标，这是现实挑战，也是历史机遇。登临嘉峪关，南眺白雪皑皑的祁连山，西望莽莽苍苍的大漠戈壁，穿越时空的隧道，眼前犹见那淹没的荒城古道、荒芜的烽火边城，耳畔犹闻鼓角争鸣、金戈铁马声声……捡拾历史的碎片，怅望历史的星空，人世间兴衰成败几多事，流失了多少？埋没了多少？留存了多少？传承了多少？昭示着什么？何处留有林则徐、左宗棠当年探索的足迹？

左宗棠为官清廉，身为一品大员，他不仅没有利用位高权重谋取私利，连他的正当俸禄也大多用在了军政公务或赈济灾荒中。他不利用职权搞特殊化，也不搞花架子般的口号施政，而是在有生之年脚踏实地，勤勉务实，鞠躬尽瘁。有如此统帅为榜样，上行下效，左宗棠麾下收复新疆的三位前敌主帅得胜归来后一直清贫度日，死后甚至无钱购置棺材入殓。翻检史迹，令人感喟！然而，在腐朽黑暗的清末官场，像左宗棠这样特立独行的耿介忠勇之臣，前行路上必然会举步维艰。当他从新疆前线回朝，没有鲜花、掌声和喝彩，迎面而来的却是政敌的排挤和宵小的非难。仅仅两三年间，他的职务便在北京和金陵之间被往返调动几次。中法战争爆发之后，投降派论调甚嚣尘上，而战火已经蔓延至东南沿海一带。左宗棠铁骨铮铮，他没有被侵略者的坚船利炮吓退，更不会被政敌的攻讦击倒！他自请赴滇、粤督师，极力主张抗击来犯之敌。匡扶社稷的雄心不已，壮怀激烈！1884 年，他以 72 岁高龄，奉命督办福建军务，再赴抗击外敌入侵的前线。11 月抵福州后，他调兵遣将，积极布防备战，并组成“恪靖援台军”东渡台湾。1885 年 6 月，他奏请将福建巡抚移驻台湾，为经略东南边防献计献策。新疆和台湾建省，对稳固中国西北和东南战略要地意义重大，左宗棠功不可没。同年 7 月，左宗棠因积劳成疾，在中法战争前线重病不起。临终前，他还连呼“娃子们出队，出队！我还要打……”27日，左宗棠病逝于福州任所。壮志未酬身先死，长使英雄泪满襟！弥留之际，他口授遗疏称：“……臣督师南下，迄未大伸挞伐，张我国威，怀恨平生，不能瞑目。”丧折送达京都后，慈禧太后下诏谕追赠左宗棠为太傅，谥“文襄”，赏治丧银三千两。当时名流，也纷纷撰写悼辞、挽联，以表追思之情。“生不愧封侯，整师五万里，电击雷轰，手挈边疆归版籍；殁犹思破敌，遗表数百言，风凄雨泣，魂依大海撼波涛。”（黎培质挽左宗棠）的确，左宗棠用自己全部的生命之火及其对祖国的贡献所铸造的高度，是清末另外两位拜相封侯之臣曾国藩和李鸿章无法企及的。

左宗棠年轻时即写下了“身无半亩，心忧天下；读破万卷，神交古人”的对联，勉励自己要做一个以天下为己任、忧国济世的饱学之士。他在南征北战的戎马生涯中，手不释卷，给后世留下了洋洋八百多万言的著述。其诗文词章，情韵有致，忧国忧民，读来荡气回肠。坚持用历史唯物主义观点，阅读左宗棠留下的丰富著述，整理、编辑、出版这些文字，拂去历史的烟尘，重新审视历史，走近真实的左宗棠，我们不禁会被中国传统文人的那种济世精神所感染，更会感受到民族精神和英雄品格的净化和激励。当代国际形势风云变幻，我们的国家、我们的民族、我们的人民，都需要为国家民族的振兴奋发图强、敢于担当的大无畏精神。这种精神的凝聚和传承，就是撑起中华民族的脊梁，就是坚不可摧的万里长城！读书编书，陶冶性情，治学励志，净化品格。我庆幸在编辑生涯中，因担任《左宗棠全集》的责任编辑而遍览了左宗棠著述。韶华易逝，青春难再。尽管耗费了编辑生涯中许多宝贵的时光，但仍然深感“青春无悔”！

《陶澍全集》出版的文化因缘

曾主陶

岳麓书社建社三十周年之际，我曾以“岳麓有灵”为题，写了一篇短文，回顾了我与杨坚先生及其责编《船山全书》的文化因缘。转眼十年过去了，岳麓书社由而立之年进入不惑之年，马美著总编辑约我再写一篇短文，谈谈与《陶澍全集》出版的文化因缘，以续“岳麓有灵”这个话题。

1996 年至 1998 年，我担任岳麓书社副社长，协助夏剑钦社长分管编辑工作。其间，《陶澍集》编辑出版，我有幸认识了益阳师专的陶用舒先生等一批专家学者。《陶澍集》的底本是道光二十年（1840）刊刻的《陶文毅公全集》，补充了《蜀辅日记》等内容，也删除了《赋得体诗》等内容，当时称为善本。后来随着陶澍研究的深入，学者们发现在《陶文毅公全集》之外，陶澍的著作还有多种版本，其奏疏、题本、诗文以及专著，文献总量将大大超过《陶文毅公全集》。就拿奏疏 1 项来说，传世有《陶云汀先生奏疏》76 卷，收录奏疏 1076 篇，而《陶文毅公全集》只收奏疏 296 篇。由此可见，《陶文毅公全集》并非真正意义上的“全集”。

《陶澍集》出版之后，我与陶用舒先生多有学术上的交流。陶用舒先生以陶澍研究为起点，推及对湖南近现代人才群体的研究，并得出一条重要结论：陶澍是湖南近现代人才群体的发轫。我十分赞同陶先生的观点，欣然推荐他著的《近代湖南人才群体研究》由岳麓书社出版。我还在《湖南日报》上发表文章，对陶澍在湖南人才史上的地位，以及陶用舒先生的研究成果加以鼓吹。

2007 年春夏之际，陶用舒先生陪同安化县政协副主席、安化陶澍文化研究会会长刘时雨等一行来岳麓书社商量《陶澍集》的修订与增补，并罗列了陶澍著作的一个初步书目。其时，我担任社长，并兼任《湖湘文库》编委会副主任。商谈中，我们根据所能收集到的陶澍著述，以及陶澍在湖湘文化史上的地位，提出了出版《陶澍全集》的设想，并建议收入《湖湘文库》。《湖湘文库》编辑出版委员会高度重视《陶澍全集》选题的提出，文选德主任亲自主持选题论证会议，决定将《陶澍全集》作为湖南近现代六大文化名人全集之一，列入《湖湘文库》2009 年的出版计划。同时，《陶澍全集》也获得了 2009 年度古籍整理出版资助项目。

大型全集的编纂，操盘手很关键。征求多方意见，决定请陈蒲清先生担任《陶澍全集》的主编。

陈蒲清先生是岳麓书社的资深作者，从事古代汉语教学，在中国文学史尤其在中国古代寓言研究领域成果丰富，在湖南学界享有“好老师、大学者、名作家”之誉，我的两位前任夏剑钦先生和丁双平先生都对陈蒲清先生倍加致敬。据陶用舒先生介绍，陈蒲清先生不仅早年参与了《陶澍集》的整理，而且是主要审定者和学术把关者。我与陈蒲清先生原来打交道甚少，但在 2007 年初，我请他主编《古文标点》（后更名《古文标点大课堂》）一书，仅十多天完稿，工作效率之高令我敬佩。陈蒲清先生虽然年逾古稀，但精力充沛，仍是湖南师大老年俱乐部的一位乒乓球健将。而陶用舒先生大病（心梗）初愈，又远在益阳，愿当幕后。在我的再三敦请之下，陈蒲清先生终于毅然担当起主编这副重担，我们之间才有了一段难以忘怀的合作。

我作为《陶澍全集》编辑出版的组织者，有陈蒲清先生及其团队压阵，自然乐观其成。但我也不会做甩手掌柜，陈蒲清先生以及责任编辑马美著、刘文在工作中所遇到的困难，我必须得主动去解决。这份主动，除了责任使然外，还因为我对《陶澍全集》有种格外的情感。陶澍少年时曾跟着父亲陶必铨在桃江桃花江随馆多年，与咱们曾家有很深的交情，陶澍在其著作中也多次提到这段经历。陶澍入仕之后，在桃花江拥有很大的田庄，其桃花江别墅（宫保第）距我家也很近。特别是有关陶澍微服私访、伸张正义、治水救灾、神奇断狱的传说故事，我从孩提时候就听起，对其生平事功颇为好奇。所以我也希望系统地读读陶澍的著作，也希望《陶澍全集》尽快出版。

编辑出版过程中的几个细节，倒也值得一提。

上海图书馆收藏有陶澍的十余封信札，对《陶澍全集》来说十分宝贵，不可或缺。陈蒲清先生告诉我，陶澍著作中书信特少，如陶澍这种地位显赫且交往广泛的人，应该有大量的信札。在胡林翼、曾国藩、左宗棠的著作中，信札都占了很大的篇幅。上海图书馆珍藏的陶澍信札，看是否能想办法弄回来。我说此事不难，与上海图书馆古籍部高级研究员陈先行先生有过交道。陈先行先生是著名版本学家，师从顾廷龙先生，早年他以古籍版本学家的身份在美国柏克莱加州大学东亚图书馆访学，编纂了《柏克莱加州大学东亚图书馆中文古籍善本书志》，我曾经拜访过他，还获得了所编《善本书志》的签名本。我持《湖湘文库》编委会的信函，到上海图书馆找到了陈先行先生。陈先生很爽快，亲自带我走完程序，还特地交代一位姓叶的先生为我拍摄，刻成光盘，并另出纸样。

陶澍与林则徐在江苏合作共事多年，“相得无间”，两人联衔的奏疏很多，但 76 卷的《陶云汀先生奏疏》却很少收录。海峡文艺出版社出版的《林则徐全集》，凡陶、林联衔的奏疏无论谁主稿，全部收录。陈蒲清先生认为这部分奏疏对研究陶澍和林则徐很有价值，问可否联系《林则徐全集》编委会，请他们予以支持。我说此事不难，因为《林则徐全集》的主编来新夏先生是我的恩师，我随来先生学习目录学多年，算得上他认可的编外弟子之一。2009 年 9 月间，我因出差顺道南开大学，向来先生请教《陶澍全集》编纂之事。来先生极力主张将陶、林联衔的奏疏全部收进《陶澍全集》，而且说这部分奏疏，在《林则徐全集》中现存，要我们放心使用。来先生还以珍藏多年的《陶文毅公年谱》（王焕镳撰，油印稿本）相赠，并作《题记》于后：

> 四十多年前余曾购得《陶文毅公年谱》一册二卷，王焕镳先生述湘贤陶澍生平事功之作。“文革”幸免于火，度藏至今。客岁吾友曾君主陶主持《湖湘文库》编撰事，与余时有商榷。窃思宝剑赠烈士，余乃出旧藏举赠主陶。一以存其湘贤事迹；一以助主陶编撰事业之毫末。旧藏临行颇有流连，因缀数语以志文字之因缘耳，主陶其善藏之！二〇〇九年国庆前夕，来新夏题于南开大学邃谷，行年 87 岁。

这篇《题记》体现了来先生对我的鼓励，也体现了他对《陶澍全集》以及《湖湘文库》的期许。后来，我们以来先生所赠为底本，将《陶文毅公年谱》收进《湖湘文库》。当时来先生还特地给福建人民出版社《林则徐全集》责任编辑林建同志打了电话，嘱咐他赠送我一套《林则徐全集》。很快，我就收到了林建同志寄的书。

湖南图书馆收藏的陶澍著作刻本甚多，为我们的编纂工作提供了方便。还典藏了一些与陶澍相关的单幅文献，该馆资深研究员刘志盛先生曾经在刊物上发文谈及，也很有价值。陈蒲清先生依据刘志盛先生的文章去湖南图书馆按图索骥，几次都无功而返。陈蒲清先生又请我出面与湖南图书馆交涉。虽和湖南图书馆的人很熟络，我去了两次，也都落了空。我想此事只得请刘志盛先生亲自出马。当时刘先生已经退休多年，北窗高卧。我只得同馆领导协商，请刘先生入库，亲自帮我们查找。好在刘先生曾经教过我版本学，多年来保持师生之谊。大热天气，刘先生穿个背心短裤，摇着把大蒲扇，入库不久就找将出来，很有那种温酒斩华雄的感觉。刘先生用口音很重的湘乡话对我说："小曾啊，要不是你的事，我就懒得来这里找噢。"后来，湖南图书馆的朋友告诉我："刘姥姥收起的东西，只有他自己找得到。"

资料找齐，编纂就绪，但编辑加工环节遇到困难。岳麓书社《湖湘文库》项目部马美著、刘文案头上的书稿堆得小山似的。要知道，2009 年到 2012 年间，是岳麓书社《湖湘文库》发稿最繁重的阶段，但不按时出版，会受处罚的。《湖湘文库》编辑出版委员会将《陶澍全集》的责任压在我肩上，让我同马美著、刘文"绑"在一起。没办法，我又与马美著和刘文共同成为责任编辑。

《陶澍全集》于 2010 年出版，2011 年获得全国优秀古籍图书奖一等奖。同时，岳麓书社也获得了良好的经济效益：先是有《湖湘文库》编委会的资金铺底，继而又获得古籍整理出版资助，再加上安化县有一份可喜的订单。所以《陶澍全集》应该是社会效益与经济效益双丰收。

安化县对《陶澍全集》的编纂出版充满激情，政协副主席刘时雨同志以及安化陶澍研究会支持与配合值得赞扬，也是岳麓书社与地方政府合作的一个成功案例。《陶澍全集》出版后，安化县委宣传部举办了隆重的图书首发式，安化陶澍文化研究会同时举办学术研讨会。由于安化县与岳麓书社合作愉快，后续合作项目又在进行中。

《湖湘文库》编辑出版委员会对《陶澍全集》项目高度重视，文选德主任除了亲自主持项目论证外，还多次听取进展情况汇报。图书首发之时，他还专门向安化县委宣传部写了贺信。《湖湘文库》编辑出版委员会责成我以副主任的身份负责《陶澍全集》，老领导们戏称《陶澍全集》是我从岳麓书社带来的“私活”。副主任张光华、夏剑钦等多次研究《陶澍全集》编纂和编辑加工中的细节，在体例和质量上提出了指导意见。

《陶澍全集》出版后，陈蒲清先生出版了《陶澍传》，陶用舒先生出版了《陶澍师友录》，两位先生都邀请我为他们的大著写序，其实我的序言并不能为他们的著作增誉，只能说明我与两位先生的友情还在继续。

回想起来，《陶澍全集》由我们编辑出版，是一种因缘。而最大的因缘是这个时代，是《湖湘文库》这个大项目。凭借着《湖湘文库》这个大平台，我才有可能在这个特定的时间节点，同陈蒲清、陶用舒、来新夏、陈先行、刘志盛等学者，同文选德、张光华、夏剑钦、刘时雨等领导，以及同马美著、刘文等同事发生交集。这份缘分的到来，实与岳麓书社长期以弘扬湖湘文化为使命，以坚持整理出版湖湘典籍为宗旨是分不开的。使命担当是岳麓书社之魂，是这个出版社赖以生存与发展的灵魂。

《郭嵩焘全集》编辑纪事

马美著

2006年，岳麓书社启动《郭嵩焘全集》编纂工作，明确由我担任该书的责任编辑。历时10年，皇皇800余万言的《郭嵩焘全集》（全15册）终于出版了。面对经过数次审校、堆积如山的样稿，我心中既有如释重负的喜悦，也有“画眉深浅入时无”的忐忑不安。这些年来，我以戒慎恐惧的心态，尽力投入到《郭嵩焘全集》的编辑工作中，愿把编辑过程中的点滴体会与同行分享。

选对主编选对图书定位

郭嵩焘（1818—1891），字伯琛，号筠仙，湖南湘阴人。清道光进士，历任翰林院编修、苏松粮储道、两淮盐运使、署理广东巡抚等职。1876年出任中国第一任驻外公使。鉴于郭嵩焘在外交和学术上的重要地位，岳麓书社将其著作列入重点图书出版规划。作为一家地方古籍出版社，岳麓书社历来重视乡邦文献的整理与出版，已经出版的《船山全书》《曾国藩全集》《左宗棠全集》《魏源全集》等图书在海内外产生了很大影响。担任大型全集的图书编辑，对我来说既是一个光荣的任务，也是一个很大的挑战。好在我们社里有编辑过《船山全书》《曾国藩全集》《魏源全集》的杨坚、唐浩明、夏剑钦等先生，他们是著名的出版家，学识渊博，经验丰富，我虚心向他们求教，几位先生对我这个后生晚辈非常提携，提出了很多具体的意见和诚恳的建议。在他们的指导下，我逐渐理清了思路，确定了努力的方向。

首先，要选择一个好的主编。这个主编必须有深厚的学术功底，还要有高度的责任心。经过与时任社长曾主陶先生商量，我们首先确定的人选是王兴国先生。王先生是湖南省社会科学院研究员，在中国近代思想研究领域有很深的造诣，著有《郭嵩焘评传》（南京大学出版社 1998 年版），对郭氏的学术思想、人生经历、著述版本都很熟悉。我们几次拜访王先生，他虽然很感兴趣，可是考虑到自己年龄偏大，身体状况也不够好，于是推荐了梁小进先生。梁先生是长沙有名的文史专家，整理过《左宗棠全集》《曾国荃全集》等书，对近代湖湘人物很有研究。我们经过慎重考虑，觉得梁先生完全能够胜任这套全集的主编，于是又登门拜访梁先生，梁先生欣然答应出任主编。我们与梁先生商议，聘请了刘泱泱、王兴国、郭汉民三位资深学者，担任《郭嵩焘全集》编纂的学术顾问，指导该书的编辑工作，他们就编辑方案的制定、体例的规划及具体的辑佚校点等，都提出了宝贵的意见。实践证明，请梁先生出任主编，是推动这部全集成功出版的关键一步。梁先生出任主编之后，夙兴夜寐，夜以继日，把全部的精力投入到《郭嵩焘全集》的编纂工作中。为查找资料，梁先生费尽心血，通过各种途径，搜集到很多处于流散状态的郭氏佚文，尽可能地完善了全集的内容。在搜集资料的同时，梁先生与我沟通，确立了一支学术水平高、工作责任心强的整理者队伍，并随时与他们交流，确保全集有较高的整理质量。梁先生在与学术顾问、整理者和责任编辑充分讨论的基础上，制订了《郭嵩焘全集》编纂的凡例，为如何整理《郭嵩焘全集》奠定了基础。梁先生对书稿的质量要求很高，他自己负责整理的书信、日记等部分，是字斟句酌，反复推敲，数易其稿。他还通读了全部书稿，对书稿中存在的问题，或发回重新整理，或亲自审定，总之要达到出版要求方才发稿。对梁先生的勤奋工作，举一个例子可以证明，2011 年 12 月的一个夜晚，凌晨 3 点半钟，我的手机传来信息铃声，我晚上也失眠，打开一看，原来是梁先生通报："《郭嵩焘全集》书信终于全部完工了，呵呵呵。"想到一个年过六旬的老人工作到凌晨，我禁不住潸然泪下。

其次，是明确对郭嵩焘的定位。郭嵩焘是晚清史上一位重要人物，因为他不像曾国藩、左宗棠那样有显赫的军功，所以也不像他们那样为人们所熟知。在接手《郭嵩焘全集》的编辑任务后，我对郭嵩焘进行了较为深入的研究，对他有了较为全面的了解。如郭氏自己所说："流传百代千龄后，定识人间有此人。"在晚清历史上，湖湘人才辈出，如魏源是睁眼看世界的第一人，曾国藩、左宗棠作为湘军统帅延缓了清王朝灭亡的时间，那么郭嵩焘则是提出从制度上学习西方政治、经济、文化的第一重要人物，他远远走在了时代的前列。如他认为："西洋立国有本有末，其本在朝廷政教，其末在商贾，造船、制器，相辅以益其强，又末中之一节也。"（《条议海防事宜疏》）这对一位深受以天朝大国为中心传统思想影响的士大夫来说，是要有何等过人的见识与突破藩篱的勇气。郭嵩焘虽然做过署理巡抚、第一任外交官，但其著述的时间多于出仕的时间，他首先是一位著名的思想家和学者，其次才是政治家和外交家。正因为确定了这样的定位，我们在安排全书的体例时，以经、史、子、集为顺序，这同于《船山全书》，异于《曾国藩全集》《左宗棠全集》，因为曾、左二人多年的军旅生涯，奏稿是他们著述的重点。遗憾的是，在郭氏现存的著作中，子部的内容非常少，只有《庄子评注》和《管子评注》两种，计 7 万多字。为了整体上的合理安排，我们把以上的子部两种附在集部之后，虽然很好地解决了全书材料分配的问题，但难免有微疵。

资料完整得益于多方支持

编辑一套历史人物的全集，资料的搜集是非常重要的，也是非常困难的。对于资料的搜集，我和主编商定了一个原则，即力争做到“只言片语，求全责备”。郭嵩焘一生学识渊博，勤于著述，留下了宏富的著作，但是因为多种原因，其著述大多散佚，受其委托整理遗著的大学者王先谦曾说其“生平撰著大半散佚”。为了尽可能搜集到更多的郭氏著作，我们采用了明确的梳理办法。首先是根据相关资料按图索骥，查找郭氏的著作。关于郭嵩焘的著述情况，郭氏曾在所著《湘阴县图志·艺文志》及其日记中有所记载；郭氏后裔郭群曾撰有《湘阴郭氏遗著提要》，作了补充说明。郭嵩焘去世以后，王先谦根据郭氏生前的委托，整理他的遗著，并列出已刊著作 11 种、未刊著作 5 种。王兴国先生的《郭嵩焘评传》，也有专门章节论述郭氏著作。我们一一核实这些资料线索，希望能找到存目的郭氏文稿。为此，我们派编辑组的同志远赴北京、广州、南京、昆明等地，辗转反复，获得了很多珍贵的郭氏手稿等资料。其次，我们尽可能利用网络线索查找资料。当前整理全集，有一个便利的条件是网络资讯发达，可以提供很多有价值的线索。为此，我们编辑组专门安排一位熟悉网络的同志，负责收集有关郭嵩焘著述的信息。正是通过这个办法，我们了解到山东省图书馆收藏有 100 页郭嵩焘手稿，如获至宝，赶忙派人去济南与图书馆洽谈，得到了这批宝贵的资料。

在搜集郭嵩焘文稿的过程中，我们得到了很多朋友的大力支持，这让我们非常感激，也更加激励我们努力编好这套全集。根据汪荣祖《走向世界的挫折》一书的记载，英国国家档案馆藏有郭嵩焘任驻英国公使时的信函，我们与英国国家档案馆联系，请求他们支持《郭嵩焘全集》的出版。他们的工作人员热情地为我们调阅了馆藏的郭嵩焘档案，并将之全部照相，制成光盘，寄至长沙。我们编辑组得知云南省图书馆藏有郭嵩焘的珍贵手稿，写信前去求助，云南省图书馆给我们提供了馆内珍藏的郭嵩焘手稿复印件。至此，有关郭嵩焘的资料我们能搜集到的，都列入《郭嵩焘全集》中了。

坚持大处着眼小处仔细原则

相对于单本书的加工，全集的加工有自己鲜明的特点。为了编好《郭嵩焘全集》，我们确立了一个编辑加工原则，即“大处着眼，小处仔细”。

所谓大处着眼，就是要有大局观，在成书之前要对整套书的大致轮廓有所规划。在计划出版《郭嵩焘全集》时，我们首先对这套书的规模、篇幅、体例等进行了思考和设计，并在实际操作过程中不断修正和完善。在整套书的体例上，原先确定《郭嵩焘全集》按照经、史、子、集四部编排，但是对同一部内却没有仔细考虑。如在经部内，原先考虑的是第一册为《礼记质疑》，第二册为《大学章句质疑》《周易异同商》等数书合刊。在编辑过程中，经过仔细斟酌，我们确定还是应该参照《四库全书》对经部的体例安排，于是修改为第一册是《船山王氏〈周易内传〉笺·周易释例》，第二册是《周易异同商》《大学章句质疑》等数书合刊，第三册是《礼记质疑》。这样一修改，与整体的编排更为吻合了，也合乎读者的阅读习惯。正是因为从大处着眼，我们在全书的编排上也颇费心思。如在郭嵩焘日记中附录了很多对联，20多年前湖南人民出版社出版《郭嵩焘日记》时就将该对联附录其中。这次我们出版《郭嵩焘全集》，考虑到可将诗集、联语、文集统一为集部，便从日记中抽出这部分对联，既避免了内容的重复，又保持了体例的完整。特别值得一提的是，《郭嵩焘全集》收入到了大型丛书《湖湘文库》之中，其整理出版得到了《湖湘文库》编委会的大力支持。在清样成型后，编委会组织专家召开审稿会议，又提出了很好的改进意见，使其质量得到进一步提高。

所谓小处仔细，就是要对全书细致加工。所谓细，就是要细在对书稿内容的甄别上。我们搜集郭嵩焘文稿时，希望尽可能收集到更多的作品，但是难免因过于急切而出现误收他人作品的情况。对于整理者辑佚的所有郭氏稿件，我们编辑组都会认真审核。如整理者根据有关书籍的内容，收到一副郭嵩焘的对联，后来经过我们考证，实为郭氏胞弟郭崑焘的创作，只能遗憾地删除。细，还要细在对书稿内容的审核上。《郭嵩焘全集》的整理底本，除了已经刊刻的书稿以外，还有大量的手稿和抄稿，字迹非常难以辨认，这对整理和编辑工作都带来了很大的难度。如《郭嵩焘全集》第四册《奏稿》，有一半的底本来源于中国第一历史档案馆馆藏档案，这些奏稿有很多是奏折副本，行草书居多，字迹模糊难辨，整理工作相当不易。整理者杨锡贵老师非常勤奋，耗时费力，勉力完成了整理任务。我们的编辑认真审稿后，觉得对有些字句没有充足的把握，整理的书稿还需要进一步完善，又特地聘请了曾主陶等专家审稿，订正了整理稿的一些错误，识读了一些难以辨认的文字，进一步提高了整理质量。对于编辑中的一些细小问题，我们也非常注意。如《郭嵩焘全集》中的郭嵩焘书信，包括由王先谦整理刊刻的《养知书屋遗集》的书信部分，以及大量的郭氏书信辑佚，整理者为保持原貌，对书信标题的处理则出现了称谓不统一的现象，比如致李鸿章的信，就有“致李鸿章”“致李伯相”“致李傅相”“致李少荃”等，编辑组经过讨论，统一修改为“致李鸿章”，具体书信内容则保持原貌不变。至于书稿中有“闲”错为“间”、“晤面”错为“唔面”等文字差错，不一而足，也是需要耐心细致方能发现的。为了发现一些细微的错误，编辑组几年来一遍又一遍审校文稿，深深体会到“校书如扫落叶，旋扫旋生”的艰辛。

在《全集》编辑中丰富学识

编辑是非常辛苦的工作，古籍编辑更是如此。但是做编辑最大的好处，就在于能丰富学识，也就是前辈所说的可以成为学者型的编辑。就从岳麓社来说，唐浩明先生从编辑《曾国藩全集》，到创作小说《曾国藩》，再到评点曾国藩著述，分别充当了编辑、作家、学人三个角色，是编学相长的最成功典型。对于唐先生这样的出版家，我虽不能至，然心向往之。在编辑《郭嵩焘全集》中，我对古代文献的整理、晚清历史人物和湖湘文化等，在认识上都有了质的飞跃，于是也开始了相关的研究工作。关于郭氏本人和《郭嵩焘全集》的编辑整理，先后在报刊发表了《先行者的历史脚印》（《光明日报》）、《〈郭嵩焘全集〉编辑记述与体会》（《中国编辑》）、《这套大书，值得用10年去耕耘》（《中国新闻出版报》）、《流传百代千龄后》（《书屋》）、《先行者的历史脚印——中国首任驻外公使郭嵩焘全集出版》（《出版人》）等论文。因为编辑《郭嵩焘全集》，逐步熟悉了近代湖南历史人物，对湖湘文化也有了一定的了解，我撰写的两万余字的论文《湖湘文化精髓及其当下教育价值》，作为专讲收入到中华书局出版的《国学教程》中。也因为这些研究成果，我顺利地评为编审，后来还担任湖南省出版系统高级职称评委。回顾这一路走来，虽然寻章摘句、字斟句酌非常辛苦，但在编辑过程中丰富了学识，作力所能及的学术研究，使我们的人生变得更加丰富和更有价值。

《郭嵩焘全集》的整理和出版，得到了社会各界的支持。《郭嵩焘全集》立项后，先后成为国家“十一五”出版规划重点项目、《湖湘文库》项目、国家出版基金资助项目。《郭嵩焘全集》出版后，《光明日报》《湖南日报》等报章杂志纷纷予以报道，认为“第一任公使郭嵩焘全集的首次整理和出版，对研究郭氏本人以及晚清历史，都有非常重要的意义”。回顾这10年的辛勤耕耘，终于又为湖湘文化再添光彩，这让我们所有的编辑同仁都感到由衷的欣慰。

琢磨四年　终成完璧

——“走向世界丛书（续编）”编辑工作回顾

杨云辉　李缅艳

2012年的一个冬日，年过八旬的钟叔河先生将他保存了25年的书稿档案移交给岳麓书社，中断多年的“走向世界丛书”终于开始了续编工作。80多岁的钟叔河先生亲自主持，从品种的确定到内容的编排，从书稿的版式到封面设计，全程参与，亲力亲为。到2016年12月，经过近四年的编辑工作，“走向世界丛书”续编工作终于全部完成。回顾丛书续编所经历的过程，感慨良多。

一、当年影响今犹在

“走向世界丛书”是20世纪80年代初期出版的一套重要丛书，这套丛书记录了百多年前的中国人从认识世界到走向世界的历程，反映了19世纪中国由闭关自守到逐步开放的历史。正如丛书主编、著名出版家钟叔河先生评价的那样：“这是一段十分重要，也是十分丰富的历史。它既是文化交流史，又是人民生活史；既是外交史，又是政治史；既是‘西学东渐’史，又是变革维新史。”

“走向世界丛书”自20世纪80年代推出后，赢得了当时包括钱锺书、李一氓等专家学者在内的学术界、思想界和文化界人士的高度赞誉，也给了当时刚刚打开国门、开始改革开放的中国一个崭新的观察视角和历史借鉴，可谓开辟了出版新气象，至今在出版界仍有重大影响。该丛书之所以在当时引起极大的关注，可能是出于两方面的原因：

一是与当时的大环境有一定的关系。

1840 年鸦片战争之后，特别是在清政府镇压太平天国的过程中，以曾国藩、李鸿章、张之洞为代表的清廷政要，因为与洋人的交涉增多，开始逐步认识到为了达到富国强兵、摆脱困境、维护统治的目的，采取各种方法学习和利用西方先进生产技术是非常必要的，并由此掀起了一场长达数十年的洋务运动。在此期间，清政府派遣外交人员前往西方国家办理各种交涉、派遣留学人员前往西方学习、派遣专门人员前往西方采购舰船枪炮，成为洋务运动中较为重要的一环；而这些走出国门、进入欧美国家的人员，如郭嵩焘、曾纪泽、容闳、黎庶昌、王韬、张德彝等人，他们的经历不一、眼光不一、见识不一，他们将所见所闻用文字的方式记述出来，对尚处于蒙昧状态的晚清中国冲击是非常大的。他们笔下所描述的西方各种风俗习惯、各种政经制度、各种机器技巧，对于当时的国人来说，有很多新鲜的，甚至是惊世骇俗的东西。

20 世纪 80 年代初期，改革开放刚刚开始，百废待兴，图书品种也非常少。对刚刚经历了“十年浩劫”、对外界所知甚少的国人来说，被钟叔河先生挖掘出来的这批晚清时期描述西方见闻的著作，依然无比新奇，具有震撼人心的力量。

二是与钟叔河先生的数十篇叙论有关。

由于钟叔河先生在“文化大革命”中的经历，以及他敏锐的洞察力和广博的见识，他为“走向世界丛书”所撰写的数十篇叙论，文笔恣肆、纵横捭阖、议论风生、切中肯綮，深得当时知识界的赏识。连历来不喜为他人撰写前言的著名学者钱锺书先生也破例为钟叔河先生的“走向世界丛书”叙论集：《走向世界——近代中国知识分子考察西方的历史》（1985 年中华书局出版）作序，称“叔河同志的这一系列文章，中肯扎实，不仅能丰富我们的知识，而且《走向世界——近代中国知识分子考察西方的历史》很能够引导我们提出问题”，“叔河同志正确地识别了这部分史料的重要，唤起了读者的注意，而且采访发掘，找到了极有价值而久被湮没的著作，辑成‘走向世界丛书’，给研究者以便利，这是很大的劳绩”。时任国务院古籍整理出版规划小组组长的李一氓先生则评价道：“钟叔河同志以远大的眼光，孜孜不倦，搜集1840年到1911年70年间的这类著述约百种，编为‘走向世界丛书’……这确实是我近年来所见到的整理古文献中最富有思想性、科学性和创造性的一套丛书。在这方面，推而广之，可称为整理古籍的模范。”

时任中华书局总编辑的李侃先生也为该叙论集作序，称赞“《走向世界》这本书，在读者面前展示了一幅19世纪中叶到20世纪初年的中国人描绘世界的图卷，勾勒了当时‘走向世界’的中国人群像”。

二、山河虽好非完璧

“走向世界丛书”最早在湖南人民出版社出版，当时钟叔河先生刚到湖南人民社任职。凭借敏锐的目光和深刻的见识，钟叔河发现晚清时期走出国门接触西方世界的一批人所写的日记、游记，对于刚刚进行改革开放的中国具有极大的参考价值，于是他花了不少时间，上北京，赴上海，搜集了海量的书稿和图像资料，分门别类地码放在几只大书柜上，那时没有电脑，没有扫描仪，更不用提什么智能办公设备，每一种书稿和每一份图像资料的背景、用途、拟加工的想法，都被他细心地记录在一张张指引卡上。从1979年下半年开始，钟叔河先生开始搜集、挖掘相关图书资料。他从搜集到的大量图书资料中，精选出100种，计划陆续出版。1980年，第一批图书出版；到1983年时，已陆续出版了20多种。当时年近五十的钟先生正是年富力强的时候。2012年，他与我们谈起当时的编书情形时，还非常自豪。他说，他当时几乎是以每月出版一种书的速度推出这个系列的，而且还为每种书都写有一篇叙论。这些叙论后来引起了社会各界的强烈反响，也增加了“走向世界丛书”的含金量和知名度，的确是相当不简单，值得为之自豪。

1984 年，钟叔河先生至成立刚刚两年的岳麓书社任总编辑。他在三年多的时间里，为岳麓书社规划了“古典名著普及文库”“凤凰丛书”“旧集丛刊”“风土丛书”“明清小品丛刊”等在当时蜚声出版界的几个拳头产品，并继续编辑“走向世界丛书”的后续品种以及“周作人自选集”等丛（套）书，为岳麓书社的后续发展奠定了牢固的基础。

1985 年，岳麓书社出版的“走向世界丛书”合订集，是把曾在湖南人民出版社出版过的品种以及其他后续品种共计 35 种再次以新面目推出。

“走向世界丛书”自问世以来，一直受到广大读者的欢迎，2008 年，岳麓书社重印此套丛书第一辑修订版，也取得了不俗的销售成绩，此为后话。

就在“走向世界丛书”成功推出 35 种、后 65 种的整理工作正在紧锣密鼓地开展的时候，1987 年，钟叔河先生在岳麓书社的总编辑生涯结束，也让“走向世界丛书”的后续出版工作戛然而止。那些海量的未来得及出版的书稿和图像资料，则随着钟先生工作调动、退休、搬家而数易其地。丛书的出版计划就这样中断了 20 多年，后 65 种书稿一直未能得以整理出版，未能与前 35 种形成完璧。

20 多年来，尽管书稿已经陈旧、图片已经泛黄，且文档资料太多，占用大量的存储空间，但钟先生始终没有放弃，一直将它们完好地保存着。他对我们说：“我老了，可能看不到它们成书了，我的后代，没有一个是从事跟我一样职业的。但是我想，我把资料存在这里总不得错，我不做，总归是有人来做的嘛。”

其实，不只是钟先生心存遗憾，学界也有不少有识之士希望能尽早推出丛书的续编。钟先生在2008年“走向世界丛书”初编修订版的序言中提到的陆建德先生就是其中之一。他先后在中国社会科学院外国文学研究所和文学研究所任职。2010年在我们请他为“续编”申报国家“十二五”出版规划项目写推荐意见时，陆建德先生欣然命笔：

> 湖南岳麓书社在20世纪80年代出版的“走向世界丛书”第一辑（共十卷三十六种，包括郭嵩焘的《伦敦与巴黎日记》与容闳的《西学东渐记》等）是我国图书出版业在改革开放之后的丰碑之一。这套丛书不仅在当时的知识界引起很大反响，对当今中国广大读者依然具有认识世界、认识自身文化的积极意义。
>
> 丛书主编钟叔河先生在编辑第一辑时还不辞艰难，在各地图书馆和旧书市场收集晚清和民国初年中国士人撰写的海外游历，准备陆续推出。这类著作目前已经汇集，共64种。由于种种原因，“走向世界丛书”第一辑问世后，续编未能继续付梓。我认为这些图书对于清末民初的历史研究极有价值，应该尽早列入“十二五”出版规划。近年来我们不断强调中国文化应该走向世界，这64种书籍就是百年前中外交流史的最好见证。我已看到这批著作的书，它们基本上早已绝版，但是在读书界享有很高声誉，对它们感兴趣的读者可以说涵盖人文学科各个领域。我恳切希望有关部门早日玉成此事，嘉惠士林。

历史学研究专家雷颐教授也给“续编”撰写了推荐意见：

> 80年代初，“走向世界丛书”出版，引起学术、思想乃至文化界高度重视，甚至轰动。此套丛书，使改革开放之初的学术、

思想、文化界才“发现”百多年前“走向世界”的艰难历程。此套丛书出版，对学术史、思想史、文化史、中西文化碰撞与交流史研究，作出了巨大的贡献，且对思想解放起了推动作用。其意义，甚至今天仍难以估量。三十年来，学术、思想、文化界一直企盼续编推出，大有望眼欲穿之感。续编64种著作，均有极高的史料、学术、文化价值，若能尽早出版，于学术界功德无量。能作为专家推荐此书，本人深感荣幸。

俗语说“念念不忘，必有回响”，2010年，岳麓书社正式立项，启动“走向世界丛书（续编）”出版工程，2013年全面进入整理、编辑、出版之中，将这搁浅了近三十载的出版计划付诸实施。由于选题具有较高的学术和研究价值，“走向世界丛书（续编）”成功纳入国家“十二五”重点出版规划项目，并获得2015年度国家出版基金项目资助。“续编”由钟叔河先生担任主编，收书65种，共计900余万字。“续编”继承发扬了丛书的个性和特色，并延续优化了丛书的整理模式。经过四年的努力，“走向世界图书一百种”终于得以全面出版。

三、百琢千磨终有得

“续编”所收图书种类众多（算上附的四种图书，几乎为初编的一倍），工作量巨大，加上各书底本质量参差不齐，整理、编辑工作繁重。四年来，我们的工作重心几乎全部放在这套丛书上了，没有办法分散精力去编辑别的图书项目，也因为这样，文学编辑部全体成员连续两年未能完成利润指标。实事求是地说，“续编”整理编辑的难度大大地超出了我们的预期，为了让它以最完美的面貌呈现在读者面前，这几年我们可以说是“寤寐思服，辗转反侧”。

（一）确定书目

丛书的续编工作，第一要做的就是确定书目。虽然钟叔河先生移交了书稿，但还是有不少事情要厘清。

首先要厘清的就是书稿情况。钟先生移交的书稿分为三种情形。一是有原刻本或抄本的。这种书稿比较珍贵，钟先生只是暂时借给我们做校核书稿之用，用完后仍然要交还给他。这部分书稿不是太多，只有《泰西各国采风记》等数种。二是有原刊本复印件的。这部分较多，也是我们需要的，这样可以在很大程度上保证书稿质量。三是只有抄稿的。这部分书稿是稍微麻烦一些的，因为还要查找原刊本以便核校。

其次便是书稿的整理。钟先生移交的书稿也有几种情形。一是只有原稿，还没有整理过的。这部分书稿为数较多，也正是续编工作中较为繁重的一部分。二是已经校点的书稿。这部分书稿不多，但有些整理者因为时隔多年，已经很难联系上；有些书稿有过整理，但整理者不详，而且整理质量也不是很高，要重新整理。这部分书稿，能联系上整理者的我们尽量联系上，并请他们继续没有完成的部分，如叙论的撰写、边批的勾勒、索引的编制等。如曾任岳麓书社编辑、钟先生的助手、后来调到广东工作的杨向群，当年她已经标点完成《楼船日记》等数种书稿，这次我们也与她联系上，仍由她完成后续工作。

另外，我们在整理过程中发现，当年钟先生收集的书稿中，也有一些需要调整，比如钟先生收集的由南开大学创始人严修所写的《欧游讴》，是严修在1911年之后前往欧洲所写的诗词，不符合丛书只收1911年之前作品的收录范围，但我们发现，严修先生1902年和1904年两次前往日本考察教育，并写有日记，因此我们将《欧游讴》更换成了严修的《东游日记》。又比如李凤苞的《使德日记》，钟先生收集的是一部没有日期的选集，我们查阅资料后发现，其实

《使德日记》是存在有日期的版本的，只是两个版本的文字上稍有差异，于是我们便将这两个版本同时收录，以供研究者参考。诸如此类的调整，还有一些。

我们花了将近半年时间，才完成了书稿的基本清理工作，并将整理书稿的任务分配落实到人。接下来，摆在我们面前的难题就是：应当如何合理地分册？

（二）合理分册

这 65 种图书，基本是清末国人的出国记述，包括出使日记、游历日记、考察报告、诗词、随笔等。由于作者的出洋时间有长有短、能力才华有高有低、学识阅历有深有浅、记述风格有繁有简，再加上作品体裁的限制，导致篇幅长短各不相同：长的如黄遵宪《日本国志》，一种需要分三册；短的如潘飞声《西海纪行草》《柏林竹枝词》《天外归槎录》，三种合为一册字数还嫌少。如何较为合理地把它们分好册呢？按体裁？按内容？按作者？按国家？我们就这个问题讨论了很多次，似乎始终没有一个"一刀切"的完美方案。

最后还是钟叔河先生拿了主意：原则上按照作者出国的年代排序，个别作品的顺序可以根据内容和篇幅进行小幅度调整。其中篇幅长的，该分册就分册；篇幅短的，依顺序与篇幅短的作品合并。

钟先生为了方便我们更直观地进行图书分册，他还特意制作了 100 多张索引卡，把已出版的 35 种和"续编"65 种图书的基本信息都一一誊写了上去。每一种书他都编了号，写在每张卡片的左上角。

钟先生把卡片交到我们手上，要求我们把核查好的每位作者的出国年代誊写在相关卡片的右下角（无论原文是用年号纪年还是干支纪年，通通换算成公元纪年，时间力求精确到日）；每一种书的字数以及成书后正文部分的页数，填在卡片的右上角。待所有信息完善之后，把卡片摆在桌面上，根据原则分册后，再把有关卡片合并，这样操作起来很方便，也不会顾此失彼。

这叠卡片对“续编”的分册起了决定性作用，钟先生就用这样传统的方式帮助我们解决了问题。他笑着对我们说：“我是一个跟不上时代的人，但是我知道，很多时候，最笨的办法往往是最好的办法。”

（三）边批和日期提示

钟叔河先生当年在编辑“走向世界丛书”的时候，从帮助读者阅读的角度出发，要求校点者必须用边批的形式对正文进行批注。这一特色在“续编”得到了继承和发展：读者们不难发现，“续编”的日记类图书除了正文有边批之外，还在单数页面添加了日期提示栏，这也是钟先生的构思和设计。当然，对于我们来说，编辑的难度也增加了，但为了让读者能更快捷地定位和查阅正文内容，这样做是必要的，也是值得的。日期提示倒是容易编写，确定图书不推版后，于单数页面按该页相关内容添加就行了，而边批的编写难度就比较大了。

边批栏主要有三个功能：一是对正文内容的概括、提要或者说明；二是对该书重要的译名和首见的译名进行提示；三是对原文的订正和存疑。如何在每行只能容纳四个小字的边批栏把承载这些功能的批注都做到位呢？这很考验编校者的概括能力和文字水平，也考验编校者对图书的责任心和工作态度，因为我们必须要先把原文吃透，才能编写出精准的批注。

钟先生要求我们一定要重视边批，而且整套丛书边批的体例必须规范。他以他负责校点的《张德彝五述奇》（又名《随使德国记》）为例，起草了一份《边批示例》，指导我们边批应该怎么做。

这份《边批示例》细致具体的条款、工整清秀的字体、干净整洁的稿面，无不显示出一个出版人对待工作一丝不苟的态度，令我们肃然起敬。钟先生已是耄耋之年，且告别出版工作多年，尚能如此勤恳踏实地做事，我们还有什么理由不努力呢？

（四）人名索引和译名简释

“续编”的每种书后大都附有人名索引和译名简释，均依首字笔画和一、丨、丿、㇏、L的笔顺排列，以方便读者查检。人名索引根据原书内容，或按年、月、日三节数字，或按篇章序号，或按页码查检。钟先生要求我们，边批中提示过的人名和译名，必须收入索引和简释。

和编写边批相比，编写人名索引和译名简释的难度更大了，更加考验编者学识的深度和广度，以及对待工作的细致和耐心。

尤其是日记体的图书，在提及某人的时候，有时用官职名，有时用名，有时用字，有时用号，有时甚至仅提及一个简单的姓；而且由于作者记忆偏差，同一个人名在不同章节里也可能有用字不同却音近的文字记录，那么如何将人物涉及的重要日期或页码编入人名索引呢？还是钟先生那句话，“最笨的办法往往是最好的办法”，我们耐心地把书反复通读、梳理、记录、整理，往往经过数月的努力，才能基本把一种书的人名索引编写完毕。

译名简释的编写则面临更复杂的问题。这些译名里，有的是地名，有的是物品名，有的是专有名词，有的是人文科技术语，等等，性质差别极大。作者在对这些名词进行记录的时候，往往采用音译的办法，译名与现在的通用译名存在出入甚至大相径庭，且不同作者的音译用字也不尽相同，不能参考借鉴，整理起来非常耗时费力。例如，地名译名尼加拉瓜，就有“尼喀拉卦”“尼格拉卦”“尼戛拉瓜”等好几个不同的译名。清末同文馆事务大臣徐继畬在他的《瀛环志略》里指出过这种情况，他说：“外国地名，最难辨识。十人译之而十异，一人译之而前后或异。盖外国同音者无两字，而中国则同音者或数十字。外国有两字合音、三字合音，而中国无此种字，故以汉字书番语，其不能吻合者，本居十之七八。”

当然，我们也不能苛求前人，当时刚刚走向世界的中国，还未形成近现代的学术体系，译名的混乱和不统一是难以避免的。现在我们整理前人的著作，仅仅通过文意去猜肯定是不行的，这就考验编者的知识积累和外语能力了。为了将作者提及的地名准确还原，我们购买了多本世界地图集，遇到需要考证的地名，就翻阅相关地图进行搜罗和查找，我们还利用互联网进行模糊搜索，以求为译名的匹配找到蛛丝马迹。由于成书年代较早，书中的有些地名现在已经不复使用，每当我们在地图上无法找到对应地点，又在互联网搜索一无所获的时候，就只能进一步查阅历史典籍，或者求助相关专家协助我们考证。

相比地名译名，专有名词和人文科技术语译名是更让人头疼的难题。“吉娄每当”“伯理玺天德”“骆岑电光”这种还好，根据音译和上下文可以确定“公里”“总统”“伦琴射线”，那么“勹匀腊”“萨喀林”“丐养硫阳三”这种完全让人摸不着头脑的译名又是什么？每当遇到这种译名，我们只能像猜哑谜一样，根据该名词每次出现的上下文文意，不断缩小推断范围，再通过各种方法求证，直至得出满意的答案。

（五）《七述奇未成稿》题记页的复原

值得一提的是，此次“续编”收录了过去一直被认为已经遗佚的张德彝第七部《述奇》，编为《七述奇未成稿》。由于其篇幅简短，不能单独成书，我们便把它附于《六述奇》之后。《七述奇未成稿》记录的是张德彝作为参赞官跟随专使大臣那桐赴日，代表清政府就日本使馆书记生杉山彬在北京“遇害”一事致歉的一段屈辱之旅。张德彝在题记中写道：“此次出使日本，因当战后，所负使命深觉有辱国体，故辍而不述。”

《七述奇未成稿》全文约7000字，原稿均为张德彝手书。钟叔河先生认为这不同于其他几部已成书的《述奇》，那些都是抄稿，这是作者亲笔手书，忠实地还原了著作的原貌，更具有史料文献价值，于是我们计划用影印与文字对照的形式将它呈现给读者。

可在编辑整理的时候，我们发现了一个问题，即当年钟先生复印《七述奇未成稿》的题记页字迹漶漫，辨认不清，达不到出版要求，这该如何是好？我们把该页的扫描件交给美编，希望能借助图片处理技术将其还原，但美编表示原图太过模糊，加工处理过的图片只是对比度清晰了些，文字依然无法辨认。我们又四处打听，得知该书的原件现藏于中国国家博物馆，便派编辑赶赴北京，希望能将该页重新扫描或者翻拍，可惜后来由于接洽不畅等原因未能如愿。

正在我们一筹莫展的时候，我社的胡勇老师帮助我们解决了难题。胡勇老师是我社资深编辑，从事图书装帧设计工作30多年，有着丰富的工作经验。他虽然即将退休，但依然工作繁忙，为了提高《七述奇未成稿》题记页的影印质量，他从百忙之中抽出时间来帮我们加工复原。

复原后的题记页基本达到了出版要求，我们不知道胡老师戴着老花镜在电脑前熬夜操作了多久，才有了最后这页来之不易的复原图。正是因为有了诸多像他这样热心的同事的无私帮助和默默奉献，才使得“续编”的整理和编辑工作能够更加顺利地开展，在此向他们表示感谢！

近两年，岳麓书社将推出“续编”的消息不胫而走，读者们通过各种渠道联系我们，咨询这部丛书什么时候完成，还要等多久才能上市？面对这些可爱的、热心的读者朋友，我们的心情十分忐忑：一方面，当然希望进度可以快一点，好让这部丛书能尽快与大家见面；另一方面，又不希望为追求速度而让图书质量打了折扣，让读者朋友们失望。——我们就是怀着这样忐忑的心情，将这洋洋洒洒近千万字的丛书书稿改了又改、修了又修。很多次，即使已决定把某册图书付印了，却又忍不住把它拿到案头再看一遍，如若从中找出些许差错，心情马上就又忐忑了起来：一边暗自庆幸赶在图书出版前又捉掉了“几只虫”，一边又对该书“虫已基本捉尽”的结论产生了怀疑，于是周而复始，再度走上“自虐”的道路。就是这样不断地反复，直至确认书稿无误后才放心交到印刷厂。很多时候，为了弄明白书稿中的某个字词的出处，或者某张图片的拍摄时间和出处，我们会大费周章、四处求证，因而进度比预想的要慢了许多。在此，我们向所有关心“续编”出版的读者朋友和各界人士致歉。

四、全璧归来犹有憾

四年埋首磨一剑，今天“走向世界丛书（续编）”总算是破茧成蝶，与大家见面了。我们终于将这 65 种图书与前 35 种形成了全璧，完成了钟叔河先生中断了近三十年的“走向世界一百种”的出版计划。

这四年说长不长、说短不短的出版周期，虽不敢言呕心沥血，却也是殚精竭虑、如履薄冰，只能说我们已经尽了最大的努力。当然，对于“续编”的出炉，我们还是有一些遗憾的地方。

一是封面装帧留有遗憾。大家现在看到的成书封面，与我们敲定的设计版本之间是存在差距的。由于相关管理规定，原设计采用的地图元素不能使用，我们只能忍痛拿掉，于是造成“FROM EAST TO WEST”的帆船标志缺失了“背景”，实为一大遗憾。封面用纸的颜色也与设计稿存在较大色差，加上画面上地图元素的缺失，封面没有呈现预期的羊皮卷的效果。

二是体例没能做到完全的整齐划一。由于“续编”图书种类众多，篇幅和内容各有特色，校注者也有不同的整理理念和风格，约定的体例不可能贯彻到每个细微之处。比如在制作日期提示栏的时候，有的图书是以该页首次出现的日期为准，有的则是以该页首行文字所在的日期为准，这样就存在一定的偏差；再比如人名索引的条目，有的校注者依照辞典的规范把人名标注在字号之前，而有的校注者则根据该书的行文内容把字号标注在人名之前等。

三是由于时间所限，丛书的整理、编辑工作纷繁复杂，加上编者水平有限，错误疏漏仍在所难免，深以为憾。

《中国古陶瓷文献校注》编辑手记

饶　毅

《中国古陶瓷文献校注》于 2015 年 7 月出版，此前 2010 年立项，2014 年收到书稿，2015 年 7 月出版，2016 年报奖，前后历时 6 年，回溯往事，思维沉浸过往，点点滴滴，实无特殊，无非正常图书编辑过程。

对陶瓷文献进行整理，《中国古陶瓷文献校注》并非首开局面。但已出各整理本，不是失之单一，不够系统，就是整理过于简单，校注不够完善；且一些整理本错讹之处较多。

《中国古陶瓷文献校注》的编辑工作，历时 9 个月，从初稿的 100 余万字做到了成书的 90 万字。该书收 18 种重要陶瓷专论典籍，尤其收录的《陶人心语》《斗杯堂诗集》《陶书》《陶政》等是第一次被整理，这是图书版本价值；编纂体例创新，每部专论首先标明所用底本和参校本，一些参校本是流传甚少、十分珍贵的善本，以前很少被人知晓，更少有人参考引用，且在原文正文之后附“校记”，对每种文献不同版本进行文字比对，这在陶瓷文献整理中很少见，彰显整理本的规范和专业，也可以说，古籍整理活儿干得地道。

整理本对古籍正文中出现的人名、地名、历史典故、专业术语、生僻字等进行注释，但是因整理者没有古籍整理经验，书稿中错讹之处难免。针对原文，要求整理者提供古籍刻本复印件，我一一核对原文，订正错排、漏行差错，处理繁异字、通假字等；注释中所有人名、地名、专业术语、历史典故等，我全部核查《辞海》等辞书，无一放过，保证释义正确精准；对于显然抄自百度百科之类的词条，我逐字修改……最终成书，对所录的每种陶瓷典籍原文内容作了系统纠谬，尤其是补正了他人未曾发现或未曾注意的谬误，更正很多前人整理的错讹之处，力求完备和准确。

此外，在编辑过程中，还衍生出陶瓷选题，成功策划了《中华大典·服饰艺术分典》的衍生选题。如果说陶瓷文献，传世的专论尚有 20 余部，那服饰专论文献，就更为稀缺了。不仅仅是专论文献的整理，整个服饰文献整理在古籍文献整理工作中都是缺失的一环，因为懂服饰文献、从事服饰研究工作的学者太少了。2015 年大典编撰工作收尾，我抓住申报国家“十三五”重点出版项目契机，反复考量当初设计的诸多子选题，策划了选题《中国古代文献服饰图解》。这个选题是服饰文化研究中查漏补缺的填补空白之作，具有独特价值，于 2016 年成功申报列入国家“十三五”重点出版项目。

看完全文，是不是感觉如《功夫熊猫》最后所说，大家争夺的绝世武学秘笈就是一张白纸！是的，没有诀窍，图书编辑的工作流程大体相似；成功案例都是个案，差异性来自我们每个编辑的个性，我们赋予图书的灵魂烙印和品格！不是常说编辑是做嫁衣裳嘛，量体裁衣，精工制作，每件衣服都是独此一件，大师赋予衣服独特的精神气质，无瑕的作品才具赏心悦目的品格。我们编辑细细打磨每部书稿，融入编辑思想，赋予图书精神气质和无瑕品格。玉手裁成佳稿，是编辑的幸福，是人生一大赏心乐事。

《乾隆朝满文寄信档译编》编辑手记

胡宝亮

一

《乾隆朝满文寄信档译编》在2011年底出版，当时我感到有一种一年多来从未有过的如释重负的轻松，觉得这部书的出版实在是来之不易。

这部书属于国家重点文化工程新修清史的配套项目——“国家清史编纂委员会·档案丛刊”，篇幅大，内容多，规格高。书中收录了满文寄信上谕4289件，加上附件22件，共计4311件，并将其全部翻译为汉文，史料价值很高，有利于深化、拓展对清代乾隆时期政治、军事、文化、经济、民族关系、中外关系及乾隆帝本人的研究。同时因该书收录了大量满文上谕，对满语文研究也颇有裨益。

本书汉文译文的实际字数是178万余字，文体是仿照清代公文的拟古文，在翻译中出现了很多问题，情况极其复杂。我在受命之初，已经考虑到这项任务的艰巨性。我读研究生时，导师常建华先生让我录入康熙朝汉文朱批奏折，对我进行专业训练。所以我对清代档案有所了解，并有很深的感情；也曾看过白新良先生针对满文翻译中存在的问题所写的批评文章，心里有思想准备。另外，我清史的基本功尚属扎实。基于这几点，我是有准备、有能力迎接《寄信档》编校工作的。客观地说，第一历史档案馆的译文质量总体上是不错的，已经避免了20世纪90年代翻译时出现的人名、地名颇多误译的情况，这次翻译人名、地名很多都核对了《清高宗实录》。但因翻译出自众手，仍然存在着不少问题。如：有些是作者方聘请的打字员录入错的，如“笔帖式”错成“笔贴式”，“明瑞”错成“明端”，“负隅”错成“负嵎”，“缎匹”错成“锻匹”，“刘永章”错成“刘水章”，“避暑山庄”错成“避署山庄”，“存泰”错成“存秦”，“安泰”错成“安奏”，“既然”错成“即然”，“阿布赉”错成“阿布赍”，“恒禄”错成“恒碌”，“富当阿”错成“富当啊”，“领侍卫内大臣”错成“领事卫内大臣”，“侍郎”错成“待郎”，“传谕”错成“传渝”，“英廉”错成“英谦”，“乾清门”错成“乾请门”，“母女”错成“毋女”，等等。这些还是容易看出来的，但有一类词就不好办了。下面就重点说说这些问题与编辑中的故事。

二

因为寄信档内容涉及大量边疆少数民族及邻国的人名、官职名，且不是同一人翻译，于是出现了数不胜数的同人异名、同地异名、同官职异名等情况，这是在审稿中遇到的最大问题。

人名：成衮扎布、成衮札布，车布登札布、车布登扎布，桑斋多尔济、桑寨多尔济，扎隆阿、札隆阿，春宁、椿宁，和尔精额、赫尔精额，阿其睦、阿齐木，叶勒提耶拜、叶尔提耶拜，东科尔呼图克图、洞阔尔呼图克图，达里牙特克勒迪、达里雅特克勒迪，尼牙斯霍卓、尼雅斯和卓，额伊勒木保、额依勒保，乌拉尔斋、乌拉勒斋，卞塔海、卞塔哈，车哩克齐、齐里克齐，博钟、伯忠，钟神保、钟伸保，密尔杂浑、密尔呼勒，穆和蔺、穆和廉，雅朗阿、雅郎阿，玉素卜、玉素布，都尔嘉、杜尔嘉，素勒坦和卓、苏勒塔霍卓，苏赉璊、素赉璊、素赉满，伍弥乌逊、伍弥乌孙，伊斯坎达尔、伊斯堪达尔，布拉呢敦、布拉尼敦，刘沧洲、刘沧州、刘仓州，车凌德勒克、策凌德勒克、策棱德勒克，塔克西哈、塔克锡哈，伯宁、博宁，德云、德运，松龄、松岭，余清、于青，诺穆浑、诺穆欢，斡里素勒坦、斡里苏勒坦，多索里素勒坦、多索里苏勒坦，希布昌阿、希布常阿、希布察阿，阿措、安措、安粗，翰图、罕图、韩图，噶尔丹席勒图、噶尔丹席热图、噶尔丹锡勒图、噶勒丹锡呼图，色提卜阿勒氏、色堤卜阿勒氏、色提巴勒氏、塞提巴勒第，簇勒提木、阿旺促勒提木、阿旺粗勒提木、阿旺粗勒提木、阿旺促勒提姆，舍楞、舍棱、舍稜、色楞、色棱、色稜，等等。

地名、部族名：白都讷、伯都讷，博斯塘铁列克、博斯唐托霍罗克，帕苏巴特、拜苏巴特，斋尔、寨尔，塔什干、塔什罕，促浸、楚秦，赛因诺颜、三音诺颜，楚呼楚、楚瑚楚，阿穆呼朗图、阿木呼朗图，噶舒、噶顺，霍罕、浩罕，札哈沁、扎哈沁、扎哈秦，等等。

官职名、神职名：札萨克、扎萨克，宰桑、斋桑、寨桑，毕勒噶底尔、毕里噶底尔、毕尔噶氏尔、布列噶底尔，吉纳拉尔、吉纳喇勒，固毕尔纳多尔、固毕尔纳托尔，坡罗楚克、泼罗楚克，吹钟、吹忠，诺扪汗、诺们汗、诺们罕、诺门汗、诺门罕，哈子伯克、哈兹伯克，等等。

这些问题都是在认真研读的基础上逐个发现并统一的，个中艰辛，只有自己晓得。

此外，清语、满语、满洲话在满文中是一个词，按照惯例，将其统一改为清语。这里面也颇费周折，作者最初认为不必统一，我花了很长时间才解释通这是出版物必须如此，最后终于将这三个词统一了。

除了大量未统一的词语，还有很多其他问题，如史实错误、文理不通等，解决办法有两种，自己能解决就自己解决，不能解决就依靠作者。

（一）可以用自己的历史知识判断正误的

130-2-31（原档案号，下同）："弘瞻从前与三载素不相识，即为此等之事，向三载妄托，且又曾托席宁、舒善、尤八十等采买什物，可见伊另有妄托之事，谅必不少。"

此句话内有两个人名误译。根据清史知识，爱新觉罗家族弘字辈的第二字多为"日"字旁，故"弘瞻"应为"弘曕"；"尤八十"则应为"尤拔世"，时为两淮盐运使。

133-4-28："常格奏报豫（ioi）州府所属地方麦收分数一折内，书有田中已插稻秧（sisiha）之语。"

"豫州府"肯定是误译，因为清朝无任何地方叫豫州府。根据常格为寿春总兵，可推断出应为"颍州府"（治今阜阳市）。

137-1-64："想想郭泰（gotai）、徐义简（sioi i giyan）之事。"

根据清史知识，"郭泰、徐义简"应为"山东巡抚国泰、山东布政使于易简"的误译。

135-5-35："详阅所译噶勒丹车凌原奏文二件，列入查喀尔喀等游牧事内议奏。"

根据清史知识，结合上下文意思，推断"噶勒丹车凌"应是准噶尔部首领"噶尔丹策零"的误译。

135-3-52："领侍卫内大臣·尚书·忠勇公字寄署理定边左副将军·亲王·郡王、科布多参赞大臣·副都统。"

"亲王"与"郡王"同时出现在一人之身，不合体统，估计应是"亲王品级郡王"，经向作者方询问，证明我的猜想是正确的。

131-3-32："由精通经典、出痘之喇嘛内，遴选三四人。"

正在出痘的喇嘛即使再精通经典也不可能供遴选，据句意可知应为“由精通经典、已出痘之喇嘛内，遴选三四人”。

139–2–70：“庆桂知此，会同王诚裴迅速审明湖北干川县罗正邦之案。”

湖北无干川县，据地理知识可知为“汉川县”之误。

133–5–91：“寄谕署定边左副将军温福著轻骑赶赴四川办理小金川事务”，“从云昌来云南、贵州之路迎送”。

根据该条内容并结合史料，温福当时在中缅边境处理征缅之役的善后，接到谕旨后赴小金川，因此“云昌”应为“永昌（永昌府，治今保山市，靠近中缅边境）”之误。此外据清史常识，“署定边左副将军”应为“署定边右副将军”。

134–4–81：“据索琳等处奏，俄罗斯固毕尔纳多尔毕尔噶底尔涅木楚布来文称……”

这句没标点断开，我设想应该表述为“固毕尔纳多尔・毕尔噶底尔涅木楚布”，固毕尔纳多尔・毕尔噶底尔为官名，涅木楚布作为人名，告知作者，获得肯定答复。

140–1–31：“此乃永保为显示伊办事仔细，而未从大处考虑，无异于明朝、宋朝末期之恶习。”

这样翻译没有问题，但略嫌直白，可以翻译得更文雅一些，我将其改为“此乃永保为显示伊办事仔细，而未从大处考虑，无异于明、宋之季恶习”，并得到了作者的肯定。

134–2–36：“伊亲赴东陵会同贝子允祺、内务府总管满都挑选赞礼郎时，贝子允祺尚谈论，而满都一言不发。”

时为乾隆三十九年，此处出现允祺，显然是不可能的，因为那时允祺已经去世多年，应为与其同音的“允祁”之误。

（二）编辑觉得文中存在问题，又无从查证的，要依靠作者

135–4–46：“舒文迎于江河（jiyangho），金简迎于虹星砖（hūng hing juwan）。”

凭直觉，“江河”“虹星砖”都不像清代地名，但无法查找，遂向作者方要求一定要查询确凿的地名，最后查实分别是“绛河”“红杏园”。

134–2–93：“伊之游牧事，即交与此二人，达色、观保领之妥善尽心照管办理，勿致此女人妄行费用。”

134–3–3：“将其游牧事宜，即交与此二人，著达色、观音保妥善尽心照管办理。”

前后事情一致，但人名不同。“观保”“观音保”两者必有一错。询问作者得知，应为“观音保”。

139–3–026：“寄谕伊犁将军保宁等著准额尔德额发配伊犁之族人随愿自力返回原籍。”

“额尔德额”此人从未听说过，心生疑窦，特意询问作者，经查证方知译错，应为前面出现过的征缅败将额勒登额。

133–4–33：“大学士·领侍卫内大臣·忠勇公、大学士字寄钦差扑灭蝗虫·乾清门侍卫德和布等。乾隆三十五年六月初二日奉上谕：昨据德和布等奏，夏店迤东遇蝗虫，将会同地方官员扑灭，一二日内能尽绝。等语。今王进泰又奏怀柔、密云县等地生发飞蝗。将此著寄信德和布等，捕灭夏店地方蝗虫后，伊等由彼亲赴怀柔、密县等地捕灭蝗虫。”

“扑灭”与“捕灭”同时出现在译文里，不免让人怀疑，经询问作者，应统一为“捕灭”。

140–6–29：“昨金简所奏唆使维祁回国之黄益晓。”

编辑无法判断维祁前有无“黎”字（黎维祁为安南国王，被西山农民军推翻，逃入中国境内），只能发信询问，作者答复确实没有。诸如此类还有很多，自己无法解决，就必须一个一个问明白，否则就可能出错。

141-3-32：“善德、成明等为杭州、乍浦倚靠兵丁度日女子出嫁是否发给恩赏银一事，各陈己见，具奏前来。”

“杭州”“乍浦”之间原先无顿号，虽然乍浦归属杭州府管辖，但杭州、乍浦两处均有驻防满洲兵丁，我认为很可能有顿号，询问作者，确实应该加顿号。

138-2-40：“福康安初到彼处，核实办理诸项事宜，洽合朕意，朕甚是欣喜。”

138-3-123：“前塔琦等奏到此事，览折，朕即如此降旨训谕发去，其未接奉此旨，即能恰合朕意，妥善办理，实为可嘉。”

“洽合”“恰合”这两个词音近但意不完全同，编辑无法判断，只能问作者，作者回答：都应是“恰合”。

129-1-6：“将此缮写三份，分别加封。寄舒赫德者，用伊奏事夹板送发；寄新柱者，由兵部封函夹固，马上飞递。交兵部。”

前面说是缮写三份，后面却只寄给舒赫德、新柱，前后矛盾，疑为二份之误，向作者询问，果然如此。

134-2-51：“若知，则奏折时一并奏陈。”

“奏折”是名词，不可作动词用，应改为“若知，则具折奏报时一并奏陈”。

137-1-60：“我国战获万万年之伊犁等处，虽需项甚多，亦无可惜之处。”

这句话不好理解，遂发信询问，回答：我国久战所获之伊犁等处，乃万万年之地，虽需项甚多，亦无可惜之处。

132-4-80：抬头写的是：“大学士・领侍卫内大臣・忠勇公、大学士字寄各省将军、都统。”正文里却成了：“著传谕各地总督，各就本管地方所有发遣积匪猾贼，以及定地问拟流徒各犯，俱责成该管官实力体察防范，毋令其彼此群集，勾结生事。”

编辑有疑问：全文只传谕总督，并无将军、都统，是否原文如此？回答：此处应译作 “各总统大臣 ”，这样可以照应上下文。

128–1–13：时间“乾隆十六年五月十九日”，正文“乾隆十七年五月十九日奉上谕”。

这种日期对不上的情况经常有，无法判断是打错了还是原文如此，只能发信询问，得到答复是原文如此。

有些正文内容，专有名词太多，实在无法看出端绪，如 135–1–57：“准明善报称：乌梁海哈弼喇克、楚库迈、哈弼喇克、德勒克拜等四人，于六月十五日出猎未归已逃。等情。即欲行文各处缉拿时，由庆桂处报哈弼喇克等逃往塔尔巴哈台后拒捕，故德勒克拜中枪身死，绰和尔哈弼喇克已逃，将小哈弼喇克、楚库迈拿获，审出欲偷厄鲁特、哈萨克等马匹事，连人一并送往。”

我在审读该段的时候，怎么也读不通，后来去信询问，作者回答：从满文看，哈弼喇克应是部落人的一种身份 ，绰和尔、毕齐干（原译成“小”，不对）应是地方部落的名称。全文改为：“乌梁海哈弼喇克楚库迈、哈弼喇克德勒克拜等四人，于六月十五日出猎未归已逃。等情。即欲行文各处缉拿时，由庆桂处报，哈弼喇克等逃往塔尔巴哈台后拒捕，故德勒克拜中枪身死，绰和尔哈弼喇克已逃，将毕齐干哈弼喇克楚库迈拿获，审出欲偷厄鲁特、哈萨克等马匹事，连人一并送往。”诸如此类难懂的文字还有不少。

有些问题，不多看几遍是很难察觉的。试举两例：

132–1–22 ：“据扎拉丰阿、巴尔品奏称，郭罗克贼杀青海之人，掠其牲只，经商纳克卡伦之人尾追，杀贼二人，生擒贼十二人。”

134–5–70：“乾隆四十二年十一月初三日奉上谕：据法福礼处奏，准扎萨克台吉衮楚克来报，去岁于上纳克卡伦拿获噶舒番子五名。”

商纳克、上纳克是同一地名，一个出现在三十二年，一个出现在四十二年，而且出现频率很少（三次），如果不是多看几遍，真是难以发现。

这种情况是最难察觉的，一两年内乃至三五年内都还好说，相差这么远，频率又这么低，真是极难察觉。

与此类似的，还有官职名“噶匝纳齐伯克”，在寄信档中该官职名一共有五种写法：噶匝纳齐伯克、噶咱纳齐伯克、噶杂纳齐伯克、噶杂拉齐伯克、噶咱纳奇伯克，是“同意异形词”较多的。分别出现在二十八年五月十九日、八月十七日，三十年闰二月十四日、闰二月二十八日、四月十六日，三十一年十二月十一日，三十六年八月二十九日，三十九年十二月初十日，四十二年八月初九日，四十七年十二月初六日，四十八年九月二十六日，四十九年十月十九日，五十三年七月初二日，频率不高，而且较分散，也是通读几遍后，才把这个词找了出来。

（三）还有我与作者方都拿不准的，只好请教第三方清史专家了

如131–1–80：“郭相可查讯伊等。”作者怀疑是“国相”，但拿不准，我也拿不准，所幸我跟修《清史稿·职官志》的杜家骥先生很熟，问了他才确定下来应改为“国相”。

还有标题与正文相对应问题，有两种情况：一是标题寄信对象官职与正文寄信对象官职不完全一致；一是标题寄信对象与正文寄信对象人数有差别。

129–4–60：标题为“寄谕乌鲁木齐办事副都统旌额理著奏明外委把总引路错误之情”，正文为“大学士·领侍卫内大臣·忠勇公字寄驻乌鲁木齐办事副都统等”。

标题与正文不符合，应在标题“旌额理”后加“等”字。

133-5-51：标题为“寄谕驻西宁办事大臣伍弥泰拣选旺丹多尔济帕尔玛袭职之人送京引见”，正文为“领侍卫内大臣·尚书·忠勇公字寄驻西宁办事内大臣”。

标题与正文不符合，应将标题“驻西宁办事大臣”改为“驻西宁办事内大臣”。

还要说一下满文的问题。满文是逐页看了的，并不是简单地将从清史办拿来的稿件和排版稿件作对比无差错就了事。我虽然不懂满文，但本着对清史工程图书的高度负责的精神，在第一次审完汉字稿后，我决定对满文一一进行查对。我尽管不认识满文，但还是可以识别字符的，通过一个个满文字母的比对，再参照汉文篇幅的长短，来确定满文是否能接得上，是否有重页、缺页等问题。经过一个月的艰苦对比、识别，发现满文中也存在问题，共有十余处。问题如下：

1.129-1-72，汉文有“舒隆阿抄，明昌校”一句，满文无；

2.129-3-13，满文出现两次“恩宪抄，松年校”，汉文只翻译了一次。

3.130-4-14，满文出现两次“舒兴抄，锡灵阿校”，汉文只翻译了一次。

4.131-1-81，汉文有“松年抄，善清校”一句，满文无。

5.132-4-28，满文第三页在汉文中无对照内容，应放在132-4-27满文第六页之后。

6.136-6-7，满文出现两次“胡龄校”。

7.135-2-28，根据满文，汉文应有“朱有松抄，达林校”一句。

8.135-2-92，满文两页之间缺页。

9.135-2-87，满文第三页与汉文无法对应，疑为错页。

10.135-2-97，满文第三页与汉文无法对应，疑为错页。

11.137-2-81，根据满文，汉文应有“五十三抄，胡广校”一句。

12.138-1-114，满文第二页无法与汉文对照，疑为缺页。

以上情况向作者方提出后，作者方高度重视，重新查找了原档，果然是如我发现的那样，有的缺图，有的顺序排错，有的是衍文。缺图两张，扫描后补充到了书里。

在编校该书的过程中，总共审读汉文部分八遍，满文部分一遍。有些问题核对了《清高宗实录》，每次都能看出新的问题。我认为，看这么多遍是完全必要的，看两三遍不可能发现所有的问题。清史工程的书非同小可，宁可推迟出版，也不可赶进度留下太多的遗憾。

《乾隆朝满文寄信档译编》虽然最初译文问题很多，但在主编王小红女士和我的努力下，终于尽可能地将错误降到了最低。王小红女士在编辑该书的过程中积极地配合了我的工作，我们用电子邮件、电话、短信等方式保持了密切联系，从 2010 年初到 2011 年 8 月，我们进行了数百次联系。她对我有问必答，解决了我所有的问题。 王小红女士还对一些用错的人名、地名进行了更正，使这部书臻于完美。

《乾隆朝满文寄信档译编》编校难度确实很大，我为此花很长时间与很大精力，可以说处处都要小心，稍有不慎，就会放过错误。这部书的编校是对我的一次洗礼，经过这次洗礼，我的编校水平有了重大提升；也是对我的清史功底的全面考验，我基本上经受住了考验，并学到了很多知识。对这部书，我基本上做到问心无愧了。我对这部书倾注了很深的感情，就像自己的孩子一样。由于时间与精力的限制，书稿里肯定还有错误，请各位谅解。

在编校该书的过程中，承蒙易言者社长和曾德明总编辑的高度重视与大力关怀，使我无后顾之忧地编辑此书。美编胡颖老师负责该书的装帧工作。管巧灵主任设计该书的版式，王文西编辑为分册及第一册内容的设计方面做出了积极贡献；责任校对黄金武及其团队在校对过程中发现了不少我未能看出的错误；刘雪琳编辑对部分内容进行了比红、清点页码等工作。在此一并表示感谢。

三

在编校工作之外，我还为这部书的包装、宣传和推介做了大量工作。

对这部书的原书名《乾隆朝满文寄信档》，我觉得不是很妥当，在与作者商议以后决定改名为《乾隆朝满文寄信档译编》，使其名实相符。

这部书的前言写得很精彩，但如有一位历史学家的序就更完美了，征得作者同意后，我请南开大学历史研究所清史教研室主任、著名清史专家杜家骥为此书作序。

书尚未出版的当年 9 月，我参加“中国日常生活史的多样性”国际学术研讨会，在会上积极向与会学者宣传《乾隆朝满文寄信档译编》，引起了与会学者的兴趣，并有学者表示一定向图书馆推荐购买此书。此后，逢会我必推荐。书出后，我将该书的内容介绍、目录、序与前言打包后向国内外有关清史研究机构、清史专家、图书进出口公司、古籍书店、大型图书馆发送电子邮件，力推该书。当年 12 月，建立博客“南开学子岳麓书人”及同名微博，自撰并转发文章，大力宣传该书，后来成为我交友与发布书讯的强大平台；在豆瓣网建立《寄信档》专题一个；与美编胡颖老师设计了宣传单一种，以利宣传。我还在《古籍新书报》《历史档案》《满语研究》上发布了书评与广告，文章与宣传语皆为我手定。

在该书即将出版时还有个小插曲，我及时发现了该书未更正的汉文内容被某网站误传到网上，并被转载到了新浪爱问上，书未出版而内容流出，这是很严重的问题，会严重影响到该书的销售，且上传内容为原始稿，未经修改的内容传到网上也是对利用者的不负责任。经过一个多月的交涉，终于删除所有未授权的网上资源。

该书出版后，冯尔康、常建华、陈锋、李治亭、李世愉、黄一农、孙喆等学者对此书给予了好评，常建华教授利用本书写成了《从“新清史”研究看〈乾隆朝满文寄信档译编〉的史料价值》《乾隆帝祈雨祈晴的多民族性》两篇论文，另有黄一农、赖惠敏、张荣、孟修、杨春君、詹夺、陈跃、聂红萍等学者在其论文中征引了该书史料。

特别值得一提的是，新疆师范大学孙文杰教授，充分利用本书研究，写作论文十余篇，申请国家社科基金重点项目、一般项目各一项。

四

我编辑此书最大的收获尚不限于锻炼提高了编校水平，更在于认识了很多学者和出版界朋友，比如中国第一历史档案馆的吴元丰、王小红、张莉、赵玉梅、李刚等老师，国家清史编纂委员会的马大正副主任、赫晓琳处长、王江处长、王立新老师、申永刚老师，中国人民大学清史研究所孙喆副所长，黑龙江大学满族语言文化中心吴雪娟研究员，中国人民大学出版社副社长孟超，北京师范大学出版社分社社长谭徐锋，大象出版社尚品图书分社社长张前进，等等，这是一笔极为宝贵的财富，将在我以后的编辑生涯中指引我前行。而我也在编辑这部书的过程中赢得了他们的尊重，为我下一步的工作打下了坚实的基础。除了因编辑此书直接认识的这些朋友，后来以这套书为契机与媒介，还不断认识了清史学界的新朋友，大家在共同讨论与钻研这部书的史料时，自然就砥砺了学识，加深了友谊，因此对我的意义不可估量。

《能静居日记》编辑纪事

刘　文

《能静居日记》是曾国藩核心幕僚赵烈文的手书日记。赵烈文（1832—1893），字惠甫，号能静居士，江苏常州人，出身官宦世家。赵烈文是曾国藩事业高峰时期的核心幕宾，深受倚重，二人几乎无话不谈。从湘军攻克安庆至克复南京以及其后一段时间，他都在曾氏兄弟幕中，其所参谋、赞画的事务，“往往关天下大计”。后经曾国藩保奏，先后出任磁州 、易州知州。曾去世后，力请辞官，退居常熟虞山，营宅舍曰能静居，过着隐退的生活。

《能静居日记》全书五十四卷，起自咸丰八年（1858）五月，止于光绪十五年（1889）六月，跨度长达三十二年，字数两百余万，记录了作者二十七岁至五十八岁这一人生阶段的重要经历。其中所记咸丰、同治年间时局、 政事、军情，特别是有关湘军集团、太平天国、捻军以及晚清朝廷的情况，尤具价值，是学界公认的研究那一段历史的核心史料之一。《能静居日记》在其他如历史、地理、文学、艺术、宗教、民俗等方面亦多有涉及，可谓包罗晚清社会万象。

这么一部重要的日记，这么一种重要的史料，问世一百二十余年以来，却一直以草书手稿（影印）的形式流传，给读者使用造成莫大的不便。学界对于标点整理此书的呼声不绝于耳，出版界也屡屡风传“有意整理”，或者“正在整理”，但标点排印本始终没有面世。后来我才知道，岳麓书社在近二十年前，唐告明先生那一辈人整理《曾国藩全集》的时候，就有整理该日记的想法。之所以迟迟没有启动，主要在于整理该书难度巨大，一直没有找到合适的整理者。该日记内容庞杂，字迹潦草，对整理者的要求极高。没有相关的历史知识储备，不熟晚清那一段历史，或者，即使达到这一条件，而没有书法功底、不能辨认草书的整理者，都难以担此重任。这恐怕也是《能静居日记》长期以来只有手抄本、影印本流传，而一直没有标点整理本出版的重要原因。

2007年六七月份，我与彭卫才、王文西、胡宝亮、李业鹏诸君作为新员工同时进入岳麓书社，不久后，时任社长的曾主陶先生就提出让我们尝试分工整理《能静居日记》的设想。当时我并不清楚这是一部什么书，只记得曾社长说是曾国藩一个重要幕僚的手书日记，用行草书写，整理难度巨大。之所以想让我们几个新员工整理这部书，是想从较高的起点尽快培养我们的编辑能力。

随后，他们几位都被分派到不同的编辑室如文学、历史等，从事相应的工作，我被分到刚刚成立不久、专门负责古籍整理的《湖湘文库》项目部，开始了学习古籍整理的历程。我们几个在各自的岗位上学习、成长，而一年后，曾社长调离本社，《能静居日记》的整理工作也便落下了。但老社长的嘱托我一直记得，心想只要条件成熟，我便会挑起这副重担。

三年后，在编辑室主任马美著先生和社里前辈编辑的悉心指导下，我已经完全适应了《湖湘文库》项目部繁忙的工作，对于古籍整理也积累了些许浅显经验，自认为有了丁点心得。在《文库》的工作之余，我想到了《能静居日记》。这几年中，我们结识了不少优秀的专家和作者，比如，来自湖南省社会科学院的廖承良研究员，便是一位不可多得的学者。他1960年代毕业于湖南师范大学历史系，于晚清历史相当熟悉；尤为难得的是，他同时又是一个书法爱好者，平素喜欢练字，于真、行、草各体均有研究。近年来廖先生受邀从事《湖湘文库》多部古籍的审稿工作，其学识、能力以及敬业的态度为同仁所广泛称颂。在整理《陶澍全集》时，我们碰到了辨认行草的难题，正是廖先生一力承担，终于蒇事。于是，在与廖先生商量后，他欣然接受了邀请，经过请示领导，签订出版合同，终于解决了《能静居日记》整理者的人选问题。

至此，《能静居日记》终于找到一位合适的整理者，其整理工作终于正式开启了。2011 年，该日记获批为“国家古籍整理出版资助项目”，其史料价值得到更高层面的认可，在出版经费上，更是得到了全国古籍整理出版规划领导小组的大力支持。

与一般古籍整理需要精选底本略有差异，《能静居日记》赵氏手稿已由台湾学生书局于 1964 年据台北“中央图书馆”藏本全书影印，故而省去查找挑选底本的工作，直接以该影印本为底本进行标点即可。台湾本本社资料室多年前即购入一套，此时已经在我的书柜中静静地待了几年了。与整理其他清人木刻本底本的古籍不同，木刻本字迹清晰，大多是楷体，容易辨认，故标点时只需复印底本，整理人员在复印件上直接加标点，然后交由排版人员录入电脑即可。《能静居日记》是手书行草，如果整理者直接在复印件上加标点，然后交由排版人员录入，则排版人员由于不认识大部分行草书字而导致录入工作无法进行。经过商量，我们决定请廖先生另纸誊录底稿，变竖排行草书手稿影印本为简体横排楷体手写本，廖先生逐字逐句将两百余万字的整部《能静居日记》抄录了一遍。这个过程还不是一般的抄录，包含了辨认、标点、繁转简等复杂的工序在里面。其中艰难困苦，没有见过底本潦草程度的人是绝难想象的。

刚开始是最难的，估计过了半年，廖先生送来前面一部分的整理稿。我们马上安排设计版式，请排版人员根据廖先生的手抄稿录入排版，然后打印清样，安排校对、编辑。后来廖先生陆续送来整理好的书稿，我们继续排录、校对、编辑、改样。这里要说的是，校对、改样环节都出现了难题。先说校对。一般的古籍，校对人员只需根据底本校对清样与底本的异同，或者据他本校对底本的异同，或者更高层次的通过理校发现底本的讹误。《能静居日记》底本是潦草的行草书，拿底本校对清样异同的难度可想而知。而且由于没有他本可以参校，所以只能通过理校来发现、减少错误。通过理校发现错误，这对校对人员的要求是很高的，一般即使发现了疑似错误的地方，没有十足的把握，也是不敢妄改的，这一点的处理上，我们是十分谨慎的。《能静居日记》体量大，难度大，我们的校对力量有限，工作推进十分艰难。

编校发现了问题，便需要改样，麻烦又来了。有一段时间赵烈文热衷算卦，几日一卦，有时甚至一日数卦，相当频繁。他把算卦的图都画入日记中，于是《能静居日记》中有许多卦象图，这些图都是符号，不太好录入，我们便先扫描底本，做成图片，然后排到与算卦的文字相应的位置，大致做到一一对应，让读者看到文字，便可参考相关图片。这样做固然是好的，但是每一次正文一有改动，造成版面推动，相应的图片也会推动，而且是无规律地乱动，窜入别的地方，甚至造成乱码。每改一次清样，我都要仔细核对图片与文字是不是一一对应，是不是有图片压住了文字。更麻烦的是，此稿是委托给社外一个排版工作室排录的，因为排版人员不清楚图片应该跟哪一部分文字对应，所以每次改样，我都要跑到他们办公室在电脑旁守着，告诉他们哪个图片在哪个位置，往往一去便是一整天，别的什么事也干不了。

在廖先生继续整理、誊录底稿的同时，我们的校对、编辑工作同步进行。大约是 2012 年上半年的时候，廖先生送来全部整理稿，距他接手整理工作时已经过去了整整两年。他有一次对我说，小刘啊，过去两个春节，我都是跟《能静居日记》一起过的。我闻言唏嘘不已。廖先生已是古稀老人，我深知他有深夜工作的习惯，每逢节假日，更是加倍工作。其时《湖湘文库》的工作尚未完成，很多书稿的审稿工作还离不开他，矻矻劬劳，辛苦可想而知。他很快要去了经过校对的全部清样，对照底稿重新核对一遍，这个工作说来简单，却又花去他大半年的时间。下半年晚些时候，廖先生自己的重校工作和我们的编校工作都已经完成，我请唐浩明先生审读清样，并撰写前言，唐先生欣然答应了。我们计划书稿通过社里三审之后，便申请书号，最迟年底出版。这也是古籍办对我们出书时间的要求。

社里对这部书一向重视，总编辑曾德明先生特地请来两位同事协助他审稿，一位是有书法功底的老编辑，另一位是资深校对。大约十天，审稿意见下来了，附有审稿人员的校改清样。他们审读了几万字，发现了几处硬伤，还有一些编排体例的问题。当然，更多的问题是辨认字形的问题，往往同一个潦草的字，每个审稿人都有不同的看法，这就有争论，需要斟酌上下文，不同的理解有不同的辨认方式，而这也是最难断定对错的。总编辑的意思是，《能静居日记》是一部重点图书，学界期盼已久，读者关注度大，又获批为国家古籍整理出版资助项目，我们理应以更高的标准、更严的要求来对待。虽然古籍办规定的出版时间已近，但出于更高的质量要求和更强的责任感，我们打报告申请延迟半年出版，相信会得到批准。总编辑还提出了具体的方案：请廖先生根据底本把全书清样再审一遍，我作为责任编辑，也再过一遍书稿。另外，约请省内重量级的古籍审稿专家审读全稿。这位专家就是《湖湘文库》编委会专职审稿人、从事校对工作数十年之久的王杰成先生。王先生与《能静居日记》颇有渊源，若干年之前，他曾收到唐浩明先生关于整理该书的邀请，不过因故没有接受。现在，他又收到了邀请，这次是审读全稿，他欣然接受了这个任务。

又是半年过去了，廖先生与赵烈文的书稿又过了一个春节。他与王先生陆续交换校样，交流意见，然后陆续把清样交到我这里。这次的工作很见成效，每个人都有新的发现，尤其是王先生，他发现了不少我们之前忽视的问题，这些问题大多得到廖先生的认可。书稿的质量得到明显提升，我们深感欣慰。完成了最后的统稿工作，再次把清样交到总编辑面前的时候，他欣然签字发稿，他知道，这时候，这部难度极大的书稿，终于可以拿出手了。

2013 年 7 月，《能静居日记》终于面世。三度寒暑，两百万字，廖先生亲手誊录的一米多高的书稿，留下编校人员密密麻麻修改意见的一份又一份的数万页的清样……至此，总算有了一个好的结果。虽然，我们不敢说书中已经没有错误，没有问题，但至少，尽我们所能，我们已经努力过。很快，我收到了读者的反馈，说我们做成一件功德无量的事情，赞扬声甚多。当然，也有方家读者善意提醒，书中个别字句的辨识、标点，还可以商榷。

本书在开始整理的时候，便引起了不少读者的关注，很多人打来电话询问进展，因此，书刚出版，便引起不小的反响。一些有影响力的媒体如《光明日报》《南方周末》《新京报》等，陆续发表了国内清史专家撰写的六七篇书评。在微博、论坛上，大家也在讨论这部奇书，书中一些独特的材料，纷纷被转载。不久后，首印 2500 套便销售一空。这个成绩对于一种部头不小、定价数百元的清人日记史料来说，已属难能可贵。不到半年，我得到营销部的重印通知，着手修订、重印工作。

如今，我早已投入到别的书稿的繁重工作中，看着这部厚厚四卷本的《能静居日记》，不禁俯仰畴昔，充满感激。有幸如我，一参加工作便有这么多前辈长者铺路搭桥，谆谆诲我，让我有这么好的成长的环境，给我这么好的锻炼机会，能够做出些许成绩。我知道这只是我漫长编辑生涯中的一个阶段性成果，我将继续努力，为热爱的出版事业辛勤耕耘。

2014 年 6 月

《能静居日记》2013 年 7 月出版后，获得本年度“全国优秀古籍图书奖一等奖”，又于 2018 年获得“第四届中国出版政府奖图书奖提名奖”。截止到 2022 年，本书已经印刷 9 次，真可谓出乎意料之外。本书出版后，相关研究论文不断涌现，学界掀起了一股研究赵烈文的小热潮。可惜的是，本书的整理者廖承良先生已不幸于 2016 年 11 月仙逝，来不及分享数年艰辛带来的荣誉与喜悦。作为责任编辑的我，每思及此，怅何如之！

2021 年 11 月，经与社领导商议，我们决定出版《能静居日记》的增订版。编辑思路是，对 2013 年版进行全面修订，同时增补赵烈文的《落花春雨巢日记》以及其他文献作为附录。修订工作由眭达明先生负责，增补部分的辑佚、整理工作由马骥先生负责。眭先生是秘书史研究专家，多年前即研读《能静居日记》，在我们的整理版面世后，他就曾经提出过若干修订建议，这些建议几乎全部得到当时健在的廖承良先生的采纳，故眭先生是修订本书的合适人选。经一年多的努力，眭先生于 2022 年 12 月初校毕全稿，将沉甸甸的书稿寄给我安排排录。

马骥先生是苏州的藏书家、江苏地方文化研究专家。2021 年他通过友人联系上我，说已研究赵烈文多年，并出示由他辑录、整理的赵氏《落花春雨巢日记》和其他轶文。他的整理稿体例谨严，一丝不苟，很快我们便约定合作事宜。马先生还告知有台湾影印版《赵烈文函稿》一册尚未及见，我马上检索各大图书馆，后来发现在复旦大学图书馆有藏，便托人借出复印一份寄给他整理标点。现在马先生已将《落花春雨巢日记》等整理稿交给我，函稿部分也已开始整理，预计年底交稿。

整理版《能静居日记》已经成为典型的双效图书。在推出原版整整 10 年后，全新的增订版《能静居日记》将于 2023 年面世。这于我的职业生涯，是很值得记录的事情。

2022 年 12 月 13 日补记

第一部湖南文章总集的“前世”与“今生”

李业鹏

对于出版从业者来说，一本或者一套好书的出版，是时光给予我们最好的礼物。2019 年 12 月底的某一天，当《湖南文征》第一套样书摆放在面前的那一刻，作为责任编辑，我们既有收获的喜悦，又心存感恩，这十册绿色封面，烫着银白色书名，还飘着墨香的书，是对我们几年来辛苦付出的回报。这一切的起点，如果比作春天时播下的一颗种子，这场“春种”则要追溯至十年前，甚至更早的一百五十年前。

一、罗汝怀与《湖南文征》

清道光时期，新化学者邓显鹤（1777—1851）历时二十余载，刊成《沅湘耆旧集》，湖南至此才有了严格意义上的第一部本土诗歌总集。但该书“存诗而不及文，犹为得半之道”，而“湖以南作者林立，独未有专书”（李翰章《湖南文征序》）。事实上，据邓显鹤《沅湘耆旧集序例》记载，“搜访之勤且慎，则湘潭罗研生汝槐、张玉夫声玠，武陵杨杏农彝之力居多”，罗汝怀也曾参与《沅湘耆旧集》的编纂工作。正是缘于这段经历，罗汝怀深受邓显鹤的影响，有志继《沅湘耆旧集》之后，编纂第一部湖南文章总集，即罗氏自言“是篇之作，盖继邓氏之志，亦冀诗古文辞兼行”（罗汝怀《湖南文征例言》）。

罗汝怀（1804—1880），初名汝槐，字念生、研生，晚号梅根居士，湘潭人。师从龙瑛、贺熙龄等名家，在长沙城南书院求学时，与左宗棠、邹汉勋同学，涉猎广泛，博通经史，好音韵文字训诂之学。道光十七年（1837）拔贡，次年赴京，廷试落第返湘，主讲醴陵渌江书院。咸丰中，入湘军主帅曾国藩之幕，其论团练、积谷、保甲、禁烟诸事，颇得尊重。同治、光绪间，曾入职湖南通志局分管艺文，主持湖南褒忠局，编辑成《湖南褒忠录》《湖南文征》，被推许为继邓显鹤之后，对湖南文献的收集整理有重大贡献的人。著有《周易训诂大谊》《诗古音疏证》《六书统考》《文字偏旁举略》《绿漪草堂文集》《绿漪草堂诗集》等二十余种。岳麓书社 2013 年出版有《罗汝怀集》，收入《湖湘文库》。

《湖南文征》共二百零一卷，具体编排为卷首一卷、目录六卷、姓氏传（作者小传）四卷、元明文五十四卷、国（清）朝文一百三十六卷。收辑自元明至清同治（限已故者）近六百年间“名臣、魁儒、才人、节士之文”，共四千零六十八篇，其中元明文一千一百八十九篇，清文二千八百七十九篇（含附文）。作者计七百八十九人，其中元代七人，明代一百九十三人，清代五百八十九人。全书所收文章均按体裁类别分卷排列。

《湖南文征》编纂、雕版、印刷的过程，《湖南文征·捐助刻资数目》有一段记录：“是书自同治元年采缉钞誊，至四年秋稿本初具，始刻公启集资，由赵玉班方伯、李仲云都转两处收发。五年冬开雕，九年冬工竣。屡次校补，又经两年。初拟刷印千部，以广流布。未及百部，经费已完，尚待筹款。嗣有佽助，留版续列芳衔。”由此可知，经过四年编纂、四年雕版，又经过两年反复校补，到同治十一年（1872），《湖南文征》终于完成印刷，从而填补了湖南地方文章总集的缺失，与《沅湘耆旧集》诗文合璧，成就了湖南文献的第一次荣耀集结。

其时距今一百五十年，可谓之《湖南文征》的“前世”。

二、《湖南文征》点校本的缘起与擘画

2008年9月，岳麓书社《湖湘文库》项目出版了《湖南文征》（全六册）影印版，虽制作精良，但还是不符合大多数读者的阅读习惯与要求，因此一直考虑将之点校出版。

2009年8月，全国古籍整理出版规划领导小组开始组织编制《2011—2020年国家古籍整理出版规划》。为做好项目规划，岳麓书社举办了“古籍整理项目专家研讨会”，邀请专家学者就本社六十余个初选项目，展开深入的交流与讨论。研讨会确定了最终申报项目,《湖南文征》(点校本)位列其中。之后历时两年多，全国古籍整理出版规划领导小组经过深入调研和反复论证，在2012年7月正式发布实施《规划》。岳麓书社共有九个项目入选，《湖南文征》为其一。

虽已立项，但《湖南文征》的启动，要等到两年后《湖湘文库》结项。当时社里负责此项目的是《湖湘文库》项目部，大家都在全力以赴推进《湖湘文库》，实在分身乏术。2015年，负责此书的编辑刘文联系了几位古籍整理专家，把复制后的底本分批送到他们手上，请他们开始点校整理，项目正式启动。点校分工情况如下：蔡志斌老师负责六十五卷，陶新华老师负责四十卷，刘柯老师负责二十四卷，刘无羡负责二十一卷及姓氏传，尧育飞负责十四卷，另有二十六卷由社里资深编辑杨云辉老师、聂双武老师以及社里青年编辑孙世杰、许静、李缅燕、鄢蕾、李业鹏、胡宝亮等人分而担之。约请湖南大学岳麓书院邓洪波教授撰写《前言》，考证《湖南文征》的编纂署名、刊印时间、分卷编排等长期悬而未决的学术问题，并详细分析罗汝怀与邓显鹤的关系，以及《湖南文征》对《沅湘耆旧集》的承续、发扬与补充等。

2016年，社里成立重点项目和学术著作编辑部，《湖南文征》“流转”到新成立的部门，我们于是成了这套书稿的最终责任编辑，就此与它的“今生”结缘。

三、三年辛苦付出

《史记·太史公自序》说：“夫春生夏长，秋收冬藏，此天道之大经也。”从初始的春种，到最终的秋实、冬藏，要经历一段漫长的夏季生长。做书也一样，从作者交稿，到最终出版，中间也要经历无数繁难，只不过《湖南文征》的这一次生长，经历了整整三个夏天。

2017年初，点校者陆续交稿，我们马上进行录入、排版工作。由于书稿规模较大（450万字），经常处于边点校、边录入、边校对、边编辑的状态。《湖南文征》分为“元明卷”和“国（清）朝卷”两部分，每一部分都是从卷一开始，且以文体分类，标题都类似。为了不出错误，我们把所有底本先翻看了一遍，逐一仔细记录下每卷的体裁类别，慢慢地对全书体例越来越熟悉，编校时也就越来越从容。后来在编制全书总目时，这份记录表又派上了用场，起到事半功倍的效果。

每一个庸常的日子，都必须郑重以待，因为书稿中可能存在各式各样的“坑”，还有可能是“地雷”。编辑要睁大双眼，小心谨慎，要前后观察，左右腾挪，避免掉坑里，更不要踩雷，万一掉进去了，一定要想尽办法爬出来，如果不幸踩了雷，则要续命从头再战。我们要时刻准备着解决各种突发问题，且很多问题费时又费力。幸好有社内外多位前辈、老师、同事的协作与帮助，才使得所有工作能够顺利进行。

由于本书的整理属于集体项目，点校者较多，分工合作，始得完成，各位老师对部分通假字、异体字、避讳字以及校勘符号、校勘记等处理方式不尽相同，且很多时候又不能统改，因此在全部书稿编辑完后，我们曾花了好几天坐在排版室，辛苦排版的同事把可疑的文字都搜出来，再由我们联系上下文，一处一处确认，看是否要改。

日子疯长，时间来到 2019 年 6 月，我们进入与《湖南文征》书稿相伴的第三个夏天。此时掰着指头数一数，先后或多或少或久或暂参与其中的编辑、外审、校对人员，竟有十几人之多。铁打的营盘流水的兵，如果把《湖南文征》比作铁打的营盘，那我们都是为它而征战的士兵。感谢所有编校人员的辛苦，所有的编辑工作终于基本完成。

四、两项重要的收尾工作

最后，还有两项重要的收尾工作要完成。

一是编制索引。为方便使用者阅读与查找，提高图书的使用率，在确定书稿内容不再改动之后，我们开始编制《人名篇名索引》，作为全书附录。此项工作没有便捷方式，我们花费了较大的精力来做。索引人名按汉语拼音顺序排列，篇名仍依原顺序分类排列，篇名后标注所属册数和书中页码，篇名过长者则酌情裁截简省，以便于排版。索引初稿编成后，我们先是核对一遍每册目录，怕目录不够可靠，又把十册书稿全部摊放在桌上，扎扎实实地一条一条核对，生怕哪个地方出了纰漏。这一编就是三个月，最终形成了一百六十五个版面可靠、方便、好用的《人名篇名索引》。

试举一例，即可见出索引的好用。清咸丰初年曾任云贵总督的罗绕典，其文集现已散佚，《湖南文征》录其文十七篇，有奏疏、记、序、公牍等不同文体。因《湖南文征》是按所收文章的体裁类别分卷排列，因此这十七篇文章分散于第四、六、七、九册，罗绕典的小传则在第一册。如果没有索引，读者需翻检全部五册书的目录，才能查到罗绕典的全部文章，而现在读者只要查阅此索引，即可知罗绕典的每篇文章分别在哪一册，具体在哪一页，一目了然，这是多么大的便利啊！

二是封面装帧设计。封面与设计师沟通了很久，颜色、书名字体、工艺等改了很多方案，打印了很多次样稿，最终选定了最适合这套书的设计。选纸和印制也是步步紧盯，努力达到预想的完美效果。

《湖南文征》的书名题签，是集曾国藩手书，而封底所用篆书“湖南文征”四字，则来自何绍基同治八年（1869）重阳节的原书题签。封面、封底，两大书法家的字，一前一后，相得益彰。

曾国藩与《湖南文征》的渊源还不止于此。曾国藩先于同治五年（1866）捐资纹银一百两以助其刊印（据《湖南文征·捐助刻资数目》），又于同治十年（1871）秋为序其端。在这篇序中，曾国藩有一段名文：“湖南之为邦，北枕大江，南薄五岭，西接黔蜀，群苗所萃，盖亦山国荒僻之亚。然周之末，屈原出于其间，《离骚》诸篇为后世言情韵者所祖。逮乎宋世，周子复生于斯，作《太极图说》《通书》，为后世言义理者所祖。两贤者，皆前无师承，创立高文，上与《诗经》《周易》同风，下而百代逸才举莫能越其范围，而况湖湘后进沾被流风者乎？”岳麓书社前首席编辑唐浩明先生，曾手书此一段文，今悬挂于我社五楼的“湖湘文化出版物展示馆”内珍藏。

索引编成，封面敲定，2019 年 10 月下厂印刷。此时正是秋天，收获的季节到了。《湖南文征》（点校本）的出版，完成了它的“今生”之旅，也给我们三年的努力画上了一个圆满的句号。回顾这三年来的种种，我们一方面因能够为文化传承尽一份力量而深感荣幸，另一方面也觉得文化传承这项工作任重而道远，我们需要做的还有很多。

跋

在创新中走向未来

崔　灿

岳麓书社成立于1982年，几代岳麓同仁秉承“道承湘学，言纳百家，繁荣学术，积累文化”之职志，弘扬传统文化，谱写时代精神，普及名著，深入人心，鸿篇巨制，享誉学林，立足湖南，走向世界，四十载厚积薄发，铸古籍出版重镇。

40年来，弦歌不辍。乡邦文献整理，可圈可点。出版以《船山全书》《曾国藩全集》《左宗棠全集》《魏源全集》为代表的历代湖湘名贤全集，跻身古籍出版名社之列。专业出版，精品迭出。《走向世界丛书》《沈从文别集》《敦煌愿文集》《船山全书》《湘绮楼日记》《里耶发掘报告》《陶澍全集》《湖南出土简牍选编》《中国古陶瓷文献校注》等书屡获国家级大奖，近百个项目入选各类国家级重点出版项目，《湖湘文库》引领地方古籍文库出版新风尚。岳麓立社，首功在于普及，出版“古典名著普及文库”“古典名著今译读本”“国学基本丛书”“传统蒙学丛书”等系列图书，适应各年龄层次读者的不同需求。不遗余力传播中华优秀传统文化，“以最少的钱，买最好的书”一时间响彻大江南北，岳麓版古典名著走入千家万户，惠及几代读书人。仅以“四大名著”为例，从“小五号字”到“浮雕版”再到“音视频演播版”，累计发行上千万册。岳麓人与时俱进，守正出新，创造了良好的社会效益与经济效益，岳麓书社先后被评为“全国优秀出版社”、“全国百佳图书出版单位”、国家一级出版社。

40年来，名家辈出。杨坚先生出自浙东书香门第，年过花甲开始整理编校《船山全书》，年近九旬抱病主持再版修订，皓首穷经三十载，呕心沥血一部书，真正做到了鞠躬尽瘁，死而后已，将读书人的情怀与追求书写到极致。钟叔河先生与诸位创社前辈筚路蓝缕，谋篇布局，奠定岳麓书社几十年的发展方向；钟老慧眼如炬，匠心独运，出版《走向世界丛书》，一时洛阳纸贵，呼应思想启蒙，以出版者的历史使命和思想者的文化自觉，维系了百年前在“三千年未有之变局”中走向世界的求索者们的尊严。冷月孤灯静远楼，繁花照影写千秋。唐浩明先生潜心曾国藩研究，从编辑《曾国藩全集》，到创作出《曾国藩》《张之洞》《杨度》三部长篇巨著，实现了从编辑到学者兼作家的转变，名满华夏，著述等身。杨公的学识、钟老的见识、浩明先生的胆识，是岳麓精神的最佳体现。可喜的是，岳麓人以延续文脉为己任，师徒授受，代有传承。年轻一辈的岳麓人，怀抱读书人的朴素理想，投身古籍出版，在麓山湘水之间，感悟古人心迹，谨守文化良知，沿着前辈同仁走过的路，耳濡目染，砥砺前行，陆续推出了《走向世界丛书续编》、《乾隆朝满文寄信档译编》、《中华大典·艺术典》、《能静居日记》、《长沙尚德街东汉简牍》、《湖南文征》、《中国兵学通史》、《湖南石刻文献集成》、《史记》（三全本）、《显微镜下的古人生活》、《山海经》（绘图本）、《军机处二百年》、《战安庆》等一批精品图书和畅销读物，正顺利推进《王闿运全集》《走马楼西汉简牍》《何绍基日记》等国家项目。

四十不惑，惟有创新。可以说，岳麓书社是在改革创新中孕育而生、发展壮大，也必将靠改革创新走向未来。

面向未来，我们要在实现中华民族伟大复兴中国梦的历史进程中坚定立场，把握方向。要坚持创造性转化、创新性发展，在弘扬中华优秀传统文化的实践中拓思路、找方法，提炼展示中华文明的精神标识和文化精髓，讲好中国故事，传播好中国声音，展现可信、可爱、可敬的中国形象。要对湖湘文化进行深入挖掘和阐发，使其中的优秀基因与当代文化相适应，与现代社会相协调，与时代精神相契合，不断拓展新内涵，打造新品牌，开辟新境界。

面向未来，我们要在聚焦出版业改革发展的火热实践中开拓前行。要着力做好古籍整理和学术文化板块的提质工程，做好以古典名著品牌为核心的书系创新工程，做好社科文史板块的扩容工程，做好中小学阅读板块的强基工程。坚持把内容建设放在第一位，把激活创意放在第一位，把出好书、出大书放在第一位。要在“叫得响、立得住、传得开”上下功夫，着力打造更多时代精品，铸就更多传世之作；要在“品质、品位、品相”上下功夫，推出更多广大读者喜闻乐见的文化精品。使高雅与通俗、学术与普及、经典与流行、传承与创新在我们的图书中有机交融，使深沉的文化自觉、坚定的文化自信在我们的读者中代代传承。

面向未来，我们要在新一轮技术变革的潮流中增强本领。积极拥抱大数据、互联网，给文化插上互联网的翅膀，让书写在古籍里的文字活起来。维系和拓展优质资源、稀缺资源、独家资源，在纸质图书出版之外，加强电子书、有声书、知识付费产品的规划生产，拓展视频、动漫、动画等业务。探索出版与文创的融合，与文博单位、非遗传承人深度合作，开发周边产品，形成“轮次收入”，逐步实现全产业链增值。要研究新技术、新业态、新受众、新渠道，不断创新内容表达，丰富呈现形式，完善消费体验，推动中华优秀传统文化更好、更快传播。

这个时代，是弘扬中华优秀传统文化最好的时代，传统文化得到前所未有的重视，国风国潮受到越来越多年轻人的追捧热爱。这个时代，也是古籍出版最具挑战的时代。环顾四周竞争惨烈，突破创新谈何容易。弘扬中华优秀传统文化如同万里长征，路上并不总是鲜花掌声，需要的是慎独、自省、坚守。

我们深知，产品的价值，要接受人民和时代的检验；人生的意义，要放在历史的坐标系中加以衡量。我们深知，对历史最好的致敬，就是不断书写新的历史；对未来最好的把握，就是不断开创更加美好的未来。我们身后是波澜壮阔的历史，我们前面是喷薄而出的曙光。四十不惑的岳麓人定将在坚守中擦亮理想，在创新中走向未来。